Alfred Ableitinger/Herwig Hösele/Wolfgang Mantl

Die Landeshauptleute der Steiermark

Alfred Ableitinger / Herwig Hösele / Wolfgang Mantl

Die

Landes-
hauptleute

der
Steiermark

Die Deutsche Bibliothek – CIP-Einheitsaufnahme

Hösele, Herwig:
Die Landeshauptleute der Steiermark /
Alfred Ableitinger/Herwig Hösele/Wolfgang Mantl. –
Graz ; Wien ; Köln : Verl. Styria, 2000
ISBN 3-222-12771-9

Umschlaggestaltung und Layout: Andrea Malek, Graz
Gesamtherstellung: Medienhaus Styria, Graz
ISBN 3-222-12771-9

Inhaltsverzeichnis

Vorwort

Seit 1236 gibt es die Institution des Landeshauptmannes in der Steiermark. Im Laufe der Jahrhunderte erlebte diese Aufgabe immer wieder einen Bedeutungswandel. Zunächst war der Landeshauptmann Stellvertreter des Landesfürsten, dann oberster Repräsentant der steirischen Stände in einem Dualismus mit dem vom Kaiser ernannten Statthalter. Erst durch die Republik Österreich und das Bundesverfassungsgesetz 1920 nahm die Funktion des Landeshauptmannes ihre heutige Gestalt an. Immer aber war der Landeshauptmann eine wesentliche Verkörperung der Landesidentität und ein sinnstiftendes Symbol des Landesbewusstseins.

Der vorliegende Biografienband widmet sich den Aufgaben und Persönlichkeiten der Landeshauptleute der Steiermark seit Gründung der Republik. In seinem einleitenden Beitrag stellt Alfred Ableitinger die fundamentale Veränderung der Funktion des Landeshauptmannes der Monarchie – also vor 1918 – der der Republik gegenüber und schildert sodann im zeithistorischen Kontext die einzelnen steirischen Landeshauptleute der Ersten Republik.

Der Schwerpunkt unseres Buches liegt aber auf den Persönlichkeiten der steirischen Landeshauptleute nach 1945 – also der Zweiten Republik. Die verschiedenen Autoren zeichnen farbige Lebensbilder der Persönlichkeiten und des Wirkens der Landeshauptleute und stellen einen Bezug zur zeithistorischen Entwicklung der Steiermark und Österreichs her. Im Beitrag Wolfgang Mantls wird darüber hinaus auch eine grundlegende Definition des Amtes des Landeshauptmannes an der Jahrtausendwende vorgenommen.

Eine Zeittafel, Übersichtstabellen der Wahlen in der Steiermark seit 1945 und wichtiger Persönlichkeiten und Ämter in der Steiermark seit 1945 runden diesen Biografienband ab, der auch ein Mosaik steirisch-österreichischer Zeitgeschichte entstehen ließ, die bisher in Publikationen und historischer Forschung viel zu wenig Beachtung fand. Sind doch die Landeshauptleute prägende Persönlichkeiten und Motoren der Entwicklung des Landes, aber darüber hinaus auch von entscheidendem Einfluss auf die gesamtösterreichische Politik.

Die Herausgeber danken für die großzügige Unterstützung, die das Zustandekommen dieses Buches ermöglicht hat, insbesondere der Raiffeisenlandesbank Steiermark, namentlich Herrn Generaldirektor Dr. Georg Doppelhofer, der „Steiermärkischen", vor allem Herrn Generaldirektor Josef Kassler, der Energie Steiermark AG (ESTAG), insbesondere Herrn Vorstandsdirektor Dipl.-Ing. Adolf Fehringer, und der Industriellenvereinigung Steiermark, mit Herrn Präsident Dkfm. Dr. Werner Tessmar-Pfohl an der Spitze.

Aufrichtiger Dank gebührt auch dem Verlagshaus Styria, speziell Herrn Dr. Hubert Konrad für sein umsichtiges Lektorat.

Graz, Ostern 2000

Alfred Ableitinger

Die Erste Republik –
Erinnerung und Erfahrung

Das Amt des Landeshauptmannes gibt es in der Steiermark seit vielen Jahrhunderten. Aber es bedeutete, gemessen an förmlichen Kompetenzen und an praktischen Realitäten, immer wieder ganz Unterschiedliches. Was es am Ende des 20. Jahrhunderts ausmacht, entschied sich großteils erst in Prozessen, die im Herbst 1918 einsetzten und deren wesentliche Resultate 1920 im Bundesverfassungsgesetz rechtlich fixiert wurden. Es entstammt als eines ihrer Produkte der damaligen „österreichischen Revolution", dem dramatisch verlaufenen Übergang vom monarchischen Großstaat Österreich zum republikanischen Kleinstaat, dem Durchbruch zur politischen Demokratie als Folge des Ersten Weltkrieges, der Konstituierung dieser Demokratie sowohl in parteienstaatlicher wie in bundesstaatlicher Gestalt.

I. Land und Landeshauptmann vor 1918

Das „alte" Österreich, das ins 20. Jahrhundert eintrat, war kein Bundesstaat gewesen. Was an ihm „Staat" im modernen Sinn war, hatten seine Monarchen, deren Ratgeber und Beamte geschaffen – ein bürokratisches Gebilde, das strikt von Wien aus regiert wurde, nicht zuletzt durch personalpolitische Entscheidungen. In den „Kronländern" – richtiger: in den „Provinzen" – herrschte die Wiener Regierung durch „Statthalter", die sie bzw. die Monarchen ernannten. Die Bevölkerung der „Kronländer" hatte darauf keinen Einfluss. Die Statthalter wieder regierten durch ihr Amt, die Statthalterei, und die ihnen unterstellten Bezirkshauptmannschaften; die in diesen Behörden Beschäftigten waren Staatsbeamte bzw. -angestellte. (Analog verhielt es sich bei den der Statthalterei nebengeordneten Militär- und Gerichtsbehörden.) Unumschränkt war die Willensbildung von Monarch und Zentralstellen allerdings nicht. Sie fand rechtlich und faktisch ihre Grenze in dem in Wien tagenden Parlament, dem „Reichsrat", dem Kontroll- und (weitgehend) Gesetzgebungsbefugnis zustand. Von seinen zwei Kammern, dem

Herren- bzw. dem Abgeordnetenhaus, hatte um 1910 nur mehr das zweite Gewicht. Denn seine Mandatare wurden gewählt, seit 1907 bereits von allen erwachsenen männlichen Staatsbürgern (allgemeines, gleiches Wahlrecht). Wenn diesem Parlament auch weder das Recht zukam, die Zentralregierung zu wählen, noch sie durch Misstrauensvotum zu stürzen, hätte es die Richtung der Politik doch maßgeblich mitbestimmen können, indirekt sogar die der Außenpolitik; denn das Recht, Gesetze über die Budgets bzw. über die Einberufung von Rekruten zu beschließen, gab ihm starke formelle Hebel in die Hand und seine Wahl durch die (männliche) Gesamtbevölkerung starke faktische. Aber seine Fraktionen blockierten einander wechselseitig; es waren fast ausschließlich nationale (deutschösterreichische, tschechische, polnische, slowenische usw.) Fraktionen, die kaum jemals zu Kompromissen fanden. So regierten Kaiser und Regierungen statt durch parlamentarisch verabschiedete Gesetze häufig mit Notverordnungen, weithin nach eigenem Gutdünken. In einem Wort: Um 1914 war Österreich trotz seines fortschrittlichen Wahlrechtes derart wieder mehr zu einem bürokratischen Obrigkeitsstaat geworden als in den 1870er-Jahren. Und im Weltkrieg setzte sich das fort, nun freilich mehr durch Militär- als durch zivile Behörden bestimmt; das Parlament trat zwischen Kriegsbeginn und Sommer 1917 gar nicht zusammen und verlor sich danach in unproduktiven Konflikten, die den baldigen Zerfall des Staates entlang nationaler Trennlinien bereits ahnen ließen.

Allerdings existierten Länder in diesem „alten" Österreich. Aber sie existierten vor 1914 mehr im Bewusstsein ihrer Bevölkerungen denn als politische Gebietskörper. Ihre Bewohner verstanden sich primär als Salzburger, Steirer usw., weniger als Österreicher. Allenfalls wurde ihre derartige Selbst-Identifikation als Landeszugehörige zugleich überlagert und ausgehöhlt durch ihr nationales Bekenntnis, z. B. als „deutsche" Steirer oder Kärntner, als „slowenische" Steirer oder Kärntner. Politisch kamen solche Selbsteinschätzungen darin zum Ausdruck, dass Parteien sich entweder als nationale im Land definierten oder als Landesparteien; österreichweite gab es nicht oder nur rudimentär (ausgenommen die Sozialdemokratie). Insofern spielten für die politische Kultur die Länder Alt-Österreichs eine bald stärkere, bald geringere Rolle.

Als Gebietskörper fiel ihnen indessen nur wenig Gewicht zu – faktisch vielleicht noch geringeres als verfassungsrechtlich. Wohl gab es Landtage.

Aber die hatten 1867 bei der Aufteilung der traditionellen Kompetenzen zwischen „Staat" und Ländern nur einen sehr engen Rahmen für eigene Gesetzgebung erhalten, und von der ihnen eingeräumten Möglichkeit, sich in damals nicht zugeteilten, neuen Politikfeldern zu betätigen, machten sie nur wenig Gebrauch. Zum Teil war das eine Folge der Finanzverfassung, die die Länder knapp hielt. Es hing aber sehr wahrscheinlich noch mehr mit ihrem Wahlrecht zusammen, das seit 1861/67 nur wenig verändert worden war. Dieses schloss erstens den Großteil der Bevölkerung aus, weil es an Steuerleistung anknüpfte, und es zerteilte zweitens die (relativ wenigen) Wahlberechtigten in Wahlkörper („Kurien"), die ziemlich separiert voneinander existierten: Großgrundbesitz, Handelskammern, Städte und Märkte, Landgemeinden. Erst 1904 kam in der Steiermark eine „allgemeine" Kurie hinzu, in der seitdem alle Männer ab 24 wählen durften, der aber nur wenige Mandate zugewiesen waren. Dieses Wahlrecht hatte mehrere Konsequenzen: Wahlkämpfe und mit ihnen politische Aktivierung der Bevölkerung richteten sich lange nur an schmale Schichten der Landesbewohner und fanden überdies nur innerhalb der Kurien statt; Wähler und Gewählte orientierten sich an ihnen und waren weithin nur „Honoratioren". Je mehr seit 1882 das Wahlrecht zum Reichsrat ausgeweitet wurde, desto mehr konzentrierte sich das Interesse für Politik auf ihn (und die Kompetenzverteilung bzw. -nutzung verstärkte diese Tendenz). Landespolitik wurde demgegenüber zu etwas Altertümlichem, fast Obskurem. „Staats"-Politik schien allein relevant. (Weil auf Gemeinde-Ebene ein dem Landtag ähnliches Wahlrecht galt, kam von ihr her übrigens kaum Korrektur).

Die Landtage, in denen gewöhnlich die „zweite Garnitur" der Politiker saß, versammelten sich nur an wenigen Tagen im Jahr. Häufigere Sitzungen waren auch nicht erforderlich. Über ihre bescheidene Gesetzgebung hinaus hatten sie wenig zu tun. Der Statthalter und seine Behörden unterlagen nicht der Kontrolle des Landtages. Was blieb, war die Wahl der Landesregierung. Bezeichnenderweise hieß die bloß „Landesausschuss". An dessen Spitze nun stand der „Landeshauptmann". Da dem „Landesausschuss" im Wesen nur der Vollzug der Landesgesetze sowie die Verwaltung des Landesvermögens und der Landesanstalten zukam, bedurfte er fast keines behördlichen Apparates, unterstand ihm kaum Personal. Die „autonome" Landesverwaltung, so hieß sie im Unterschied zur „staatlichen" oder „landesfürstlichen", fiel also politisch fast nicht ins Gewicht; von etwas der späteren „mittelbaren Bundesverwaltung" Ähnlichem war keine Rede. (Es blieb nur genug Anlass, über die Doppelgleisigkeit der Administration zu klagen.)

Der Landeshauptmann jedenfalls bekleidete viel weniger ein politisch relevantes Amt als ein dekoratives. Dafür ist kennzeichnend, dass Edmund Graf Attems es in der Steiermark zwischen 1893 und 1818 bekleidete; obwohl ein hochadeliger Mann, blieb er unangefochten von irgendwelchen anderen Bewerbern. Er saß in Graz „unten" im Landhaus und verwaltete, der Statthalter regierte „oben" von der Burg aus.

II. Umsturz 1918/19 – auch eine „föderalistische Revolutionierung" Österreichs

1. Bis zum Sommer 1914 funktionierte dieses obrigkeitliche System trotz seiner strukturellen Defizite. Im Weltkrieg stürzte es ein. Dessen Intensität und Dauer überforderten die Opfer- und Leidensbereitschaft der Bevölkerung, sie überforderten erst recht die Leistungsfähigkeit des Staatsapparates an der sogenannten „Inneren Front". An ihr handelte es sich darum, Mangel an allem und jedem zu verteilen und dennoch die kriegswichtige Produktion zu steigern. Dazu nahmen Kaiser und Regierung, an deren Spitze bis 1917 Graf Karl Stürgkh aus Halbenrain, mehr und mehr zu einer militärisch organisierten und von der Armee kontrollierten Wirtschaft Zuflucht. Ihr Funktionieren versuchte man durch Beiziehung von Unternehmerverbänden und erstmals auch Fachgewerkschaften zu verbessern – ein Vorgriff auf Sozialpartnerschaft. Ablieferungsverpflichtungen für Bauern, Lebensmittelkarten, Preis- und Lohnregulierungen, ein dichtes Netz sonstiger Vorschriften ersetzten zusehends den Markt. Man sprach von „Kriegssozialismus". (Der nachmals berühmte Mieterschutz war seit 1917 ein Teil von ihm.) Aber das konnte auf Dauer nicht verhindern, dass die Waren aus den Geschäften verschwanden, dass der Unmut wuchs und wuchs. Im Jänner 1918 brachen verbotene Streiks aus, im Mai 1918 Meutereien (u. a. in Judenburg und Radkersburg). Seit Sommer 1918 verlor der Staatsapparat die letzten Reste von Vertrauen in der Bevölkerung. Als im September die Kriegsniederlage offenkundig wurde, glaubte so gut wie niemand mehr, dass das bisherige System dem bevorstehenden Chaos würde entgegensteuern können: Hungersnot,

Raub und Plünderungen, Einsturz der elementaren alltäglichen Sicherheit mussten jetzt erwartet werden. Selbsthilfe tat Not.

2. Sie nahm unterschiedliche Formen an: „Volkstage" fanden statt, „Volksräte" bildeten sich, in Dörfern wurden „Dorfwehren", in Städten „Bürgerwehren" formiert. Immer galt es die engere oder engste Heimat vor Fremden aller Art zu schützen – und möglichst abzuschotten. Güteraustausch zu den behördlichen Konditionen hörte fast auf, „Hamstern" und Schwarzmarkt konnten ihn nicht ersetzen. In den Ballungsgebieten drohten buchstäblich Hungerkatastrophen, besonders den „kleinen Leuten" in Graz, Leoben usw. Um das Schlimmste hintanzuhalten, berief der Grazer Bürgermeister Adolf Fizia für Sonntag, den 20. Oktober „eine von allen Ständen und politischen Parteien beschickte Versammlung" ein; die beschloss einen „Wohlfahrtsausschuss" und bestimmte auch „sofort" dessen Mitglieder.

Sein Name erinnerte zwar an die Französische Revolution, ja an deren „großen Terror" von 1793/94. Aber der Ausschuss hatte ganz anderes im Sinn. Der „Arbeiterwille", die Grazer Zeitung der gemäß ihrem Programm „revolutionären" Sozialdemokratie, fand, in ihm hätten sich „auch Sozialdemokraten ... im Verein mit allen Gutgesinnten" zusammengetan, „um in letzter Stunde ... den Hunger fernzuhalten" (AW 22.10.1918 M). Klassenkampf war primär nicht angesagt. Dafür sollte es einigermaßen gegen die zentralen Entscheidungsinstanzen in Wien gehen. Denn der Ausschuss nahm sich vor, die „eigenen Hilfsquellen für das Land" zu erfassen und zu nützen, Lebensmittel und Rohstoffe für die industrielle Produktion vor allem – Vorrang für das Land gegen die Metropole. Freilich wollte sich der „Wohlfahrtsausschuss" die damals schwere Bürde der Macht im Lande nicht einfach revolutionär nehmen, sondern „Rechte und Befugnisse eingeräumt" (!) erhalten (AW 22.10.1918 M). Demgemäß war am 24. Oktober eine „Abordnung" von ihm beim k. k. Ministerpräsidenten Hussarek, um Kompetenzen auf den Ausschuss übertragen zu bekommen. Erst nach etwas Hin und Her stimmte Hussarek zu; zugleich ernannte er Viktor Wutte und Arnold Eisler zu „Wirtschaftskommissaren für die Steiermark" (GTbl 25.10.1918 M). Der erste war mehrfacher Funktionär von Wirtschaftsverbänden und Deutschnationaler, der zweite Anwalt und Sozialdemokrat. Zwei Tage später demissionierte der längst amtsmüde Statthalter Graf

Clary und übergab den beiden, die wir als bisherige „Landespolitiker" zu verstehen haben, die Leitung der bislang staatlichen Behörden. Jetzt amtierten sie von der Grazer Burg aus.

3. So unspektakulär diese Vorgänge verliefen und von den Zeitgenossen wahrgenommen wurden – die Grazer Zeitungen berichteten nur in jeweils wenigen Zeilen und zumeist nicht auf den Titelseiten –, in der Sache liefen sie auf ein gutes Stück föderalistische Revolutionierung Österreichs hinaus – des alten Österreich während seiner letzten Tage und, wie sich zeigen sollte, auch des neuen, eben damals in Gründung befindlichen. Das lag vor allem daran, dass sich in den anderen Ländern gleichzeitig Analoges vollzog. Männer, zuerst ausschließlich Männer, die entweder bis dahin nur in ihnen, d. h. im regionalen Rahmen, Gewicht hatten und öffentlich oft wenig bemerkt worden waren (z. B. als Verbändefunktionäre bzw. Fachgewerkschafter) oder die als Reichsratsabgeordnete ihre politische Heimat und ihr Ansehen in den Landes-„Organisationen" ihrer Parteien gehabt hatten, übernahmen Verantwortung, die das Personal des bisherigen „Staates" damals nur zu gerne los wurde. Sie „verländerten" die Behördenapparate – zeitweise durch „Militärbevollmächtigte" sogar die militärischen – und gaben, was sie so an Einfluss und Entscheidungskompetenz anfangs oft mehr nolens als volens gewonnen hatten, nur mehr teilweise zurück, als ab 1919 die „Wiener Politik" ihren Stellenwert wieder steigern wollte. Die einschlägigen Auseinandersetzungen um die Verfassung der Republik Österreich 1919/20, um die Verteilung der Gesetzgebungsbefugnisse, um die politische Führung bzw. Kontrolle der Verwaltungsbehörden in den Ländern usw. brauchen hier nicht verfolgt zu werden. Deutschnationale und Sozialdemokraten orientierten sich dabei generell zentralistischer; sie misstrauten der Fähigkeit und dem Willen von „Provinzpolitikern" zu moderner, rationaler Amtsführung. Christlichsoziale orientierten sich – nicht zuletzt wegen ihrer parteiinternen Strukturen – föderalistischer. Sozialdemokraten versuchten auch Landeskompetenz sozusagen von unten zu „unterlaufen" (mittels gewählter Bezirkshauptmannschaften). Am Ende stand 1920 jedenfalls der Bundesstaat Österreich, grosso modo mit den Strukturen, die er bis 1934 behielt und die wir seit 1945 wieder kennen. Und in ihm ist das „Land" etwas durchaus anderes als vor 1914, nämlich ein auch in tausendundeiner Realität weitaus

politischerer, d. h. mehr entscheidungsbefugter Faktor als zuvor – und dies primär infolge der administrativen Kompetenz seiner Regierung als infolge der legislativen seines Landtages. Es versteht sich, dass das für Status und Amtsverständnis des Landeshauptmannes enorme Konsequenzen hatte, jedenfalls mittel- und langfristig.

4. Mit dem Wohlfahrtsausschuss, den Wirtschaftskommissaren und dann den zwei Militärbevollmächtigten (dem Sozialdemokraten Hans Resel und dem deutschnationalen gewerblichen Genossenschafts-„Papst" August Einspinner) war es aber nicht getan. Alle zusammen waren sie demokratisch zu wenig legitimiert, zu wenig repräsentativ – und auf das „Demokratische" kam es damals, nach dem Vertrauensverlust der alten Obrigkeiten, nach innen und außen an. So kam man auf die Idee, Provisorische Landesversammlungen zu bilden, auch für die Steiermark. Der Gedanke wurde nicht zuletzt in Wien im Vollzugsausschuss der eben begründeten „Provisorischen Nationalversammlung „Deutschösterreichs" geboren, wahrscheinlich von Karl Renner persönlich. Nach außen sollten die Landesversammlungen durch „Beitritt" zu Deutschösterreich dessen Gebietsansprüche begründen helfen – unter Berufung auf nationale Selbstbestimmung, artikuliert von deutschen Volksvertretern gegen rivalisierende Ansprüche von slowenischen, tschechischen usw. Nach innen sollten sie demokratische Autorität in den Ländern verkörpern und diese mit Deutschösterreich als Ganzem in einen festen Zusammenhang bringen.

An sofortige Wahl dieser Landesversammlungen war vorerst nicht zu denken. Die Zeit drängte zu sehr. So verständigte man sich, was die Steiermark anlangte, im Kreis ihrer 1911 auf Basis des allgemeinen Wahlrechts gewählten Reichsratsabgeordneten in Wien (!) darauf, sie sehr rasch einzuberufen und aus diesen Abgeordneten plus Vertretern der politischen Parteien so zusammenzusetzen, dass jedes der drei „Lager" auf 20 Repräsentanten kam. Die Parteienvertreter sollten, sehr bezeichnend, nicht eo ipso die „alten" Abgeordneten des Kurien-Landtags sein, sondern von den Parteien „frei" nominiert werden; das galt für entschieden demokratischer, und der „Staatsrat", die neue Regierung in Wien, billigte die Prozedur (GVbl 1.11.1918 M).

Dr. Wilhelm Edler von Kaan
16. 10. 1918–27. 5. 1919

Univ.-Prof. Dr. Anton Rintelen
27. 5. 1919–25. 6. 1926 und
23. 4. 1928–13. 11. 1933

Dechant Franz Prisching
25. 6. 1926–22. 10. 1926

Univ.-Prof. Dr. Alfred Gürtler
22. 10. 1926–21. 5. 1927

Univ.-Prof. Dipl.-Ing. Hans Paul
21. 5. 1927–22. 4. 1928

Univ.-Prof. Dr. Alois Dienstleder
13. 11. 1933–2. 11. 1934

Dr. Karl Maria Stepan
2. 11. 1934–3. 3. 1938

Dr. Rolph Trummer
3. 3. 1938–11. 3. 1938

17

5. Bereits am 6. November trat die Versammlung zusammen (erstmals mit einer Frau, die die Sozialdemokraten nominiert hatten). Mehreres aus dieser Sitzung ist hier bedeutsam. Erstens wurde der Beitritt der Steiermark zum mittlerweile in Wien begründeten Staat Deutschösterreich erklärt und ihre Unterordnung unter dessen Provisorische Nationalversammlung bzw. deren Exekutivausschuss, den „Staatsrat". Dann wählte die Versammlung „in voller Einmütigkeit" einen neuen „Landesausschuss" aus zwölf Personen. Drittens wurde von diesem die „Landesregierung" und aus ihrem Kreis ein „Landeshauptmann bestellt". Viertens waren, anders als in den letzten Wochen, die Christlichsozialen mit im politischen Geschäft.

Der Landesausschuss bestand aus je vier Exponenten jeder Partei: Eisler und Resel, die wir schon kennen, sowie Josef Pongratz und Michael Schacherl für die Sozialdemokratie; Wutte und Einspinner, die wir auch schon genannt haben, sowie Wilhelm von Kaan und Eduard Gargitter für die Deutschnationalen; Franz Hagenhofer und Michael Schoiswohl, zwei langjährige Reichsratsabgeordnete, sowie zwei Neulinge, Anton Rintelen und Jakob Ahrer für die Christlichsozialen. Kaan, Pongratz und Rintelen bildeten als Landeshauptmann bzw. dessen zwei Stellvertreter die „Landesregierung". Die provisorische Landesverfassung bestimmte, dass auf sie der „Wirkungskreis der bisherigen k. k. Statthalterei" überging, dass die Bezirkshauptmannschaften ihr „untergeordnet" waren. Ihre drei Mitglieder wurden „mit gleichen Rechten" ausgestattet und entschieden „gemeinsam". Dem Landeshauptmann kam weder rechtlich mehr als ein protokollarischer Vorrang zu, noch faktisch: Wilhelm von Kaan, ein allseits geachteter Ehrenmann und bislang Landesausschuss-Beisitzer, ersparte einstweilen die Entscheidung, ob ein Sozialdemokrat oder ein Christlichsozialer das erste Amt im Land einnahm und allenfalls einen „Amtsbonus" für die früher oder später stattfindenden Wahlen gewann. (Dass in ihnen das „dritte" Lager, das deutschnationale bzw. freiheitliche, siegen würde, durfte aus vielen Gründen für unwahrscheinlich gelten.) Insofern, was wir „föderalistische Revolutionierung" Österreichs genannt haben, nicht nur Bürde im Winter 1918/19, sondern auch bisher unbekannte Machtchancen für die Zukunft beinhaltete, wurden diese also zunächst rechtlich einem Kollektivorgan, der „Landesregierung", zugeordnet. Über die Christlichsozialen, von denen man im Oktober nichts vernommen hatte, wird noch zu sprechen sein. Jedenfalls erhielten sie jetzt gleich viel Anteil an den Regierungsämtern und zudem je einen (zusätzlichen) Wirtschaftskommissar bzw. Militärbevollmächtigten (Hagenhofer, den Obmann des Katholischen Bauernvereins seit 1899, bzw. Franz Huber).

Dass ohne sie, wenigstens ohne ihre Bauernvertreter, in der Lebensmittelkrise nichts auszurichten war, hätte schon vorher geläufig sein können. Was sie dennoch ferngehalten hatte, wird uns noch beschäftigen.

6. Dass eher bald doch Wahlen abgehalten werden sollten, war in Deutschösterreich damals, anders als etwa in Deutschland, unstrittig. Dort opponierten Kommunisten („Spartacus") und Teile der Unabhängigen Sozialdemokraten, beides linke Abspaltungen von der SPD, dagegen; sie wollten vor Wahlen mittels ein wenig Diktatur des Proletariats ein Stück Sozialismus realisieren, das auch Volkes Stimme später nicht mehr sollte rückgängig machen können. In Österreich hatte die Führung der Sozialdemokratie deren Funktionäre und Anhänger besser unter Kontrolle; sie bewahrte die Parteieinheit, musste sich dafür aber selbst weiter links positionieren als die SPD in Deutschland (sog. „Austromarxismus"). Das sollte ihr selbst, ihren Gegnern und dem Land nach wenigen Jahren viele Probleme machen. Aber fürs Erste gab sie den Weg zu Wahlen frei, freilich auf der Basis eines gründlich reformierten Wahlrechts: Erstens sollten Frauen es jetzt erhalten, zweitens wurden auch für Landtage und Gemeinderäte Steuerzensus und Kurien abgeschafft, drittens ersetzte das Verhältniswahlsystem das traditionelle Mehrheitswahlrecht. Das hieß: weitestgehende Demokratisierung, aber auch, infolge der Erforderlichkeit von Kandidatenlisten statt Einzelkandidaturen, größerer Einfluss für Parteiführungen. Die Einführung von etwas, was man später „Grundmandat" nannte, verstärkte diese Tendenz, verhinderte allerdings auch Parteienzersplitterung bzw. förderte, dass nur relativ wenige Fraktionen in den Parlamenten saßen.

Die ersten Wahlen zur Nationalversammlung in Wien fanden am 16. Februar 1919 statt. Sie führten die Sozialdemokratie auf eine bis dahin nie erreichte Höhe, brachten ihr aber doch nur eine relative Mehrheit (72 von damals zunächst 170 Mandaten; 69 fielen auf die Christlichsozialen, 26 auf deutschnationale, drei auf sonstige Parteien). Trotzdem ging die Sozialdemokratie mit großer Energie daran, möglichst viel von ihrer Programmatik umzusetzen; die Bremswirkung ihrer Konkurrenten, die mit ihr zusammen eine Art Konzentrationsregierung bildeten, wurde begrenzt durch den Druck der „Straße", der sozialrevolutionär gestimmten Arbeiter und Arbeitslosen (zumeist vormaligen Soldaten); besonders in Wien kam es wiederholt zu Aufruhrakten und linken Putschversuchen (damals, im Frühjahr 1919, von der „Räterepublik" Ungarn unterstützt). So konnte von Ruhe und Ordnung, von öffentlicher Sicherheit kaum gesprochen werden und dazu kam, dass die politische Linke, parlamentarisch und außerparlamentarisch, „Sozialisierung" forderte, also mehr oder weniger Enteignung von privatem Besitz an Unternehmungen und Grund und Boden, sowie empfindliche „Vermögensabgaben" von Eigentum, das nicht zur „Sozialisierung" bestimmt war.

Das gehört hierher, weil es im Wahlkampf für die auf den 11. Mai 1919 angesetzten Landtags- und Gemeinderatswahlen in der Steiermark eine große Rolle spielte. Öffentliche Sicherheit einerseits, andererseits „Sozialisierung" und „Vermögensabgabe", den einen große Zukunftshoffnungen, den anderen Gefahren, die ihren sozialen Status elementar bedrohten: das bestimmte die Wahlauseinandersetzung. Es waren Themen, die polarisierten, und es waren Themen, die die bis dahin geradezu gelähmten besitzenden Bürger und Bauern mobilisierten und sie, die traditionell eine Vielzahl von Gruppen und Parteien gebildet hatten, tendenziell zusammenführten. Wer sich dessen glaubwürdig annahm und dabei einigen Erfolg hatte, dem stand eine beachtliche politische Zukunft bevor.

Der Wahltag zeigte, dass die steirischen Christlichsozialen in dieser Hinsicht viel geleistet hatten. Von damals 70 Landtagsmandaten erzielten sie 35; 24 entfielen auf die Sozialdemokraten, neun auf liberale bzw. deutschnationale „Bauernbündler" (die später den „Landbund" formierten), nur zwei auf Deutschdemokraten (liberale bzw. deutschnationale Bürger in Städten und größeren Märkten). Andere deutschnationale Listen, darunter die des bislang so wichtigen Gewerbefunktionärs Einspinner, gingen unter. – In Graz, wo seit dem Herbst 1918 unter den „Bürgerlichen" fast vollkommene Verwirrung geherrscht hatte, machte bei den Gemeinderatswahlen eine Art Einheitsliste von Christlichsozialen und deutschnationalen Gruppen immerhin 20 von damals 48 Sitzen; 24 besetzten die Sozialdemokraten.

So viel war eindeutig: Die „Bürgerlichen", worunter alle rechts von der Sozialdemokratie zu verstehen waren, waren auf die politische Bühne zurückgekehrt. Ihre weitgehende Lähmung hatte ein Ende gefunden. Dass sie, bis dahin von der Linken und deren Initiativen ganz in die Defensive gedrängt, mehr und mehr wieder selbst aktiv werden würden, ließ sich vorhersehen. Ob das auf mehr, richtiger: auf viel mehr, auf erbitterte innenpolitische Konflikte in Staat und Land hinauslaufen würde, stand allerdings noch dahin und hing, was die Steiermark (wie auch die meisten anderen Alpen- und Donauländer) anlangte, vermutlich nicht zuletzt davon ab, wie sich die Dinge in Wien selbst, dem „Wasserkopf" des kleinen Österreich, bzw. auf Wiener Ebene entwickelten. Je mehr die „Bürgerlichen" dort politisch zusammenfanden und der Sozialdemokratie die Stirn zu bieten vermochten, desto wahrscheinlicher wurde, dass die Politik in Wien, Graz und anderswo analoge Verlaufsmuster zeigen würde. Andernfalls ließen sich mehr oder weniger scharfe Bruchlinien zwischen der Metropole (und anderen „roten" Regionen) hier und den „Provinzen" dort erwarten – nicht zuletzt in der Steiermark. An entsprechenden Signalen allfälliger Abkoppelung von der Zentrale hatte es im steirischen Wahlkampf jedenfalls schon nicht gefehlt.

7. Dass das Ergebnis der Landtagswahl Konsequenzen für die Zusammensetzung der Landesregierung in Graz haben würde, war selbstverständlich. Schon am 27. Mai 1919 trat der neue Landtag zusammen (sieben Frauen saßen jetzt in seinen Bänken, die meisten in denen der sozialdemokratischen Fraktion). Wer weiß, wie dramatisch sich Politik und politische Kultur im Land binnen weniger Jahre entwickeln würden, kann nur darüber staunen, wie einmütig die Abgeordneten ihre ersten Aufgaben erledigten: Einstimmig wurde Anton Rintelen zum Landeshauptmann, einstimmig wurden Josef Pongratz und Jakob Ahrer zu seinen Stellvertretern gewählt, einstimmig vier weitere Christlichsoziale (darunter Hagenhofer und Josef Steinberger), drei weitere Sozialdemokraten (Eisler, Resel und Reinhard Machold) sowie drei Bauernbündler zu Landesräten. Ganz offensichtlich hatten die neuen Landtagsparteien rasch und unschwer eine „Vereinbarung" getroffen; dass in Wien in der „Staatsregierung" weiter alle großen Parteilager saßen, erleichterte sie zweifellos. Der Grazer „Arbeiterwille" stellte nur lapidar fest: „Da die Christlichsozialen die stärkste Partei sind, fällt ihnen der Landeshauptmann zu" (AW 29.5.1919). Dass man dennoch nicht sicher war, dass die Dinge ganz glatt ablaufen würden, zeigte die verabredete Sitzungsdramatur-

gie: die 13 Regierungsfunktionäre wurden durch „Zuruf" gewählt, also offen; bei geheimer Abstimmung fürchteten die Parteiführungen anscheinend Pannen.

Im Anschluss an diese Wahlprozeduren hielt der neue Landeshauptmann eine programmatische Rede. Rintelen stimmte sie auf Konsens, nicht auf Konflikt. Er versprach eine „unparteiische Leitung" seines Amtes, er rief zur „Aufbietung aller Kräfte des Landes" auf. An die Spitze seiner Aufgaben stellte er, für die Sicherheit im Land jederzeit ausreichend sorgen zu wollen. Dann besprach er einen langen Katalog wirtschaftlicher Probleme, denen es zu begegnen galt; dafür seien die wichtigsten Maßnahmen die Erschließung und Auswertung „unserer" Naturschätze, voran der Wasserkraft, die „Hebung" der Viehzucht und überhaupt der gewerblichen und industriellen Produktion, die Ausgestaltung der Verkehrsverbindungen zwischen der Oststeiermark und Graz usw. Beachtlich war, dass er vom wirtschaftlichen „Bau auf neuer Grundlage" sprach und dabei besonders „das Verhältnis der Arbeiterschaft zum Unternehmer" erwähnte – in Wien wurde gerade das Betriebsrätegesetz erörtert. Die bürgerliche „Tagespost" schloss aus Rintelens Rede und den Erklärungen der Parteisprecher Ahrer (CS), Pongratz (SD) und Klusemann (Bauernbündler), dass man „auf ein einträchtiges Zusammenarbeiten der drei Landtagsparteien hoffen" dürfe (TP 28.5.1919). Dem entsprach, dass der Landtagspräsident Hagenhofer dort den stärksten Beifall erhielt, wo er sagte, die Landtagsmehrheit dürfe sich nicht „einbilden, rücksichtslos über die Wünsche und Forderungen der Minoritätsparteien hinweggehen zu können".

Vielleicht war das bereits als eine Mahnung an Rintelen aus seiner eigenen Partei zu verstehen. Immerhin hatte der am Schluss seiner Ausführungen nur vier Deutschnationalen – Kaan, Wutte, Einspinner und Gargitter – für ihre Arbeit während der letzten Monate gedankt, aber keinem der Sozialdemokraten; immerhin hatte sich Rintelen damit von Kaans Abschiedsrede in der letzten Sitzung der Provisorischen Landesversammlung am 30. April merkbar unterschieden, als Kaan „dankbar" anerkannt hatte, dass verschiedene „Verführungskünste" während der Hunger- und Sicherheitskrise nicht zuletzt „an dem gesunden Sinn unserer Arbeiterschaft und Volkswehr bisher gescheitert" wären. (TP 1.5.1919 M). Zogen also trotz vermeintlichen Konsenses schon erste Sturmwolken auf?

III. Das „moderne" System von Landeshauptmannschaft: Anton Rintelens „Glück"

1. Nicht mit Wilhelm von Kaan, Regierungs-„Chef" von November 1918 bis Ende Mai 1919, beginnt in Wahrheit die Reihe der „modernen" Landeshauptleute der Steiermark. Kaan war nach den Maßstäben, die das 20. Jahrhundert ausbilden sollte, weder Politiker von Beruf noch von Berufung, sondern ein nobler Mann der „Welt von gestern", der temporär in die Politik geraten war, weil man ihn rief. Versöhnlich klang sein Abschied, vielleicht sogar kommende Konflikte bewusst ignorierend. Es war gewiss kein Zufall, dass er im Mai 1919 für den Landtag gar nicht mehr kandidiert hatte.

Die erwähnte Reihe beginnt vielmehr mit Anton Rintelen. Was wir damit meinen, wenn wir ihn den ersten „modernen" Typus nennen, wird noch zu erläutern sein, und zwar umso mehr, als seine Zeitgenossen ihm gerade diese Kennzeichnung bald nicht attestierten – im Gegenteil. Rintelen war Landeshauptmann vom 27. Mai 1919 bis 25. Juni 1926 und wieder vom 23. April 1928 bis 10. November 1933. Dazwischen wirkte er, allerdings nur kurz, als Unterrichtsminister in der Bundesregierung. Dass er gegen ziemliche Widerstände die Rückkehr ins oberste Amt des Landes schaffte, gehört zum Teil zu seiner Modernität. Im Herbst 1933 drängte ihn Bundeskanzler Engelbert Dollfuß aus seiner Funktion und schob ihn als Österreichs diplomatischen Vertreter in Mussolinis Italien nach Rom ab (nicht als Gesandten beim Vatikan!). Das verzieh ihm Rintelen aus politischen und persönlichen Gründen nicht. Seine Abneigung – vielleicht sein Hass – gegen Dollfuß trieb ihn so weit, dass er sich im Juli 1934 den nationalsozialistischen Putschisten gegen den mittlerweile ganz autoritär regierenden Bundeskanzler zur Verfügung stellte; eine „braune" Diktatur, in Österreich mit Rintelen als Kanzler, sollte, wenn es nach ihm ging, Dollfuß' „schwarze" ersetzen. Der Putsch scheiterte am 25. Juli, doch Dollfuß wurde getötet. Rintelen wurde verhaftet und im Frühjahr 1935 nach einem großen öffentlichen Prozess zu lebenslangem Kerker verurteilt. Im März 1938 kam er im Zuge des sogenannten „Anschlusses" wieder frei und erhielt bald ein Mandat im „Reichstag", dem Pseudoparlament des Dritten Reiches in Berlin. Im Übrigen spielte er zwischen 1938 und 1945 keine besondere Rolle, sondern lebte eher unauffällig in Graz. Nach dem Ende der NS-Herrschaft wurde ein Prozess wegen Kriegsverbrechen vor einem österreichischen „Volksgericht" gegen ihn geplant. Noch bevor es aber zu dem kommen konnte, verstarb Rintelen am 28. Jänner 1946.

Man kann nicht sagen, dass Anton Rintelens Bild in der Geschichte schwanke. Sofern überhaupt nach seinem Tod noch eines von ihm existierte, war es vielmehr ein durch und durch negatives. Die Geschichtswissenschaft hat sich für ihn kaum interessiert, neben anderen Gründen lag das wohl auch an dem Mangel an zuverlässigen Quellen über ihn; dass er in überdurchschnittlichem Maße nicht auf offener Bühne, sondern in und hinter den Kulissen seine Politik betrieben hatte, vermutlich auch unter erheblichem Einsatz von finanziellen Zuwendungen nicht zuletzt an Journalisten, machte der Forschung verdächtig bis wertlos, was sie über ihn veröffentlicht lesen konnte, und machte ihr Quellen unverzichtbar, die es nicht gab oder an die sie nicht herankam. So gibt es kaum mehr als bescheidene Fragmente einer Rintelen-Biographie.

Auch mit diesem Beitrag kann daran nicht viel geändert werden. Über das eine oder andere Streiflicht zu Rintelens Handeln und zur Illustration seines Politik-Stils wird er nicht hinauskommen. Was die Figur Rintelens anlangt, ist das nicht beabsichtigt – am wenigsten ein Versuch, sein Image zu korrigieren oder aufzuhellen. Hier kann es nur darum gehen, zu erläutern, was die Umstände der 20er-Jahre und was, sie teils nützend, teils pervertierend, Rintelen beigetragen haben, dem Amt und der Rolle des Landeshauptmannes in der Steiermark das spezifische Profil zu geben.

2. Was machte Anton Rintelen zum ersten „modernen" Landeshauptmann der Steiermark? So unbefriedigend, wie angedeutet, unsere Kenntnisse über ihn sind, so notwendig – und, wie wir glauben, möglich – ist es doch, einige Momente seiner Modernität bzw. der modernen Konsequenzen seines Wirkens zu benennen. Dabei mischen sich persönliche, weithin abstoßende Züge mit historisch beachtlichen Ergebnissen und Nachwirkungen, und diese zweiten erscheinen zwar als Folgen der ersten, jedoch nicht als deren genuine Zielsetzungen.

Auszugehen ist von Rintelens Charakter. Der wurde, darin stimmen zwei Nachrufe auf ihn unter Berufung auf Zeitgenossen aus seinem nächsten Umkreis überein, von „übermäßigem Ehrgeiz" angetrieben (ÖVP-„Steirerblatt" 29.1.1946); sein Weg war der „eines vom politischen Ehrgeiz Besessenen" (SPÖ-Neue Zeit 29.1.1946). Seine enormen Ansprüche für sich und seine Stellung in der Gesellschaft verbanden sich mit reichen Begabungen, mit Fleiß und Ausdauer, aber noch mehr mit einer überlegenen Intelligenz und Wendigkeit, die ihn geradezu unfähig machten, andere zu achten, aber dazu veranlassten, geradezu alle gering zu schätzen, darum als Mittel zu gebrauchen und auszuspielen. Er fand „Lust" daran, andere zu „düpieren". Er ging so weit, dass er es liebte, für „dämonisch" und für ein „taktisches Genie" zu gelten, dass er sich seiner „Undurchdringlichkeit" selber rühmte, dass er in seinen „Erinnerungen an Österreichs Weg" (1941) mit „einer staunenswerten Freimütigkeit alle politischen Winkelzüge seiner Laufbahn" enthüllte (Neue Zeit). Sein Gefühl von Überlegenheit bedurfte der Wahrnehmung und Anerkennung durch die Umwelt, war sich selbst nicht genug und vermeinte, nur durch das Medium von Selbstdarstellung wahrnehmbar zu werden – eben weil andere seine vielen „Masken" nicht zu durchdringen vermochten. Vielleicht darf man schließen, dass sich in diesen Momenten seine doch instabile Persönlichkeit verriet; Staatsanwalt Tupy diagnostizierte 1935 im Strafprozess gegen Rintelen, dass ihn eine „dämonische Unruhe" umtrieb, „die dort Unruhe schafft, wo eine ihm nicht angenehme Ruhe ist". – Ob ein solcher Charakter an sich als „modern" qualifiziert werden kann, mag dahinstehen, es sei denn, „modern" steht in unterschiedlichen Epochen gerade auch für ziellose Unruhe, die keine Zwecke außerhalb von „Selbstverwirklichung" kennt. In der Politik des Vierteljahrhunderts von 1920 bis 1945 mochte vielen eine derartige Persönlichkeit allerdings gerade sonderbar antiquiert anmuten oder, wie der „Neuen Zeit", für soziologisch antiquiert als Manifestation vom bürgerlichen „Herrenmenschen": Machtwille und Machtinstinkt, Skrupellosigkeit, der Trieb, politisch-öffentlichen Einfluss umzumünzen in private Bereicherung für sich selbst, für die eigene (Groß-)Familie, für die gefügigen Mitglieder eines politisch-ökonomischen Clans (z. B. Jakob Ahrer).

Wie immer man darüber urteilen mag: Historisch bedeutsamer ist, dass es zu Rintelens Fähigkeiten gehörte, typisch moderne Konstellationen und Strukturbrüche zu nützen und dabei, willentlich oder nicht, in erheblichem Maße sogar Strukturen zu schaffen oder immerhin umzuprägen, die ihn überlebten – und sei es nur als taugliche Vorbilder und Muster, an die nach 1945 angeknüpft wurde. Unter den Konstellationen denken wir an die kritische Umbruchsphase unmittelbar nach Ende des Ersten Weltkrieges: Ohne sie, in der in der Steiermark und in Österreich kaum ein Stein auf seinem hergebrachten Platz blieb, vielmehr die Steine sozusagen durcheinander wirbelten, war Rintelens rapider politischer Aufstieg unmöglich. – Mit den Strukturbrüchen meinen wir die schon länger in Gang befindlichen Prozesse von Massenmobilisierung (mit dem Wort „Demokratisierung" nur ganz unzureichend umschrieben) und der mit ihnen einhergehenden Aushöhlung der traditionellen sozialen Hierarchien (bürgerlich-aristokratisch und bürokratisch-militärisch dominierte k. k. Gesellschaft) mitsamt der dazugehörigen politischen Praxis und Kultur-Prozesse, die während und zu Ende des Ersten Weltkrieges, wie oben angedeutet, eine unerhörte Beschleunigung und Verdichtung erfuhren. – Bei den Strukturen, die Rintelen mithalf neu auszubilden oder umzuprägen, haben wir vor allem im Auge: die Formierung der christlichsozialen Bewegung zu einer unter den neuen Verhältnissen kampf- und wettbewerbstauglichen Partei unter einer sie zunehmend beherrschenden Führungsfigur; die Befähigung dieser Partei, das Spektrum ihrer Anhänger- und Wählerschaft signifikant zu verbreitern, so dass sie zur dominierenden Kraft des nichtsozialistischen Segmentes in der Steiermark wurde, sozusagen zur Volkspartei der „rechten" Mitte; die Herstellung der Koalitionsfähigkeit dieser Partei mit anderen bürgerlichen bzw. bäuerlichen Gruppierungen, d. h. die Herstellung einer stabilen „rechten" politischen Mehrheit im Land; seinen Anteil an der Durchsetzung der (immerhin einigermaßen) föderalistischen Struktur des neuen republikanischen Österreich; die damit Hand in Hand gehende Politisierung des Amtes des Landeshauptmannes und dessen Ausprägung zu einem tatsächlichen Regierungsamt, das es zuvor kaum gewesen war.

Dies alles zusammen macht Rintelen, jenseits seines Charakters als Person, zum ersten modernen Landeshauptmann der Steiermark. Dass er Konstellationen und Strukturbrüche nicht nutzbar machte, um neue Strukturen etablieren zu helfen, an die er als politisch-institutionelle Erfordernisse einer kommenden Epoche geglaubt hat, mindert und tangiert diese Modernität seiner Wirksamkeit nicht. Mochte sein persönlicher Ehrgeiz signifikant antiquiert sein oder im Gegenteil gerade spezifisch modern (Urteile, die wir beide für nicht zureichend erachten), mochten ihm die Christlichsoziale Partei selbst, die Verbreitung ihrer Wählerbasis und ihre Koalitionsfähigkeit auch nicht Ziele, sondern nur Instrumente der Mehrheitsbeschaffung und -erhaltung sein, ohne welche er Landeshauptmann weder werden noch bleiben konnte; mochte die Bundesstaatlichkeit Österreichs ihm, dem Mann der Provinz, hauptsächlich als verfassungsrechtliche Bedingung einer Machtposition ein Anliegen sein, ohne die das Amt des Landeshauptmannes ihm macht- und darum vielleicht reizlos erschienen wäre; mochte er ab 1932/1933 nahezu alles das, was, wodurch immer motiviert, mittlerweile zu einem großen Teil sein Werk geworden war, preisgeben, indem er Dollfuß' zentralisierenden Tendenzen nicht widerstand, indem er für die weitere Existenz „seiner" Partei, anders als etwa Landeshauptmann Schlegel in Oberösterreich, gegen Dollfuß' autoritären Kurs nicht kämpfte, besonders aber indem er sich dem längst als Diktatur erkennbaren Nationalsozialismus in die Arme warf; mochte er neben seinen persönlichen, egoistisch-narzisstischen Antrieben nie einen anderen politisch-programmatischen Anker gekannt haben als den, die Sozialdemokratie nicht zu dem Faktor werden zu lassen, der das Sagen hatte; mochte das alles zutreffen, so bleibt doch, dass man geradezu von einer „List der Geschichte" (wenn schon nicht der „List der Vernunft" selbst) reden könnte, die es dahin brachte, dass große Teile von Rintelens Wirksamkeit sich jenseits seiner Absichten gewissermaßen verselbstständigten und zu Strukturelementen der modernen Steiermark wurden, zu Signaturen steirischer Politik in der zweiten Hälfte des 20. Jahrhunderts.

3. Anton Rintelen, 1876 in Graz geboren, entstammte einer Juristenfamilie. Sein Vater, Anton d. Ä., 1842 bis 1905, war als junger Mann aus Westfalen nach Graz gekommen und hatte 1871 eine Anwaltskanzlei eröffnet. Er war schon 1869 bei der Gründung des Katholischen Pressvereins dabei, fungierte als dessen Rechtskonsulent. Seit 1880 war er Mitglied des Reichsgerichtes in Wien, wurde auch Aufsichtsrat in diversen Wirtschaftsunternehmen. In einem Wort: Sein katholisches Engagement gegen liberale „Kulturkämpfer" verhinderte nicht, dass er Achtung und Stellung im bürgerlichen, weit überwiegend „freiheitlichen" Establishment gewann. Wie das gelang bzw. möglich wurde, ist ungeklärt. Seine Söhne, besonders Anton, profitierten davon und hielten es ähnlich. Sie alle studierten Rechtswissenschaften, Anton und Max wurden Universitätsprofessoren, Karl führte später die Anwaltskanzlei. – Anton Rintelen habilitierte sich 1903 in Graz für Zivilprozessrecht, wurde 1906, 30-jährig, Professor dieses Faches an der deutschen Universität in Prag und 1911 nach Graz zurückberufen. Der Ruf nach Prag setzte wohl

voraus, dass der Name Rintelen in (gemäßigt?) deutschnationalen Kreisen keinen schlechten Klang hatte. Wieder in der Steiermark, soll sich Anton jun. in Rechtssachen auch für Hagenhofers Katholischen Bauernverein und dessen Bauernvereinskasse betätigt haben. – Politische Funktionen bekleidete er bis 1918 aber nicht.

4. Anfang November 1918 hatten auch die Christlichsozialen über ihre 20 Vertreter in der Provisorischen Landesversammlung zu entscheiden. Neun von ihnen standen infolge Parteiabsprache fest: die 1911 nach allgemeinem Stimmrecht gewählten Reichratsabgeordneten. Irgendwie kam man überein, die verbleibenden elf Personen auf sieben vom Landeskomitee des Bauernvereins und vier vom Landeskomitee der Städte und Märkte zu nominierende zu verteilen. Anton Rintelen stand plötzlich als einziger auf beiden Listen. Auf der bäuerlichen wurde er allein nicht als „Grundbesitzer" ausgewiesen. Weil die Bauern ihn zuerst genannt hatten oder ihn für sich reklamierten, erschien sein Name dann nicht mehr auf der Liste der Städte und Märkte. Auf diese wurden lauter Grazer gesetzt, nur in der Lokalpolitik der Landeshauptstadt Bekannte; gänzlich neu unter ihnen war nur der Name Jakob Ahrer (geb. 1888 in St. Stefan ob Leoben).

In der Öffentlichkeit blieben diese Vorgänge damals unkommentiert. Sie sind aber im Rückblick mehrfach bemerkenswert: Erstens gab es offensichtlich keine christlichsoziale Landesparteileitung im Singular mehr, sondern nebeneinander zwei Komitees, die den Hauptkurien des alten Landtages entsprachen. Zweitens: Das Komitee der Städte und Märkte war anscheinend noch so un- oder mittlerweile wieder desorganisiert, dass nur Grazer in ihm saßen, die Grazer nominierten. Drittens war, wie gesagt, Rintelen die einzige Person, die das Vertrauen beider Gruppen genoss. (Schließlich viertens: Das „Grazer Volksblatt", das erst am 6. November diese Vorgänge berichtete, übrigens ganz nebenbei, schrieb zweimal von „Professor Max Rintelen"; obwohl es sozusagen die Parteizeitung war, verwechselte die Redaktion die Brüder; so wenig war Anton Rintelen bis dahin selbst bei halben Insidern als politische Figur geläufig.)

Drei Tage später, am 6. November, präsentierten die Christlichsozialen Rintelen als ihre steirische Spitzenfigur – als Landeshauptmann-Stellvertreter und als Klubobmann. In seinem Schatten tritt Ahrer auf, als Landesrat und Klub-Schriftführer. (Die beiden begegnen dann bis 1926 als immer problematischeres Duo; Ahrer ist Rintelens jüngeres Alter Ego, bis er sich, heillos in Finanzskandale verstrickt, vor strafrechtlicher Verfolgung nach Kuba davonmacht.) Nun wird Rintelen binnen Tagen und Wochen zum Chef der Christlichsozialen. Dass diese organisatorisch damals kaum mehr existieren, kommt ihm zugute. Zwar herrschte unter ihren Bauernpolitikern noch einige Ordnung. Aber Hagenhofer (1852 bis 1922), schon alt und zudem kränklich, kommt für Funktionen nicht mehr in Betracht, die tägliche Präsenz in Graz und politischen Professionalismus erfordern; wenn er sich 1920 zurückzieht, steht auch im agrarischen Segment der Christlichsozialen kein Mann zur Verfügung, der ein wirkliches Gegengewicht zu Rintelen abgeben könnte.

Mit Rintelen an der Spitze besetzen die Christlichsozialen nun die Positionen, von denen sie bisher fern gehalten wurden (Wirtschaftskommissare, Militärbevollmächtigte); in die Landesregierung entsenden sie von Jänner 1919 an Zug um Zug neue Leute: neben Ahrer Franz Prisching (bis dahin im Reichsrat in Wien), dann Alois Riegler (Hagenhofers Nachfolger) und Josef Steinberger; 1920 kommt Hans Paul, Professor der Technischen Hochschule in Graz und ursprünglich im deutschnationalen Segment beheimatet, dazu. – Noch im Spätherbst 1918 wird eine gemeinsame christlichsoziale Landesparteileitung gebildet, die am 5. Dezember erstmals mit einer Programmerklärung an die Öffentlichkeit tritt und von der die Wahlkämpfe des Jahres 1919 (Februar und Mai) gesteuert werden. Wer anders könnte ihr Obmann sein als Rintelen? Am 26. März 1919 wird er vom 1. Landesparteitag in dieser Rolle „bestätigt". Dabei ruft er zur Diskussion zwischen „abweichenden" Meinungen auf, verlangt aber auch, dass es danach „nur mehr einen Willen" gebe. Ahrer ist es, der über ein „Organisationsstatut" referiert, das der Parteitag annimmt; zu ihm gehört u. a. ein professionelles Landessekretariat der Partei. In Summe: Nachdem sie von Sozialdemokraten und Deutschnationalen eben erst vernachlässigt worden war bzw. geradezu ignoriert werden musste, weil sie durch nichts und niemanden präsent war, „steht" jetzt die Christlichsoziale Partei. Rintelens Energie und Geschick hat sie binnen Wochen aufgerichtet. Selbstverständlich ist er ihr Zentrum.

5. Die ersten Wahlen zeigten mehr als nur rasche Regeneration. Als am 16. Februar 1919 die Konstituierende Nationalversammlung gewählt wurde,

kamen die steirischen Christlichsozialen auf rund 170.000 Stimmen gegenüber 148.000 für die Sozialdemokratie und je ca. 47.000 für die freiheitlichen Bauernbündler und die „Deutschdemokraten" (d. h. die späteren Großdeutschen). Das entsprach in Stimmanteilen etwa 41 Prozent gegen 36 und je 11 Prozent und das war weit mehr, als die Christlichsozialen im Land jemals zustande gebracht hatten. Die Landtagswahl vom 11. Mai steigerte ihren Erfolg nochmals: ca. 46,5 Prozent christlichsozialem Anteil standen wieder einer von 36 Prozent für die Sozialdemokratie und knapp 14 Prozent für die Bauernbündler gegenüber; die Deutschdemokraten, deren „Lager" diesmal tief zerstritten war, erreichten nur 3 Prozent. Nicht nur ihre mittlerweile dichte Organisation und der Fleiß ihrer Wahlredner – Rintelen selbst, obwohl kein gerade volkstümlicher, charismatischer Typ, hielt gegen 50 Versammlungen ab – bescherten den Christlichsozialen trotz stark reduzierter Wahlbeteiligung diesen Sieg. Ebenso bedeutend schlug für ihn zu Buche, dass mit Rintelen die Partei für die traditionell „freiheitlichen" Bürger der Städte und Märkte wählbarer geworden war, wenn diese kein „eigenes" attraktives Parteiangebot vorfanden. Das zeigte sich in der Obersteiermark mit immerhin 25,4 Prozent christlichsozialem Anteil (obwohl die Deutschdemokraten dort knapp 4 Prozent und ihr Grundmandat machten). Das zeigte sich erst recht im Wahlkreis Graz und Umgebung mit ca. 42 Prozent: Während Rintelen für die gleichzeitig stattfindenden Gemeinderatswahlen in Graz-Stadt eine Einheitsliste unter Führung des liberal-deutschnationalen Alt-Bürgermeisters Fizia ermöglichte, wählte dessen Anhängerschaft für den Landtag großteils christlichsozial. Man sieht: Rintelen öffnete nicht nur seine Partei dem gesamten „bürgerlichen", d. h. dem nichtsozialistischen Wählersegment, er vermied es auch, die Desorientierung im „freiheitlichen" Lager „wildernd" zu nutzen und dessen Wählerschaft zulasten ihrer traditionellen Funktionäre zu „inhalieren". Er achtete auf bessere Wählbarkeit der eigenen Partei, er schonte die anderen „bürgerlichen" Gruppen, er sah auf seine Koalitionsfähigkeit mit ihnen. Der Dank, den er Kaan, Wutte und Einspinner am 27. Mai 1919 aussprach, lag ganz auf dieser Linie. Als die Deutschdemokraten 1920 unter dem Namen „Großdeutsche" mit acht Mandaten in den Landtag zurückkehrten – den Bauernbündlern fielen sechs Sitze zu –, machte sich sein Kurs bezahlt: Rintelen blieb nicht nur Landeshauptmann, sein Einfluss reichte weit über das christlichsoziale Element hinaus.

6. Nimmt man sein im Einzelnen noch nicht erforschtes Engagement für die föderative Strukturierung des neuen Österreich während der Jahre 1919/20 hinzu und schließlich sein Verständnis vom Landeshauptmann, das dieses Amt weit über das eines Primus inter Pares hinaushob – wie es für Kaan gegolten hatte –, dann erstaunt nicht mehr sehr, dass er bald mit dem Namen „König Anton" belegt wurde (von „Landesfürsten" zu reden war damals noch unüblich).

7. Rintelen agierte von einer „Position der Stärke" aus, nicht zuletzt im Umgang mit den Sozialdemokraten. Darunter darf man aber nicht verstehen, dass er mit ihnen und sie mit ihm von Anfang an einen klaren Konfrontationskurs verfolgt hätte(n). Das sah zwar in der Öffentlichkeit seit dem Juni 1920 weithin so aus; damals war in Wien die „rot-schwarze" Koalition zerbrochen, und zwar nicht zuletzt an der Frage, wer in Zukunft die politische Kontrolle über das Heer (sowie über Polizei und Gendarmerie) innehaben werde; die Sozialdemokraten, die seit November 1918 die „Volkswehr", die Vorform des Bundesheeres, personell beherrscht hatten, fürchteten, dass die Sicherheitsorgane des Staates sich bald gegen sie richten würden. Tatsächlich drehten sich ab 1921 auch die leidenschaftlichsten Landtagsdebatten darum, ob Rintelen die Exekutive scharf gegen Arbeiter und deren Waffenlager vorgehen ließ und duldsam oder gar fördernd mit „bürgerlichen" Heimwehren. Trotzdem handelten die sozialdemokratischen Mitglieder der Landesregierung, voran anscheinend Reinhard Machold, vieles und oft erfolgreich mit ihm aus. Dieses Muster von gleichzeitiger Konfrontation und Kooperation hielt auch an, nachdem Rintelen im Mai 1921 in St. Lorenzen im Mürztal von Arbeitern tätlich angegriffen worden war, es wurde noch ab 1928 praktiziert, obwohl die Sozialdemokratie Rintelens ersten Anlauf zur Rückkehr in das Amt des Landeshauptmannes 1926 zunächst blockiert hatte, es galt noch über den Brand des Justizpalastes (15. Juli 1927) hinaus, nach dem die Heimwehren eine neue Blüte im Lande erlebten. Allerdings war dieser Umgang zwischen Rintelen und der sozialdemokratischen Parteiführung in Graz ein durchaus asymmetrischer: Er war stark, jedenfalls bis 1930; die Wahlen von 1923 und 1927 bestätigten die Dominanz seiner faktischen „bürgerlichen" Koalition; die Sozialdemokratie stagnierte dagegen in der Wählerschaft und befand sich auch sonst strategisch in der Defen-

sive (deshalb wurde ihre Führung intern auch zunehmend von „links" kritisiert, z. B. von Koloman Wallisch aus Bruck an der Mur).

8. So etwa fügten sich mehrere Elemente zu einer Art System für eine „moderne" Landeshauptmannschaft, d. h. für eine nicht mehr bloß repräsentative, sondern für eine politische in einer postmonarchistischen, (früh)demokratischen Epoche: Wirksam konnte ein Landeshauptmann sein Amt nur als (faktischer) Führer einer großen Partei ausüben. Die musste in der sozial längst hochdifferenzierten Steiermark unterschiedliche Segmente der Wählerschaft ansprechen können, demgemäß zumindest eine lockere Wählerkoalition darstellen, auf Dauer aber mehr bewirken, nämlich eine Integration von Wählergruppen, die die Charakterisierung „Integration" verdiente. Dazu mochte eine sowohl im Einzelnen vielfältige Programmatik und Politikpraxis taugen („wer vieles gibt, wird vielen etwas geben"), wie eine im Ganzen umgreifende (Pflege von Heimatbewusstsein und Steiermark-Patriotismus). Der „Chef" einer solchen Partei musste in ihren Teilsektoren Anerkennung, ja nach Möglichkeit Autorität genießen; das war von ihm umso mehr verlangt, je mehr Wählerzuspruch seine Partei fand, d. h. je differenziertere soziale Gruppen und Milieus sie dauerhaft an sich binden wollte. Darüber hinaus musste er koalitionsfähig mit anderen Parteien sein, weil absolute Landtagsmehrheiten unwahrscheinlich waren bzw., wenn sie sich doch ergeben sollten, nicht ohne weiteres Bestand versprachen. Wenn er mit der zweiten Großpartei im Land kooperative Beziehungen zu unterhalten wusste, konnte ihm das nur nützen; dass die, je stärker und anerkannter er selbst war, von einiger Asymmetrie sein mussten, war so lange nicht kontraproduktiv, solange die zweite Partei sich nicht geringschätzig behandelt fühlte. (Ungefähr nach dieser Manier regierte Josef Krainer d. Ä. seit 1945/48, ungefähr so würde wohl Reinhard Machold von der SPÖ regiert haben, wenn die Wähler ihn im November 1945 als Landeshauptmann bestätigt hätten.)

IV. Das System zerfällt: König Antons „Ende"

1. Auch Rintelens System zeigte viele dieser Elemente und manche von ihnen hatte er selbst mit etabliert. Aber Rintelen war zu ehrgeizig, ja selbstbezo-

gen, um sie in Balance halten zu können. Er strebte spürbar nach immer mehr – nach mehr Einfluss und vielleicht bereits in den 20er-Jahren nach einer führenden Rolle in der Bundespolitik, nach Verzahnung von politischer Macht und privatwirtschaftlichem Reichtum. (Er begründete z. B. die „Steierbank" und einige mit ihr verflochtene Unternehmen, fungierte als deren Präsident, machte Ahrer zum Vizepräsidenten, besetzte die Aufsichts- und Direktionsorgane mit „seinen" Leuten; die Bank musste schließlich 1926 von der Zentralbank der deutschen Sparkassen „aufgefangen" und die Zentralbank selbst durch staatliche Mittel „saniert" werden.) So rief er zunehmend Misstrauen hervor, gerade auch in den eigenen Reihen. Weil in diesen ihm aber nach Sach- und Personenkenntnis, nach Geschick und Machtinstinkt keiner das Wasser reichen konnte, blieb das fürs Erste folgenlos. Man nahm ihm vieles übel, man nahm es und ihn aber auch irgendwie hin. Immerhin, als er, 1926 gerade erst in die Regierung des Bundeskanzlers Ramek eingetreten und von dessen Nachfolger Ignaz Seipel noch im selben Jahr wieder ausgebootet, sofort wieder Landeshauptmann werden wollte, unterstützten ihn Teile seines früheren Anhanges zuletzt nicht mehr (erst das führte damals ja den erwähnten Widerstand der Sozialdemokraten gegen ihn zum Erfolg). Es dauerte bis April 1928, ehe er wieder in die Grazer Burg einzog. Aber von da an wurde seine Dominanz zudem aus anderen Gründen brüchig.

2. Die Heimwehren reaktivierten sich und betraten stärker als nach Kriegsende die politische Bühne. Damals spontan entstanden, aus Verursachungen, die hier nicht erörtert werden können, zumeist scharf antimarxistisch, antisemitisch und deutschnational eingestellt – die Grenzziehung zum neuen Jugoslawien spielte eine große Rolle –, waren sie von Rintelen und Ahrer nach und nach unter eine gewisse Kontrolle gebracht worden. Der Landeshauptmann löste sie nicht auf, ließ auch nicht aktiv nach ihren Waffen suchen – was ihm die Sozialdemokraten schwer ankreideten –, er veranlasste Ahrer, zusätzlich „schwarze" Heimwehren zu gründen und trachtete alle seiner Steuerung zu unterwerfen, viele ihrer Aktivisten wohl auch in die Christlichsoziale Partei zu integrieren. Diese Taktik hatte ziemlichen Erfolg.

Seit 1927 änderte sich das Bild wieder. Die Gründe dafür lagen nicht primär in der Steiermark. Das prononciert marxistische „Linzer Programm" der Sozialdemokraten von 1926, in dem, wenn auch auf spezielle Fälle begrenzt, von „Diktatur des Proletariats" die Rede war; die Brandlegung im Wiener Justizpalast am 15. Juli 1927; der anschließende Versuch eines „roten" Verkehrsstreiks und vieles andere spielte dabei mit, dass im bürgerlich-bäuerlichen Lage Unzufriedenheit mit der „eigenen" bürgerlich-bäuerlichen Bundesregierung wuchs. Eine „schärfere Tonart" wurde verlangt, der demokratische Parteienparlamentarismus überhaupt als uneffektiv kritisiert, am Italien Mussolinis wurde Maß genommen. Der Tiroler Richard Steidle, lange christlichsozialer Mandatar, ging voran, der oberösterreichische Fürst Ernst Rüdiger von Starhemberg folgte, im „roten Wien" fand sich rasch radikaler Anhang. In der Steiermark griff Walter Pfrimer diese Fahne auf. In Marburg/Maribor, also im slowenisch-deutschen Spannungsgebiet aufgewachsen, dann in Judenburg Rechtsanwalt geworden, hatte er sich bereits 1918 in der deutsch-österreichischen Volksrat-Bewegung hervorgetan, hatte in den 20ern in der Obersteiermark mit seinen bewaffneten Anhängern mehrere harte Konflikte mit bewaffneten Arbeitern ausgetragen, die Landesregierung in Verlegenheit gebracht, die Unternehmensleitung der in deutschem Aktienbesitz befindlichen Alpine-Montan-Gesellschaft beeindruckt, viel Respekt bei denen gewonnen, die über den „roten Terror" der Betriebsräte in Alpine-Fabriken und Alpine-Bergwerken klagten.

Rintelens Verhältnis zu Pfrimer war stets schwierig gewesen, von Kooperation und einer gewissen Rivalität gleichzeitig gekennzeichnet. Die „Chemie" zwischen beiden stimmte nicht. Pfrimer, ein rabiater Typ, mehr ein Haudegen als ein gefinkelter Taktiker, eignete sich nicht dazu, sich vom Landeshauptmann steuern zu lassen; der wieder vertrug Pfrimers Eigensinn und Unabhängigkeit nicht gut. Als nun Pfrimer zum „Landesführer" aller steirischen Heimwehren aufstieg und auch in der gesamtösterreichischen Politik mitzuspielen begann, untergrub das Rintelens Position im Land (wie die Seipels im Bund). Tatsächlich musste eine Opposition von rechts den Christlichsozialen wie ihren Koalitionspartnern (Großdeutschen, Landbund) strategisch sehr unangenehm werden. Was ihnen blieb, war eine Mischung aus teils rhetorischer, teils sachlicher Anpassung an Heimwehrvorstellungen, aus Abwarten und Hoffen, dass die Heimwehren sich totlaufen würden usw. Für deren Selbstbewusstsein, eine geradezu „unwiderstehliche Volksbewegung" zu sein, also das „Volk" gegen „die Politiker" zu repräsentieren, blieb das unbefriedigend. 1929 forderten sie eine gründliche Bundesverfassungsreform, erreichten aber beinahe nichts. So entschlossen sie sich, die den Parlamentarismus bislang verachtet hatten, 1930 zur selbstständigen Kandidatur bei den anstehenden Wahlen.

3. Sie kandidierten als „Heimatblock" und erreichten am 9. November insgesamt 228.000 Stimmen, davon 64.500 steirische. Das Grundmandat zum Nationalrat gewannen sie im Wahlkreis Obersteiermark; es ging direkt zulasten des zweiten Mandats, das die Christlichsozialen dort innegehabt hatten und für das, weil es erstmals „Kampfmandat" geworden war, Rintelen selbst kandidiert hatte (ihr erstes obersteirisches war mit Anton Pirchegger besetzt). In den Landtag zog der „Heimatblock" mit sechs (von jetzt 48) Mandaten ein; die Christlichsozialen gingen auf 17 zurück, ebenso viele besetzten die Sozialdemokraten, acht der „Schoberblock" (eine kurzlebige Wahlgemeinschaft von Großdeutschen und Landbund). In Graz hatte Pfrimer für den „Heimatblock" kandidiert und war gewählt worden, in der Obersteiermark u. a. Konstantin Kammerhofer; beide sollten noch von sich reden machen. In die Landesregierung entsandte der Heimatblock August Meyszner, einen Gendarmerieoberinspektor aus Leoben; nach 1941 fungierte er in Belgrad als höherer SS- und Polizeiführer. (Apropos Leoben: In der damals noch selbstständigen Gemeinde Donawitz brachte es der „Heimatblock" auf 2773 Stimmen, die Sozialdemokratie nur mehr auf knapp doppelt so viele; der „Arbeiterwille" titelte trotzdem erleichtert: „Donawitz bleibt nach wie vor rot"; die Christlichsozialen mussten sich mit 663 Stimmen bescheiden.)

Gewiß hatten viele den „Heimatblock" gewählt, die Rintelens Partei zuvor nie ihre Stimme gegeben hatten; aber die Mehrzahl seiner Wähler war früher doch einmal von den Christlichsozialen angesprochen worden. Kurz: Deren bislang überwiegend erfolgreiches Integrationskonzept funktionierte nicht mehr. (Eine erste Abspaltung hatte es übrigens bereits 1927 gegeben, als es der Johannes-Ude-Verband auf zwei Landtagssitze gebracht hatte; aber das war zu verkraften gewesen, und Ude war 1930 wieder von der Bühne verschwunden.) Hinzu kam der Erfolg des „Schober-Blocks". So wurde Rintelens Position ungemütlicher, in Wahrheit aber nicht nur die seiner Person, sondern die eines Landeshauptmannes überhaupt.

4. Das hatte vor allem damit zu tun, dass 1930 die große Wirtschaftskrise voll durchbrach und mit ihr die Zahl der Arbeitslosen und Notstandsbezieher wuchs und wuchs; auf die schwierigen Jahre seit 1918 folgten jetzt katastrophale. Man weiß, dass das politisch niemandem mehr nutzte als den Nationalsozialisten. Am 9. November 1930 hatten sie in Österreich nur 105.000 Stimmen erzielt, davon in der Steiermark 18.800. Das hatte einem Stimmanteil von knapp 3 Prozent bzw. 3,5 Prozent entsprochen; im Deutschen Reich waren sie im September auf gut 18 Prozent gekommen und zur zweitstärksten Partei avanciert. Ihr weiterer, stürmischer Aufstieg in Deutschland schlug ab 1931 aber auch auf Österreich durch. Im April 1932 fanden in mehreren Bundesländern Landtags- bzw. Gemeinderatswahlen statt. Allenthalben verloren die bisherigen „bürgerlichen" Parteien zugunsten der NS-Bewegung schwer, am schlimmsten die Großdeutschen und der Heimatblock; auch die Christlichsozialen büßten weiter erheblich ein. Das gesamte Regierungssystem Österreichs, wie es sich seit etwa 1920 etabliert hatte, wurde ausgehöhlt, auch das steirische.

5. In dieser Lage setzte Bundeskanzler Dollfuß (seit Mai 1932) zunehmend auf einen autoritären Kurs – er sprach vom autoritären „christlichen Ständestaat". Weitere Wahlen, wie die Sozialdemokraten sie verlangten, wollte er auf unbestimmte Zeit verhindern, weil sie nur den Nationalsozialisten nützen konnten, besonders nach deren „Machtergreifung" in Berlin am 30. Jänner 1933. Das brachte nicht nur die bisherigen Koalitionspartner der Christlichsozialen gegen ihn auf; von ihnen gingen die Großdeutschen und der größte Teil des steirischen „Heimatschutzes" unter Kammerhofer im Frühjahr 1933 de facto zur NSDAP über. Auch in den Funktionärseliten der Christlichsozialen selbst traf er auf Kritik. Ein Teil von ihnen (z. B. Schlegel, Rehrl) protestierte gegen die Selbstauflösung der Christlichsozialen Partei zugunsten der von Dollfuß ins Leben gerufenen „Vaterländischen Front", quasi der Einheitspartei seines autoritären Staates. Ein anderer Teil missbilligte seinen Konfliktkurs gegen den Nationalsozialismus.

Zu diesem Flügel gehörte insbesondere Rintelen. Wir wissen fast nichts darüber, wie er sich in den immer unübersichtlicheren Verhältnissen der Jahre 1931/33 tatsächlich verhielt. Irgendwie versuchte er wohl die Fäden in der Hand zu halten, was ihm zusehends schlechter gelang. Im September 1931, als

Pfrimer in der Steiermark einen „Putsch" wagte, der in einen „Marsch auf Wien" münden sollte, hielt sich Rintelen z. B. bedeckt; weder trat er auf Pfrimers Seite noch setzte er die Exekutive gegen ihn ein. Der „Putsch" sackte zwar nach einem Tag in sich zusammen, Pfrimer wurde zu einer mäßigen Gefängnisstrafe verurteilt (im „Heimatschutz" wurde Kammerhofer sein Nachfolger). Aber Rintelen galt nun in Wien vollends als unzuverlässig; man behalf sich zuerst damit, ihn – unter Beibehaltung seines Amtes als Landeshauptmann – wieder als Unterrichtsminister in die Regierungsdisziplin zu nehmen. Doch im November 1933 war Dollfuß so weit, ihn nach Rom abschieben zu können. Rintelen „revanchierte" sich, wie oben kurz angedeutet, indem er sich den NS-Juli-Putschisten gegen Dollfuß 1934 zur Verfügung stellte. – Inzwischen war Alois Dienstleder in Graz zu seinem Nachfolger gewählt worden.

V. Vier Landeshauptleute im Schatten Rintelens: Prisching – Gürtler – Paul – Dienstleder

1. Rintelen trat Ende Juni 1926 als Unterrichtsminister in die zweite Bundesregierung von Kanzler Rudolf Ramek ein. Nach seiner späteren Selbstdarstellung im Prozess von 1935 tat Rintelen es angeblich, um Ordnung in die österreichische Schulpolitik zu bringen – gewiss eines der dornigsten Kapitel nicht zuletzt zwischen den Koalitionsparteien des „Bürgerblocks". Aber glaubwürdiger ist doch, dass Rintelens Hauptmotiv für den Wechsel nach Wien war, mit Hilfe von Bundesmitteln (und allgemeinem politischen Einfluss) existentielle Probleme „seiner" Steirerbank zu beheben und analoge der „Zentralbank der deutschen Sparkassen", die durch eigene und Fehlspekulationen mehrerer anderer kleiner Banken an den Rand des Ruins gebracht worden waren. Dass Ahrer, schon seit 1924 unter Ramek Bundesfinanzminister, sie nicht hatte lösen können, machte ihn als Rintelens Nachfolger in Graz unmöglich; das deutete auch die „Reichspost", das christlichsoziale Zentralorgan, später an (3.10.1926). (Tief in die „Bankenskandale" verwickelt, entzog Ahrer sich dann eingehenden Untersuchungen, indem er nach Kuba ging.) Aber Rintelen suchte ohnehin nicht einen (potentiell) „starken Mann", sondern bloß einen Platzhalter. Der wurde in Franz Prisching (1866 bis 1935) gefunden. Ein Urgestein der steirischen Christlichsozialen, war Prisching 1907 und 1911 in den Reichsrat nach Wien gewählt

worden, als Mandatar eines der obersteirischen Wahlkreise, die aus „Landgemeinden" bestanden, nicht aus Städten und Industrieorten. Bauern und
Landarbeiter waren also seine Wähler gewesen, kaum Bürger und Industriearbeiter, und das definierte und begrenzte Prischings Position innerhalb seiner Partei. Zudem war er Priester (von 1906 bis zu seinem Tod Pfarrer und
Dechant in Kindberg). Ende Mai 1919 war er in die Landesregierung gekommen – als Finanzreferent –, hatte aber, obwohl von seiner Amtstätigkeit wenig bekannt ist, kaum Profil gewonnen. Auch sein fortgeschrittenes Alter
prädestinierte ihn 1926 zu dem, wozu er wohl dienen sollte: zur Gestalt des
Überganges von Rintelen zu Rintelen. Doch verlief seine Landeshauptmannschaft nicht farblos, sie endete vielmehr skandalös: Prisching ließ sich bewe-
gen, Landesgeld zum Kauf von damals fast wertlosen Steweag-Aktien aus
dem Besitz der „Steirerbank" auszugeben, was im Herbst 1926 in einem parlamentarischen Untersuchungsausschuss über die „Zentralbank" bekannt
wurde. Selbstverständlich blieb die politische Bewertung der „Affäre" strit-
tig. Aber der Landeshauptmann selbst sah sich kaum schuldlos: Er begab
sich zur Behandlung eines Ohrenleidens nach Italien und legte von dort aus
sein Landtagsmandat und sein Regierungsamt zurück. Die „eigene" Tages-
zeitung, das „Grazer Volksblatt", kommentierte seinen Abgang bemerkenswert kritisch (28.9.1926 Abendblatt).

Nur formell blieb er noch bis zur Wahl des Nachfolgers Landeshauptmann. Diese dauerte bis zum 22. Oktober und ihr gingen die seit 1918/19
stürmischesten Wochen steirischer Landespolitik voran. Bereits am 20. September hatte der sozialdemokratische „Arbeiterwille" getitelt: „Rameks
Sturz unvermeidlich" und „Rintelen politisch erledigt". Tatsächlich veranlasste die „Zentralbank-Affäre" die Wiener Führung der Christlichsozialen,
Ramek (und die Mehrzahl seiner Minister) fallen zu lassen und wieder durch
Ignaz Seipel, den Parteiobmann, zu ersetzen; offenbar stand auch die Koalition mit den Großdeutschen auf dem Spiel, die selbst von der Causa unbelas-
tet waren. Unter diesen Umständen war es wirklich „starker Tobak", dass
der christlichsoziale Landtagsklub in Graz am 2. Oktober beschloss, Rintelen
wieder für die Wahl zum Landeshauptmann zu nominieren; er tat es „einstimmig" und in Anwesenheit aller seiner 31 Mitglieder. Der Entscheid war
eine echte Provokation, nicht nur für die Sozialdemokraten, die gerade am
Wochenende zuvor ihren Programmparteitag in Linz abgehalten hatten,

auch für die Großdeutschen und den Landbund. Der Landtag wurde auf den 11. Oktober einberufen. Am Vortag beschloss die großdeutsche Landesparteileitung in Anwesenheit des aus Wien angereisten Parteivorsitzenden Wotawa eine Resolution, die eine klare Distanzierung von den Christlichsozialen signalisierte. Doch die gaben einstweilen nicht nach. Die Folge waren durch fünf Tage Landtagssitzungen, voll von Dauerreden und Krawallen (11. bis 15. Oktober). Die Sozialdemokraten verhinderten den Wahlvorgang, erklärten aber, ihre Obstruktion sofort zu beenden, wenn die Christlichsozialen einen anderen Kandidaten als Rintelen nennen würden („Schlagen sie vor, wen sie wollen", z. B. „Paul oder Riegler"; AW 15. 10. 1926). In derselben Woche verkündete Ramek seinen Rücktritt, Seipel sprach von „Säuberungen"; vielleicht brachte dies die Wendung, zusammen mit den Ankündigungen der Großdeutschen und des Landbundes vom 17. Oktober, eigene Zählkandidaten aufzustellen. Trotzdem machten die Christlichsozialen nochmals den Versuch, Rintelen durchzubringen; sie behaupteten, selbst Neuwahlen nicht zu scheuen (GVbl 21.10.1926). Erst am 22. Oktober gaben sie auf. Sie präsentierten den Nationalratsabgeordneten Prof. Alfred Gürtler. Allerdings blieb Rintelen ihr Landesparteiobmann.

2. Anders als Prisching waren weder Alfred Gürtler noch Hans Paul, der ihn im Mai 1927 ablösen sollte, christlichsoziales Urgestein. Beide waren vielmehr einmal dem deutschnationalen Milieu nahe gestanden, beide hatten dem nicht abgeschworen, beide durften als Exponenten des bürgerlich-nationalen Elements innerhalb der Christlichsozialen gelten. An solchen war Mitte der 20er-Jahre sichtlich Bedarf, sollte die bürgerliche Koalition nicht platzen.

Alfred Gürtler war 1875 als Sohn eines Fabrikanten in Böhmen geboren worden, hatte Rechtswissenschaften studiert, zuletzt in Graz; in diesen Jahren soll er sich an der kirchenfeindlichen „Los-von-Rom"-Bewegung beteiligt haben. 1911 wurde er Professor für Finanzrecht an der Grazer Universität, somit auch Rintelens Fakultätskollege. 1919 kandidierten ihn die Christlichsozialen im Wahlkreis Graz für die Nationalversammlung. Von da an war er ein Bundespolitiker, unter den steirischen der prominenteste: Er vertrat seine Partei in der österreichischen Delegation bei den Friedensverhandlungen in St. Germain 1919, er war 1921/22 Bundesfinanzminister und 1928 bis

1930 Erster Präsident des Nationalrates. Dass er im Herbst 1926 zum Landeshauptmann gemacht wurde, passte gar nicht in seine Laufbahn; er sprang in die Bresche, als seine Partei ihn in Graz brauchte. Aber bereits im April 1927, als in Bund und Land Neuwahlen stattfanden, kandidierte er wieder für Wien. Seine Rolle in der Grazer Burg endete mit der Konstituierung des Landtages am 21. Mai. – Es nimmt nicht wunder, dass er in ihr nicht besonders hervorgetreten war; bei seinem Abgang wurde bloß genannt, dass er zusammen mit dem Finanzreferenten Landesrat Dr. Enge für ein Konsolidierungsbudget pro 1927 gesorgt habe. (1930 kandidierte er nicht mehr und kehrte ganz an die Universität zurück; doch starb er bereits im März 1933.)

3. So war für die steirischen Christlichsozialen im Mai 1927 bereits wieder guter Rat teuer: Sie brauchten einen Kandidaten für das oberste Amt im Land, der auch vom Landbund akzeptiert werden konnte. Denn sie selbst hatten zusammen mit den Großdeutschen bei der Wahl im April eine „Einheitsliste" gebildet, die es nur auf 24 von nunmehr 56 Landtagssitze gebracht hatte, denen 21 Sozialdemokraten, neun Landbündler und zwei Mandatare des abgespaltenen Ude-Verbandes gegenübersaßen; unter den 24 waren wieder nur 20 Christlichsoziale und vier Großdeutsche.

Die Wahl fiel auf Hans Paul, seit 1919 Landesrat für Schulsachen und Straßenbau. Sohn eines Gewerbetreibenden, war er 1872 in Wien geboren worden und hatte dort an der Technischen Hochschule Wasserbau studiert. Dann war er bei Flussregulierungen in Niederösterreich, Kärnten und 14 Jahre lang in Böhmen tätig gewesen. Seine einschlägige Kompetenz hatte ihm 1914 einen Ruf an die Technische Hochschule Graz als Professor für Wasserbau beschert. So kam er erst relativ spät in die Steiermark. Im Winter 1918/19 begegnete er gelegentlich als Referent bei Versammlungen diverser deutschnationaler Vereine in Graz. Doch kandidierte er im Mai 1919 auf der christlichsozialen Liste für den Landtag und rückte 1920 in die Landesregierung auf. Im Mai 1927 war er der richtige Mann, denn er polarisierte nicht. Schon im Oktober 1926 hatte Reinhard Machold, wie erinnerlich, auch Paul als einen genannt, für den, wenn er zum Landeshauptmann vorgeschlagen würde, die Sozialdemokratie ihre Obstruktion sofort einstellen werde. Jetzt erklärte ihn Machold „zwar als Gegner, aber als achtbaren, anständigen Mann", für dessen formell einstimmige Wahl die Sozialdemokraten bereit seien, „leere" Stimmzettel abzugeben. Demgemäß wurde Paul mit 34 Stimmen zum Landeshauptmann bestimmt, d. h. mit allen am 21. Mai 1927 gültigen.

Allerdings sollte sein Wirken von der Grazer Burg aus nicht lange dauern. Offenbar arbeitete Rintelen im Hintergrund daran, dass die Sozialdemokraten seine eigene Wiederwahl tolerierten. Im Frühjahr 1928 war er am Ziel. Anscheinend ebneten ihm sozialdemokratische Wünsche bezüglich des Statuts der Stadt Graz den Weg. Zu dessen Änderung bedurfte es eines Landesgesetzes, für dessen Annahme im Landtag Rintelen in Geheimverhandlungen mit Machold die Voraussetzungen schuf; Rintelen war ja nach wie vor christlichsozialer Parteiobmann. Der Deal lautete: neues Statut gegen Tolerierung von Rintelens Wiederwahl. Sobald es so weit war, begann sogar in der Öffentlichkeit Kritik von Grazer Christlichsozialen an Paul, und der setzte sich gar nicht mehr zur Wehr. Damit enttäuschte er den Landbund, dessen Sprecher im Landtag, der nachmalige Vizekanzler Franz Winkler, schließlich konstatierte, Paul sei zwar ein „außerordentlich sachlicher und eifriger Verwalter" seiner Ressorts gewesen, aber „vielleicht nicht die stärkste Persönlichkeit zur Lösung großer politischer Fragen" (Landtag 23.4.1928). In Wahrheit war der Landbund in die Verabredungen bereits einbezogen. Als Machold im Landtag erklärte, seine Fraktion werde nur mehr „alles Legale" tun, um Rintelens Wahl zu „verhindern", stand der nichts mehr im Wege; es gab noch ein paar taktische Schachzüge der Sozialdemokraten, mit dem Verzicht auf Obstruktion taten sie de facto aber das ihre, um Rintelen wieder zum Landeshauptmann werden zu lassen; freilich gaben sie keine „leeren" Stimmzettel ab, sondern stimmten gegen ihn (23.4.1928). – Hans Paul, der kaum Spuren in seiner Amtsführung hinterlassen hatte, fügte sich darein, dass seine Partei ihn „quasi davongejagt" hatte (F. Winkler). Viel hatten die steirischen Christlichsozialen von ihm ohnehin nicht erwartet bzw. erwarten wollen. Denn schon bei seinem Amtsantritt hatte ihn das Grazer Volksblatt am 22. Mai 1927 nur einen „stillen, unermüdlichen Arbeiter" genannt, dessen Vergangenheit in Zivilberuf und Politik bloß Gewähr biete, dass mit ihm das Amt des Landeshauptmannes „von keinem Unwürdigen oder Unfähigen besetzt" werde. Das war politisch einer Abqualifizierung im Voraus gleichgekommen.

4. Als Rintelen fünfeinhalb Jahre später, im November 1933, nach Rom ging, folgte ihm Alois Dienstleder als Landeshauptmann. 1885 geboren, war er ganz ein Selfmademan, der mit Fleiß und Konsequenz einen beruflichen Aufstieg als Angestellter, dann ein Jusstudium geschafft hatte; später avancierte er noch zum Grazer Universitätsprofessor für Kirchenrecht. In der Politik bewegte auch er sich ganz in Rintelens Schatten, war er doch innerhalb des christlichsozialen Landtagsklubs dessen Protegé geworden. Dass Rintelen, als er von Dollfuß nach Rom abgeschoben wurde, in der Lage war, Dienstleder als seinen Nachfolger in Graz zu etablieren, belegte noch einmal seinen immer noch enormen Einfluss. Aber Dienstleder tat seine Nähe zu Rintelen nicht gut. Vor allem mit der neuen Generation der steirischen Bauernpolitiker, voran anscheinend Anton Pirchegger, konnte er keine positiven Beziehungen mehr herstellen und zusätzlich ließ er sich in einen Konflikt mit Karl Maria Stepan ein; diese beiden aber hatten das Vertrauen von Dollfuß, Stepan zudem das des Diözesanbischofs Ferdinand Pawlikowsky. Dazu kamen die tristen allgemeinen Zeitverhältnisse sowie die politischen Eruptionen zwischen Herbst 1933 und Herbst 1934: der „Februaraufstand" der sozialdemokratischen Arbeiter und der „Juliputsch" der Nationalsozialisten – beide neben Wien am stärksten die Steiermark aufwühlend. In einem Satz: Dienstleder bekam als Person, dann wegen seines Naheverhältnisses zu Rintelen, schließlich wegen seiner fehlenden Statur im eigenen Lager und wegen der generellen Rahmenbedingungen nicht die Chance, ein bedeutender Landeshauptmann zu werden und damit zum Profil und zur Tradition des Amtes etwas Relevantes beizutragen. Als Bundeskanzler Schuschnigg auf Basis der Mai-Verfassung 1934 Anfang November die Positionen der Landeshauptleute besetzte, fiel demgemäß seine Wahl nicht mehr auf Dienstleder. Auch sonst spielte er während der folgenden Jahre des sogenannten „Ständestaates" bis 1938 keine politische Rolle mehr; er musste sich mit einem belanglosen Mandat im Staatsrat bescheiden. Umso mehr erhoffte er dann 1945 ein Comeback. Nicht zuletzt vom sozialistischen Landeshauptmann Machold zum Spitzenvertreter der „Schwarzen" in der provisorischen Landesregierung gemacht, kämpfte Dienstleder während der Startphase der Steirischen Volkspartei hartnäckig um einen oder sogar den führenden Rang in ihr. Dabei unterlag er gegen Pirchegger und Krainer, aber auch der eigenen Vergangenheit. Nach den Wahlen vom 25. November 1945 musste er sich mit der

Entsendung in den Bundesrat abfinden. Aber schon am 31. Jänner 1946 verstarb er, drei Tage nach Rintelen – ein Zusammentreffen von fast symbolischem Charakter.

VI. Landeshauptmann im autoritären Staat: Karl M. Stepan

Mit Wirkung vom 2. November 1934 wurde Karl Maria Stepan (1894 bis 1972) zum Landeshauptmann der Steiermark ernannt; nach der Mai-Verfassung von 1934 besorgte dies die Staatsführung, die Wahl durch den Landtag entfiel. Auch Stepan war einmal im Schatten Rintelens gestanden, hatte sich von dem aber früh befreit. Von Geburt Wiener, war er nach Kriegsdienst und Gefangenschaft nach Graz gekommen, um hier ein Jusstudium zu beenden, das er 1913 in Wien begonnen hatte. Dort hatte er im Cartellverband (CV) den jungen Dollfuß kennengelernt, mit dem ihn ein enges Vertrauensverhältnis verband. In Graz war Rintelen einer seiner Universitätslehrer gewesen, dem er anscheinend aufgefallen war. Etwa 1923 machte Rintelen ihn zum Sekretär der christlichsozialen Landesparteileitung, seit Mitte 1924 hauptberuflich – auch das, wie oben angedeutet, ein Aspekt von Rintelens politischer Modernität. Stepan erfüllte diese Funktion mit Engagement und Erfolg, er machte sich einen Namen. Aber was er vom Innenleben seiner Partei und besonders vom Politik-Management ihres Obmannes wahrnahm, stieß ihn zunehmend ab. Die Umstände, unter denen Rintelen seinen Wechsel in die Bundesregierung geradezu erzwang, und die folgenden Vorgänge bzw. Enthüllungen des Jahres 1926 scheinen für Stepan einschlägige Schlüsselerlebnisse gewesen zu sein. Ob Rintelen ihn aus der Partei „weglobte" oder Stepan rebus sic stantibus von der politischen Arena weg wollte: Jedenfalls ging Stepan 1928 als Sekretär zum Katholischen Pressverein der Diözese, dessen Anstalten, d. h. de facto das Verlagsunternehmen Styria, er ab 1929 leitete. Seitdem entwickelte sich ein Vertrauensverhältnis mit Bischof Ferdinand Pawlikowski.

In den folgenden Jahren wurde Stepan immer empfänglicher für die zeitgenössische Kritik am Parteienstaat. Als eine der Alternativen zu ihm galt die Basierung von Politik auf die Organisation von Berufsständen, in welchen Arbeitnehmer und Arbeitgeber jeweils einer Branche obligatorisch, also durch Gesetz, zusammengefasst werden sollten. Die Heimwehren gingen mit dieser Idee um, Seipel passte sich ihr an, besonders Dollfuß machte sie sich zu eigen: Das Konzept schien geeignet, den Klassenkampf zu überwinden, weshalb auch alle Parteien aufzulösen waren. Während Dollfuß' Kanzlerschaft, besonders seit 4. März 1933 („Selbstauflösung" des Parlaments), wurde als Übergang zum neuen Modell schrittweise der „autoritäre" Staat errichtet, dessen Organe und Akteure nicht mehr von Wahlen abhingen. In diesem Zusammenhang wurden zuerst die KPÖ und die NSDAP in Österreich verboten und aufgelöst, wurden deren Mitglieder und Aktivisten zu „Illegalen". Nach dem „Februaraufstand" von 1934 ereilte die Sozialdemokratie dasselbe Geschick, anschließend zwang Dollfuß die Christlichsozialen, Großdeutschen und den Landbund zur Selbstauflösung. Inzwischen hatte Hitler in Deutschland die Regierungsmacht „ergriffen"; der größte Teil der Heimwehren, besonders des steirischen Heimatschutzes unter Kammerhofer, der Großdeutschen, des Landbundes, wohl auch Teile der bislang christlichsozialen Anhängerschaft gingen unter diesen Umständen zur illegalen NSDAP über; selbst frühere Wähler und Funktionäre der Sozialdemokratie taten das in gewissem Umfang.

Als eine organisatorische Alternative zu den Parteien hatte Dollfuß mit 1. Mai 1933 für die „gutgesinnten" Österreicher die „Vaterländische Front" (= VF) gegründet. Sie sollte, mit klarer Gegenposition zum Dritten Reich, die Elite des neu zu strukturierenden Österreich sammeln. Stepan wurde von Dollfuß zu ihrem „Bundesleiter" berufen, d. h. zu ihrem Generalsekretär unterhalb der beiden „Bundesführer", damals Starhemberg und Dollfuß. Anfangs übte Stepan die Funktion neben seinem Zivilberuf bei der Styria aus, seit Februar 1934 hauptberuflich (bei der Styria wurde er karenziert). Sein Anliegen war, die Binnenorganisation der VF berufsständisch auszurichten – als Parallele zum und Vorgriff auf den geplanten Staatsaufbau. So viel ihm diesbezüglich sozusagen auf dem Schreibtisch gelang und bei der Aufstellung eines Ämterwesens und dazu gehöriger personeller Kader: Die VF sprach in der Realität fast nur bisherige „Schwarze" an, übte keine Attraktion auf ideologisch früher anders Orientierte aus. Stepan blieb nichts übrig, als auf vormalige Heimwehrsympathisanten zu setzen – von denen nicht wenige inzwischen insgeheim „Nazi" geworden waren – und auf die politisch noch nicht vorgeprägte Jugend.

Gleichzeitig arbeitete die Regierung an einer neuen Staatsverfassung, deren Grundzug autoritär war und die berufsständische Gliederung als Zielsetzung erklärte. Mit 1. Mai 1934 wurde sie in Kraft gesetzt.

Noch war Dollfuß Kanzler. Doch am 25. Juli wurde er im Zuge des „Nazi-Putsches" ermordet. Seine Nachfolge trat Kurt Schuschnigg an. Dessen Beziehungen zu Stepan waren weit weniger gute. Dass Stepan sofort einen scharfen Kurs gegen „Staatsfeinde", voran illegale „Nazis" und Kommunisten, von ihm forderte, d. h. deren Verhaftung, und zugleich die Einbeziehung der Bundes- und Landesleiter der VF in die Bundes- bzw. Landesregierungen, verbesserte das Verhältnis nicht. Schuschnigg bestrebte sich daraufhin, Stepan abzuschieben. Das Amt des Landeshauptmannes in der Steiermark eignete sich dafür. Nachdem Stepan durch Pawlikowsky zugestanden worden war, jederzeit in die Styria zurückkehren zu können, und nachdem Schuschnigg Dienstleder zum „freiwilligen" Rücktritt genötigt hatte, war es am 2. November 1934 so weit.

Stepans Landeshauptmannschaft trug sich unter ganz anderen Rahmenbedingungen zu als die Rintelens in den 20er-Jahren. Einige von ihnen hatte er selbst erstrebt – „Besetzung" des Amtes von oben anstelle der Wahl durch den Landtag, die berufsständische Orientierung anstelle der parteipolitischen Wirklichkeit. Andere Umstände waren seiner Amtszeit sozusagen auferlegt: voran die nahezu aussichtslose Lage der Wirtschaft und, eng verzahnt mit ihr, die Machtlosigkeit der österreichischen Regierungspolitik. Diese Machtlosigkeit wollte die Bevölkerung freilich nicht anerkennen, umso weniger, als jenseits der Grenzen das Dritte Reich „eine ordentliche Beschäftigungspolitik" gerade aktiv zu betreiben schien. So wuchs das Prestige des Nationalsozialismus (und die Zahl seiner Anhänger) – in Österreich wie in Deutschland. Nicht nur erschwerte diese Tendenz Stepans Stand, mehr und mehr bestimmte sie alles, was er zu tun versuchte bzw. unterließ. Dazu muss man ferner im Auge haben, dass der Status der Landeshauptleute im „Bundesstaat Österreich", wie der Staat seit 1. Mai 1934 irreführend formell hieß, weniger autonom war als zuvor; der Status war dem der alten Statthalter ähnlich geworden, es war eine Zentralisierung auf Wien hin erfolgt. Schließlich blieben Stepan auch im Land selbst weniger Instrumente, um auf die Bevölkerung einzuwirken, als seinerzeit Rintelen: Die VF konnte nicht einmal die Christlichsoziale Partei voll ersetzen, obwohl sich ihr Landesleiter Alfons Gorbach gewiss bemühte; Koalitionen bzw. Kooperation mit anderen Parteien entfielen; mit der Bevölkerung wurde, abgesehen von der VF, nur durch staatliche und halbstaatliche Institutionen kommuniziert – das Amt der Landesregierung, die Bezirkshauptmannschaften, die Kammern – durch mehr oder weniger gleichgeschaltete Medien, denen die Leser und Hörer aber vielfach misstrauten, durch die katholische Kirche.

Was versuchte Stepan unter diesen widrigen Verhältnissen trotzdem zu tun, was war seine „Strategie"? Obenan steht eine doppelte: entschiedene Konfrontation mit „illegalen" Nationalsozialisten, besonders durch deren Entfernung aus dem Landesdienst oder Versetzung in ihm (Beamte, Lehrer). Noch im Februar 1938, als diese „nationale" Opposition, durch das Treffen Schuschniggs mit Hitler in Berchtesgaden ermutigt, auf die Straße ging, trat Stepan ihr mit Polizei und Bundesheer scharf entgegen. Das war die eine Seite. Die andere bestand in Bemühungen, durch Propagierung eines spezifisch steirischen Heimatbewusstseins auch Personen positiv anzusprechen, die für die NS-Leimrute empfänglich waren: das nationale Bürger- und Bauerntum, auch manche Industriearbeiter. Dazu gehörten die Förderung des Volkskundemuseums, die Errichtung des „Heimatsaales" in Graz, die Pflege der steirischen Tracht, die Stepan und seine Gattin in der Öffentlichkeit selbst stets trugen, die Aufstellung des Rosegger-Denkmales im Rosarium in Graz, das Herausstellen von Person und Leistung Erzherzog Johanns, Preisverleihungen aus Landeskunde usw. Genannt zu werden verdient auch, dass er Paula Grogger mit Theateraufführungen in Öblarn propagierte. Viktor Geramb, Walter Semetkowski, Franz M. Kapfhammer, ansatzweise auch schon Hanns Koren unterstützten ihn dabei. Abgesehen davon, dass solche Initiativen Stepans zum Anknüpfungspunkt einer ähnlichen, betont steirischen Kulturpolitik nach 1945 werden konnten – mit dem Gipfel im Gedenkjahr an Erzherzog Johann 1959 –, blieben sie auch Mitte der 30er-Jahre nicht ohne alle Resonanz – freilich mehr in den Landstädten als in dem besonders NS-gefährdeten Graz.

Aber das waren doch bescheidene Akzente und ihre Bescheidenheit illustriert vor allem die eng begrenzten finanziellen Möglichkeiten, über die Stepan gebot. Auf derselben Linie lag, dass er anscheinend bei der Gründung des „Österreichischen Bauernbundes" in der Steiermark daran mitwirkte, dass frühere Aktivisten der katholischen Bauern und Landbündler auf der neuen Plattform zusammenfanden. Noch 1929 bei der ersten Wahl in die Landwirtschaftskammer waren sie harte Rivalen gewesen; ein Landbündler (Karl Hartleb) hatte sich mit den zwei sozialdemokratischen Stimmen gegen die „Schwarzen" zum Kammerpräsidenten wählen lassen. Jetzt, 1936, kandidierten Exponenten beider Gruppen auf der Einheitsliste des „Bauernbundes" und fanden bei der Kammerwahl – der einzigen Wahl jener Jahre in der Steiermark – Zuspruch bei der Wählerschaft. Es war ein Vorgriff auf die „Bauerneinheit" nach 1945, die das Nebeneinander von katholischen und „freiheitlichen" Bauern beendete – zum Nutzen der Volkspartei. Freilich war das nicht allein Stepans Leistung: Der „Bauernbund", durch Bundesgesetz 1935 geschaffen, war die erste (und einzige) organisatorische Realisierung eines „Berufsstandes", in der nicht nur die früheren Parteirichtungen der Bauern aufgehen, sondern auch Bauern und Landarbeiter zusammen tätig sein sollten. In der Steiermark wurden Anton Pirchegger sein Präsident, Josef Hollersbacher und Josef Krainer, der Organisator der christlichen Landarbeiter, seine Vizepräsidenten; Franz Thoma war eingebunden.

Damit trat Krainer auf die Bühne und neben ihm auch Josef Wallner. Zusammen mit Pirchegger und Hollersbacher sowie Carl Lipp, dem führenden steirischen Gewerbefunktionär jener Jahre, und Alfons Gorbach in der VF erscheint hier in Stepans Umfeld das Personal, das nach 1945 die Führung der steirischen ÖVP bilden und Dienstleder sowie dessen Anhang – nicht ohne harte Auseinandersetzungen – an den Rand drängen sollte. Was Krainer angeht, imponierte er Stepan, der ihn deshalb damals auch zum Präsidenten der Arbeiterkammer und zum Vizebürgermeister von Graz machte (oder wenigstens in diesen Funktionen nicht verhinderte); auch nach dem Krieg waren die Beziehungen zwischen beiden Männern eher günstige. Dasselbe galt schon in den 30er-Jahren anscheinend nicht für Pirchegger, mit dem Stepan aber auskommen musste und mit dem er 1945 und danach wohl nur darum nicht in einen Dauerkonflikt geriet, weil Pirchegger schon bald erkrankte, selbst aus der Politik ausscheiden wollte und 1948 verstarb.

Im Übrigen wissen wir nicht mehr (oder noch nicht) viel über Stepan als Landeshauptmann. Der März 1938, die Okkupation Österreichs durch das Dritte Reich, unter dem Jubel vieler Österreicher vollzogen, beendete mit dem

Staat auch Stepans politische Funktion. (Die letzten zehn Tage bis zum „finis Austriae" bekleidete Rolph Trummer das Amt des Landeshauptmannes.) Zusammen mit Gorbach und anderen kam Stepan schließlich ins KZ Dachau. 1945 kehrte er erst im Juli nach Graz zurück – zur Styria. Ein politisches Amt bekleidete er bis zu seinem Tod 1972 nicht mehr; teils waren im Sommer 1945 die Funktionen schon besetzt, teils weigerte sich die SPÖ unter ihrem steirischen Vorsitzenden Machold, mit ihm noch etwas zu tun zu haben. Hinter den Kulissen blieb Stepan allerdings nicht ohne Ehrgeiz und Einfluss.

Ob er in der Zweiten Republik für eine „verlorene Position des christlichen Lagers" stand, mag offen bleiben. Die Antwort auf diese Frage hängt primär wohl davon ab, ob Stepan die wieder parteienstaatlichen Strukturen seit 1945 voll akzeptiert und sich in ihnen als Politiker zurechtgefunden hätte. Seit 1926 hatte er sich von ihnen abgewandt; aber Gorbach und andere zeigten, dass ihnen Re-Orientierung und Neu-Orientierung möglich war. Landeshauptmannschaft knüpfte jedenfalls wieder eindeutig mehr an jene Systemverhältnisse an, die 1918/20 „modern" geworden waren, die Rintelen damals mitgestaltet und später selbst mit ausgehöhlt hatte. Mehr aus Stepans Praxis als aus den autoritären institutionellen Bedingungen seiner Amtsführung ging aber doch einiges in die Zeit nach 1945 ein.

Anmerkung:
In dieser Studie wird auf Quellen- und Literaturnachweise im Detail zumeist verzichtet. An spezieller wissenschaftlicher Literatur existiert ohnehin nicht viel; die wichtigsten Ausnahmen werden unten genannt.
In der Hauptsache stützen wir uns als Quellen auf die zeitgenössischen Grazer Tageszeitungen. Die Belege aus ihnen werden im Text in Klammern gesetzt. Dabei bedeuten die Abkürzungen: AW = Arbeiterwille (sozialdemokratisch); TP = Tagespost (großdeutsch-freiheitlich); GTbl = Grazer Tagblatt (deutschnational); GVbl = Grazer Volksblatt (christlichsozial).

Aus der Literatur sei genannt:
Anton Rintelen, Erinnerungen an Österreichs Weg. München 1941.
Gerhard Pferschy, Steiermark. In: Erika Weinzierl / Kurt Skalnik (Hgg.), Österreich 1918–1938. Geschichte der Ersten Republik. 2. Bd. Graz–Wien–Köln 1983, S. 939–960 (Übersicht).
Robert Hinteregger, Die Steiermark 1918/19. Phil. Dissertation (masch.). Graz 1971.
Bruce F. Pauley, Hahnenschwanz und Hakenkreuz. Steirischer Heimatschutz und österreichischer Nationalsozialismus. Wien 1972.
Alfred Ableitinger, Die Anfänge der Österreichischen Volkspartei in der Steiermark (Mai bis Juli 1945). In: Graz 1945. Historisches Jahrbuch der Stadt Graz 25, 1994, S. 93–108 (zu A. Dienstleder).
Alfred Ableitinger, Vom „Bad Start" im Mai zur absoluten Mehrheit im November. Die Österreichische Volkspartei in der Steiermark 1945. In: Siegfried Beer (Hg.), Die „britische Steiermark 1945–1955. Graz 1995, S. 81–110 (zu A. Dienstleder).
Dieter A. Binder, Karl Maria Stepan – Josef Dobretsberger. Verlorene Positionen des christlichen Lagers. Wien 1992, S. 9–34 (Grundlegend für den Abschnitt über K. M. Stepan).

Rupert Gmoser

Reinhard Machold

Vom Arbeiter
zum Landeshauptmann

So lautete die Überschrift eines Nachrufes zum Ableben Reinhard Macholds. Einer der Großen der österreichischen Sozialdemokratie war am 6. Februar 1961 gestorben. Sein Leben war wahrhaftig ein Spiegelbild des politischen, wirtschaftlichen und sozialen Strukturwandels, den Österreich in diesem Jahrhundert erlebt, erlitten, erduldet hatte.

Es würde den Rahmen dieses Sammelbandes sprengen, wollte man im Detail auf alle Einzelheiten des Wirkens von Machold, auf das historische Geschehen und auf die Fülle seiner Funktionen und Aufgaben, die er vor diesem Hintergrund zu bewältigen hatte, eingehen. Es kann nur an einigen Schlüsselpunkten seines Lebens beispielhaft aufgezeigt werden, wie er sich den Herausforderungen seiner Zeit immer wieder aufs Neue stellte. Persönliche Vorbemerkung: Ich bin Jahrgang 1931, gehöre demnach zur Generation der Enkel und kann zu vielen Punkten aus persönlichem Erleben nicht Stellung nehmen. Als Machold 1954 sein Amt als Landeshauptmann-Stellvertreter niederlegte und aus der Regierung ausschied, stand ich als Vorsitzender der sozialistischen Studenten an der Universität Graz am Beginn meiner politischen Laufbahn. Aber ich durfte ihn als steirischen Parteivorsitzenden noch einige Jahre in seinem Wirken und Handeln erleben. Seine ideologische Grundeinstellung fand beredten Ausdruck im neuen Grundsatzprogramm der SPÖ 1958. Er hat in jahrzehntelanger Praxis vorgelebt, was bis heute gültiges geistiges Vermächtnis seiner politischen Tätigkeit ist.

„Die Sozialisten wollen eine Gesellschaftsordnung, deren Ziel die freie Entfaltung der menschlichen Persönlichkeit ist. Sie wollen die Klassen beseitigen und den Ertrag der gesellschaftlichen Arbeit gerecht verteilen. Daher kämpfen die Sozialisten für die Freiheit der Menschen, für ihre volle Gleichberechtigung und für soziale Gerechtigkeit innerhalb der Gesellschaft. Sie treten für eine weltweite Gemeinschaft der Völker ein, die in gleichberechtigter Zusammenarbeit Frieden und Wohlstand für alle statt Krieg und Vernichtung bringt. Die Demokratie ist der politische Boden, auf dem allein die freie Entfaltung der menschlichen Persönlichkeit möglich ist. Sozialismus ist uneingeschränkte, politische, wirtschaftliche und soziale Demokratie."

Die Frage, die sich nun stellt, ist, wie man einen solchen Zustand unserer Gesellschaft zu erreichen vermag. In der alten Sozialdemokratie zwischen den beiden Weltkriegen hat diese Frage eine entscheidende Rolle gespielt, und sie wurde mit dem ganzen intellektuellen Rüstzeug, das der Austromarxismus zur Verfügung stellte, und mit all den geistigen Kräften, die innerhalb der Sozialdemokratie wirkten, diskutiert. Es gab, um mit den Worten Max Adlers zu sprechen, nur den Gegensatz zwischen Revolution und Reform. Mit der ersteren werden die Veränderung und der Bruch mit dem bisherigen Zustand, mit der letzteren die Veränderung innerhalb des Zustandes bezeichnet.

Wir sehen, dass Max Adler in seiner Ablehnung der Reform nicht bereit war, sich auf die heute übliche Unterscheidung der Reformen in systemimmanente und systemändernde einzulassen. Wie überwand man nun innerhalb der Partei den Widerspruch, der entstehen musste, zwischen der reformistischen Praxis des demokratischen Alltags, der Loyalität gegenüber den

Gesetzen des bürgerlichen Rechts- und Verfassungsstaates und der Erkenntnis, dass der Weg zum Sozialismus nur der revolutionäre sein kann? Vor dieser politischen Situation stand Machold am Beginn seines politischen Wirkens.

Reinhard Machold stammte aus dem äußersten Nordostzipfel des einst geschlossenen deutschen Sprachgebietes des alten Donaustaates Österreich-Ungarn. Es ist jener schlesische Raum, der nicht nur dem deutschen Geistesleben, sondern auch der Arbeiterbewegung – man denke nur an Ferdinand Lassalle – bedeutende Persönlichkeiten geschenkt hat. Am 11. November 1879 war Machold als Sohn eines schlesischen Kapellmeisters und Musiklehrers in Bielitz zur Welt gekommen. Er war eines von zwölf Kindern. Schon in seinen Kindesjahren übersiedelte die vielköpfige Familie nach Teschen, wo Machold Volks- und Bürgerschule besuchte und von seinem Vater Musikunterricht erhielt. Wie der Vater und sein älterer Bruder sollte auch er Musiker werden. So führte ihn sein erster Weg nach Kronstadt in Siebenbürgen, wo der Bruder als Musiker in dem damaligen deutschen Theater tätig war. Die Eltern waren finanziell aber nicht in der Lage, ihm das Musikstudium weiter zu ermöglichen. Er mußte versuchen, möglichst rasch zu einem Gelderwerb zu kommen.

Mehr als ein halbes Jahrhundert später, als ihm die Karl-Franzens-Universität in Graz das Ehrendoktorat verlieh, deutete er bei diesem akademischen Festakt in seiner Rede an, was ihn damals bewegte: „Ich weiß nicht", sagte er, „ob Sie sich in die seelische Verfassung eines jungen, lern- und wissbegierigen, der Welt aufgeschlossenen Menschen, dem auf Grund der sozialen Gegebenheiten der Weg zum höheren Studium verschlossen bleibt, hineindenken können. Ob Ihnen die Sehnsucht eines solchen unausgegorenen, unfertigen und mit sich selber hadernden Menschen genügend verständlich ist, die Sehnsucht, die dahingeht, es anderen gleichzutun, die in der glücklichen Lage sind, bemittelte Eltern zu haben."

Machold erlernte den Beruf des Buchdruckers. Er wurde Schriftsetzer und fand in Mährisch-Ostrau als Musiknotensetzer seine erste feste Anstellung. Schon in Teschen seit 1898 gewerkschaftlich tätig, hatte er dort seinen ersten Konflikt mit dem Arbeitgeber, der Frauen in schwer gesundheitsgefährdenden Sparten einsetzte. Am 1. Mai 1901 stand der junge Arbeiter an der Spitze seiner Arbeitskollegen, was der damaligen k. k. Polizei Grund dafür gab, sich näher um den jungen Mann zu kümmern. Das war der unmittelbare Anlass, dass Machold seine Zelte in Schlesien abbrach und sich auf die Walz begab. Im August 1901 kam er von Wien nach Graz. Zu dieser Zeit wurde in Graz bei der Firma Leykam das Wiener Adressbuch gedruckt, die dafür Leute brauchte. Anschließend war er in der Druckerei des „Arbeiter-Willens" tätig, bis er von der Universitätsdruckerei Styria im Jahr 1902 den Posten eines Musiknotensetzers angeboten erhielt. Er hatte seine ständige Bleibe in Graz gefunden. Hier nun begann sein Aufstieg innerhalb der Gewerkschafts- und Genossenschaftsbewegung, um dann auch aktiv in das politische Leben als Funktionär der sozialdemokratischen Partei der Steiermark integriert zu werden. Sehr bald gewann der junge Buchdrucker in Graz das Vertrauen seiner Berufskollegen, die ihn zum Obmann des Gehilfenausschusses des Gremiums der Buchdrucker und zum Gewerkschaftsobmann der Buchdrucker der Steiermark wählten. Die sozialdemokratische Partei der Steiermark erkannte die besonderen Fähigkeiten des jungen Gewerkschafters. Wenige Jahre nach seiner Ankunft in Graz wurde er 1907 Mitglied der steirischen Landesparteivertretung, trat 1910 als stellvertretender Direktor in den Vorstand der steirischen Parteiunternehmungen ein und wurde 1911 in den Grazer Gemeinderat gewählt. Es war kein gleiches Wahlrecht, das über die Zusammensetzung des Grazer Gemeinderates bestimmte, sondern es wurde in drei Kurien gewählt, wobei die Sitzverteilung von vornherein den Besitzenden eine klare Mehrheit sicherte. Von 1912 bis 1914 war Machold Grazer Stadtrat. Während des Ersten Weltkriegs hatte Machold als Direktor der Steirischen Konsumgenossenschaften ständig mit den Ernährungsproblemen der Bevölkerung zu tun. In den Umsturztagen von 1918 wurde er in den Steiermärkischen Wohlfahrtsausschuss, eine Versammlung von maßgebenden Persönlichkeiten aus Industrie, Wirtschaft und Politik, berufen. Dieser bestellte ein aus zwölf Personen bestehendes Exekutivkomitee, das Machold zum Obmann wählte.

Diese Institution zwang den kaiserlichen Statthalter zum Rücktritt.

Es kam die große politische Wandlung. Das Dreiklassenwahlrecht wurde durch das allgemeine und gleiche Wahlrecht ersetzt. Machold wurde am 11. März 1919 in den Landtag gewählt, der ihn am 17. Mai zum Landesrat wählte. Er übernahm das Sanitätsreferat, das er dann jahrzehntelang führen sollte.

Trotz der drängenden Aufgaben des Alltags fand Machold die Zeit, sich Gedanken über die Verfassung zu machen, die sich das Land Steiermark geben sollte. Von der Zusammenarbeit aller aufbauwilligen Kräfte ausgehend, die er in den Tagen des Zusammenbruchs als Notwendigkeit erkannte, wurde in der Landesverfassung 1920 das bis heute gültige Proporzsystem festgelegt. Machold versuchte einen geordneten Übergang der Verwaltung in die neuen demokratischen Formen zu sichern. Es zeigte sich, dass der führende steirische Sozialdemokrat in erster Linie Praktiker war, dessen Handeln von pragmatischen Gesichtspunkten bestimmt wurde und der vor allem das Wohl der Gemeinschaft stets im Auge hatte. Toleranz und Konsensbereitschaft zeichneten ihn damals genauso aus wie in der Katastrophensituation des Jahres 1945. Seine Regierungstätigkeit ergänzte er noch als Direktor der Kreiskrankenkasse Graz, zu dem er 1928 bestellt wurde. Es war ein gewaltiger sozialpolitischer Fortschritt, den er mit der Reorganisation des Krankenkassenwesens erfolgreich bestand.

Die sozialdemokratische Partei der Steiermark wählte ihn 1925 zu ihrem Vorsitzenden. Am 4. Dezember 1930 wurde er zum Landeshauptmann-Stellvertreter bestellt. Als sozialistischer Spitzenpolitiker musste Machold nach Ausbruch des Bürgerkriegs im Februar 1934 und nach der Proklamierung des Standrechts untertauchen. Sofort nach der Aufhebung des Standrechts stellte er sich den Behörden. Nach monatelanger Haft wurde das Verfahren gegen ihn mangels Beweisen eingestellt. Machold machte sich keine Illusionen über die Verschärfung der innenpolitischen Situation in den 30er-Jahren. Der Justizpalastbrand 1927 war ein unübersehbares Warnzeichen gewesen. Die Steiermark galt als ein besonders heißer innenpolitischer Boden. Machold versuchte unter schwierigen Bedingungen immer wieder der Stimme der Vernunft Gehör zu verschaffen. Aber die Zeit war für ein Miteinander anstelle des Gegeneinanders noch nicht reif. 1934 wurde er im Ständestaat fristlos entlassen und aller Funktionen enthoben. Seine zwangsweise Ruhestellung währte bis zum 8. Mai 1945. Am letzten Tag des Zweiten Weltkriegs ergriff Machold in der schwierigsten Situation Österreichs in seiner ganzen Geschichte zum zweiten Mal – genauso wie 1918 – die Initiative. Im Merkursanatorium Graz-Eggenberg trafen sich auf seine Einladung führende Vertreter der demokratischen Parteien und bildeten, einen Tag bevor die sowjetischen Truppen Graz besetzten, eine provisorische Landesregierung.

Machold bestand auf die Hinzuziehung von Vertretern der ehemals christlich-sozialen Partei, nunmehr der Volkspartei. Univ.-Prof. Dr. Dienstleder, ehemaliger Landeshauptmann der Steiermark vor 1934, erklärte sich zur Übernahme der konservativen Führungsposition bereit. So bestand diese erste provisorische Landesregierung aus je drei Vertretern der SPÖ, der ÖVP und der KPÖ. Machold wurde provisorischer Landeshauptmann der Steiermark in der nach elf Jahren Diktatur wieder erstandenen demokratischen Republik Österreich.

Eine Verhandlungsgruppe unter Führung Macholds zwang die letzten nationalsozialistischen Machthaber im Grazer Rathaus zur Übergabe der Verwaltung der Stadt Graz und des Landes Steiermark. Gauleiter Dr. Uiberreither war bereits einen Tag vorher geflüchtet und hatte die Regierungsgeschäfte dem zweiten Mann der steirischen NSDAP, Gauhauptmann Professor Dadieu, übergeben. Am 8. Mai 1945 zu Mittag enthob Dadieu über das Radio alle Kreis- und Ortsgruppenleiter der NSDAP ihrer Funktionen, verbot die Befolgung des „Nero"-Befehls zur Lähmung oder Zerstörung von Industrieanlagen und forderte die Steirer auf, der stündlich zu erwartenden alliierten Besetzung keinen Widerstand mehr entgegenzusetzen. Er erklärte: „Gauleiter und Reichsstatthalter Dr. Uiberreither ist in dieser Stunde zurückgetreten. Damit ist der Weg für die Bildung einer steirischen Landesregierung im Rahmen der österreichischen Freiheitsbewegung offen."

Am Abend des 8. Mai wandte sich Machold in einer Rundfunkansprache an die steirische Bevölkerung: „Liebe Steirerinnen und Steirer, ein furchtbarer Krieg ist beendet. Eine ungemein schwere Zeit liegt hinter uns und eine nicht minder schwere Zeit liegt vor uns. Die für die Landesverwaltung verantwortlichen Männer sind abgetreten. Ich bitte euch dringend, tragt jetzt aus freien Stücken euren Teil dazu bei, damit kein Chaos entsteht, in dem auch noch das Letzte, was dem gequälten Menschen übriggeblieben ist, untergeht."

Noch war Graz nicht besetzt. Machold wusste zu diesem Zeitpunkt noch nicht, welche Truppen in Graz einmarschieren würden. Man hoffte auf die Besetzung durch die Engländer. In der Nacht vom 8. zum 9. Mai rückte die Rote Armee in Graz ein. Der steirische Sicherheitsdirektor war ihr auf Weisung Macholds auf die Ries entgegen gefahren und hatte die Stadt offiziell den Sowjets übergeben.

Machold wurde von den sowjetischen Besetzern als provisorischer Landeshauptmann anerkannt, ebenso im Juli 1945 von den nachfolgenden Briten. Die Lage in der ehemaligen Ostmark war zu Kriegsende grauenhaft. Es fehlte an den notwendigsten Lebensmitteln, an Brennstoffen, es herrschte politische Desintegration. Die Sowjets nahmen an, dass der bereits 66 Jahre alte Machold für sie ein leicht lenkbarer Verhandlungspartner sein würde. Zum Glück für die Steiermark täuschten sie sich gründlich. In den obersteirischen Städten Leoben, Bruck und Kapfenberg war von den örtlichen sowjetischen Kommandanten die Bildung sozialistischer Lokalorganisationen verboten worden, da sich dort eine marxistische Einheitspartei etabliert hatte. Schon die Namensähnlichkeit mit der sozialistischen Einheitspartei Deutschlands, die ein Jahr später in der deutschen Sowjetzone unter dem Druck der Besatzungsmacht gegründet wurde und zur völligen Unterdrückung des demokratischen Sozialismus führte, lässt die politische Gefahr ahnen, die dieser Versuch in der Obersteiermark in sich barg. Machold trat diesem entschieden und erfolgreich mit der Konstituierung der sozialistischen Partei für das ganze Bundesland entgegen.

Am 24. Juli 1945 wurde gemäß dem alliierten Zonenabkommen die provisorische Besetzung aufgelöst und die Steiermark zusammen mit Kärnten als britische Zone in Österreich festgelegt. Die Verhandlungen mit der britischen Militärregierung zur Bildung einer neuen provisorischen steirischen Landesregierung zogen sich länger als erwartet hin. Schließlich erstattete Machold seinen Vorschlag bezüglich einer dritten provisorischen Landesregierung. Von den neun Regierungsmitgliedern sollten vier von der SPÖ gestellt werden, drei von der Volkspartei und zwei von den Kommunisten. Die von den Sowjets anerkannte provisorische Landesregierung wurde von den Engländern als Überbewertung der KPÖ betrachtet. Der Vorschlag Macholds zur Umbildung wurde akzeptiert. Diese provisorische Regierung blieb bis zum 29. Dezember 1945 im Amt, dann konnte auf Grund der Landtagswahlen vom 25. November 1945 die definitive steirische Landesregierung bestellt werden.

Neben dem wirtschaftlichen Wiederaufbau war eines der vordringlichsten politischen Probleme die Entnazifizierung. Sie fiel zwar in erster Linie in die Kompetenz der Bundesregierung, aber auch die steirische Landesregierung hatte sich auf Grund des relativ hohen Anteils an NS-Parteigenos-

Reinhard MACHOLD, der erste Landeshauptmann der Steiermark 1945.

Reinhard MACHOLD und Anton PIRCHEGGER mit Vertretern der britischen Besatzungsmacht.

Reinhard MACHOLD war eine der prägenden politischen Persönlichkeiten der Ersten und Zweiten Republik. Er war nicht nur der erste Landeshauptmann der Steiermark nach Kriegsende 1945, sondern auch Landesrat und Landeshauptmannstellvertreter von 1919 bis 1934 und Landesvorsitzender der SPÖ Steiermark von 1945 bis 1960. Unser Bild zeigt Landeshauptmannstellvertreter MACHOLD im Kreise der Mitglieder der Steiermärkischen Landesregierung und des Steiermärkischen Landtages im Jahr 1948. In der Bildmitte sitzend Landtagspräsident Josef WALLNER, links MACHOLD und rechts Josef KRAINER sen.

sen im ehemaligen Österreich intensiv damit zu befassen. Von den in Österreich registrierten 688.000 NS-Parteimitgliedern lebten in der Steiermark über 15 Prozent. Schon in den ersten Wochen nach Kriegsende wurden von der Regierung Renner in Wien das Kriegsverbrechergesetz und das NSDAP-Verbotsgesetz verabschiedet.

Zu Pfingsten 1945 besuchte Staatskanzler Dr. Renner Graz und nahm an einer Sitzung der provisorischen Landesregierung teil. Im Vordergrund dieser Beratungen stand die wirtschaftliche Lage, die unbedingte Notwendigkeit, die fünffach besetzte Steiermark zu einer wirtschaftlichen Einheit zusammenzuschließen. Die Demarkationslinie zwischen der britischen und der russischen Zone, die auch eine wirtschaftliche Sperrlinie war, wirkte sich verheerend aus. Renner übertrug Machold vorübergehend das Recht, im Land Steiermark namens der Staatsregierung und im Interesse des Gesamtstaates alle erforderlichen Verfügungen auf öffentlichem Gebiet zu treffen.

Im Oktober 1945 hatte der alliierte Rat in Wien die Autorität der provisorischen Bundesregierung unter der Bedingung anerkannt, dass noch in diesem Jahr in ganz Österreich freie Wahlen durchgeführt würden. Als Wahltermin wurde der 25. November festgesetzt. Die steirische Landesregierung beschloss, gleichzeitig Landtagswahlen durchzuführen. Die grüne Mark wurde in vier Wahlkreise eingeteilt. Im Landtag waren 48 Mandate zu besetzen. Der Wahlkampf verlief im Großen und Ganzen fair. Die Sozialisten stellten das erfolgreiche Wirken von Renner und Machold in den Mittelpunkt ihrer Wahlwerbung, verwiesen auf die böse innenpolitische Entwicklung im Ständestaat nach 1934, forderten mehr Demokratie in der Wirtschaft, die Verbesserung der Stellung der Frau und grenzten sich eindeutig von der KPÖ ab. Machold: „Von der kommunistischen Partei Österreichs trennt uns vor allem unsere Überzeugung, daß die praktische Nutzanwendung ihrer Auffassung und Lehren bei uns in Österreich weder für die Arbeiterschaft noch für die anderen Bevölkerungsteile von Nutzen sein kann."

Die Landtagswahl 1945 brachte einen Sieg der ÖVP, die 53 Prozent der abgegebenen Stimmen und 26 Mandate erhielt, die SPÖ erreichte 41,6 Prozent der Stimmen und 20 Mandate. Die Wahlbeteiligung lag bei über 93 Prozent. Trotz ihrer absoluten Mehrheit ging die ÖVP angesichts der bevorstehenden schwierigen Probleme eine Koalition mit den Sozialisten ein. Die neue definitive steirische Landesregierung wurde ohne Kommunisten gebildet und wurde am 28. Dezember im Landtag angelobt. Der Spitzenkandidat der SPÖ, Reinhard Machold, wurde wieder zum ersten Landeshauptmann-Stellvertreter gewählt.

Der Weg der Steiermark in eine gute Zukunft hatte begonnen. Getragen wurde dieser Aufstieg unserer Heimat, der manchen als ein steirisches Wunder erschien, vom unbeugsamen Aufbauwillen der Menschen, die unter schwierigsten Bedingungen trotz aller Not und Entbehrungen der Nachkriegszeit eine Leistung vollbrachten, die wir uns heute kaum vorstellen können. Wir können von einem kontinuierlichen Aufbau der steirischen Volkswirtschaft sprechen. Es gab eine ausgeprägte steirische Handelspolitik. Mit dem zweiten Kontrollabkommen des alliierten Rates vom 28. Juni 1946 konnte die Souveränität der Bundesregierung auch im wirtschaftlichen Bereich sichergestellt werden. Trotz der zunächst eingetretenen wirtschaftlichen Desintegration der österreichischen Volkswirtschaft konnte die Steiermark die Basis für die ökonomische Gesundung schaffen, die dann wesentlich mit dem Einsatz der US-Marshallplan-Hilfe zusammenfiel. Es ist das Verdienst eines steirischen Wirtschaftsfachmannes, Univ.-Prof. Dr. Wilhelm Taucher als Chef des ERP-Büros, eine entscheidende Weichenstellung für Österreich und vor allem auch für die Steiermark in Richtung einer modernen Industriegesellschaft vorgenommen zu haben. Von 1948 bis 1954 erhielt die Steiermark fast zwei Milliarden Schilling an ERP-Mitteln. Damit wurde vor allem der „eiserne Brotlaib" der Steiermark, die Eisen- und Stahlindustrie, nicht nur revitalisiert, sondern zu einer modernen hochleistungsfähigen Industriebranche ausgebaut.

Machold übernahm als Landeshauptmann-Stellvertreter wieder das Sanitätsreferat, das er bis zu seinem endgültigen Ausscheiden aus der Landesregierung 1954 innehatte. Die Humanisierung und Demokratisierung der Industriegesellschaft war schon in der Zeit der Ersten Republik Kern des politischen Strebens von Reinhard Machold. In der Zweiten Republik Österreichs konnte er entscheidend mit beitragen, dieses Anliegen Schritt für Schritt in die politische Praxis umzusetzen. Nur auf diesem Weg war es möglich, auch in der Steiermark dem zentralen Anliegen der sozialdemokratischen Partei, der Sicherung der Vollbeschäftigung, in den 50er-Jahren näher zu kommen. Zum Vergleich: 1938 waren rund 28 Prozent der unselbstständig Erwerbstätigen in Österreich arbeitslos. Diese Tatsache bedeutete einen entscheidenden Faktor für den Aufstieg des Nationalsozialismus in unserem Land. Machold, der das bittere Los der Arbeitslosigkeit in den 30er-Jahren hautnah erlebt hatte, wusste sehr genau, warum Vollbeschäftigungspolitik Alpha und Omega der Wirtschaftspolitik sein sollte.

Eine andere Erkenntnis, die Machold sein ganzes Leben lang beherzigte: Der Mensch lebt nicht vom Brot allein. Genauso wichtig wie die wirtschaftliche Entwicklung sind Bildung, Forschung und Wissenschaft, vor allem auch im Zusammenhang mit der Gesundheitsvorsorge.

In seine Amtszeit fiel die Modernisierung der Heil- und Pflegeanstalt am Feldhof, der Bau des Kinderheimes auf der Stolzalpe, der Ausbau und die Erneuerung einer Reihe von Landeskrankenanstalten, der Ausbau des Zentralröntgeninstitutes am Landeskrankenhaus Graz. Für seine Leistungen im Sanitäts- und Gesundheitswesen wurde er von der Medizinischen Fakultät der Universität Graz 1949 mit dem Ehrendoktorat ausgezeichnet, zum ersten Mal wurde diese Auszeichnung damals einem Nichtakademiker verliehen. Machold selbst meinte, „bei diesem Beschluß des Professorenkollegiums der Grazer Universität mag wohl auch meine Einstellung zu den Hochschulfragen unmittelbar nach dem Zusammenbruch des Zweiten Weltkrieges eine Rolle gespielt haben. Der Wiedereröffnung der steirischen Hochschulen stellten sich dazumal große Widerstände dagegen. In Wien bestand vielfach die Auffassung, daß es nach diesem schrecklichen Kriege und seinen Verwüstungen nicht möglich sein werde, außer den Hochschulen in Wien auch noch solche in den Ländern zu erhalten. Als Delegierte aus Wien zu mir kamen und diese Argumente mit allem Nachdruck verfochten, machte ich allen weiteren Unterhandlungen ein Ende mit der Erklärung, daß alle Vorstellungen, von welcher Seite immer sie kommen mögen, zwecklos seien, denn ich hätte bereits Prof. Dr. Rauch zum Rektor ernannt und den Termin für die Wiedereröffnung der Grazer Universität endgültig angeordnet."

Die Stadt Graz würdigte Macholds Verdienste um die steirische Landeshauptstadt durch seine Ernennung zum Ehrenbürger im Jahr 1953.

Welche Eigenschaften waren es nun, die ihn zu seinem langen und segensreichen Wirken befähigten? Machold war zeitlebens ein Demokrat, nicht nur im Sinne der Verfassung; er war auch geistig kein Diktator. Gewiss, im

Kampf der Meinungen waren seine Argumente meist so stark, dass es nicht leicht war, ihnen mit Erfolg entgegenzutreten, aber jeder konnte ihm gegenüber seine Meinung vertreten und von jedem nahm er Gegengründe ernst und überlegend auf. Dazu kam seine außerordentliche Gabe, Verhandlungen zu führen, kam die Geduld, warten zu können, gebotene Gelegenheiten zu nützen, sie wohl auch manchmal herbeizuführen. Zutiefst aber lebte und wirkte in Machold die Einsicht, dass man mit voller Überzeugungskraft nur das vertreten kann, was gerecht ist. Gerechtigkeit im absoluten Sinn ist für Menschen wohl unerreichbar. Aber wenn man darunter das Streben versteht, auch andere in ihren Handlungen und Motiven zu verstehen, sich selbst klarzumachen, warum diese anderen so oder so handeln, den Kern von Berechtigung zu erkennen, der auch sie zu ihrer Haltung bringt, dann war Machold gerecht in seinem Leben. Und noch etwas hat jeder jederzeit an ihm erfahren: Zuverlässigkeit. Machold war nie einer, der leere Versprechungen machte. Er war ein viel zu klarer Beurteiler des Lebens und seiner Möglichkeiten. Aber was er zugesagt hatte, das hielt er. Er war vor allem immer dann zur Stelle, wenn die Not am größten und der Einsatz am gefährlichsten war. In der Trauerkundgebung des Grazer Gemeinderates anlässlich seines Todes führte Bürgermeister Dipl.-Ing. Scherbaum in seinem Nachruf aus: „Als vielleicht hervorstechendstes Merkmal möchte ich seine Toleranz nennen. Nur wer den Standpunkt des Gegners anerkennt, kann beurteilen, wie weit er zu gehen bereit ist und was auf lange Sicht erstrebenswert und vertretbar ist. Er wird aber auch weit genug über den Dingen stehen, um die jeweilige Lage richtig beurteilen zu können."

Machold war Landesparteivorsitzender bis zum 25. April 1960. Wie Karl Renner nach beiden Weltkriegen für Österreichs Geschick die Verantwortung übernommen hatte, so war ihm die gleiche Aufgabe für die Steiermark zugefallen. Er hat im Unterschied zu Renner kein theoretisches Werk hinterlassen. Sein Feld war das praktische Wirken.

Aus der Rede Macholds anlässlich seiner Wahl zum Ehrenvorsitzenden der SPÖ Steiermark:

„Der soeben gefaßte Beschluß des Parteitages, mich anläßlich meines Ausscheidens aus der aktiven politischen Tagesarbeit mit der Würde eines Ehrenvorsitzenden unserer steirischen Landesorganisation zu betrauen, bedeutet für mich eine ganz besondere, außerordentliche Ehrung, Auszeichnung und auch eine Vertrauenskundgebung, die mich bis ins Innerste bewegt und die ich auch entsprechend zu würdigen und zu schätzen weiß. Schon bei der Feier anläßlich der Vollendung meines 80. Lebensjahres sind mir von allen Seiten so viele Beweise aufrichtiger Wertschätzung und Achtung zuteil geworden, daß schon dadurch meine Tätigkeit für die Partei und für die Allgemeinheit über Gebühr gewertet worden ist. Es ist zwar richtig, daß ich in der Steiermark durch fast 60 Jahre auf allen drei Sektoren der Arbeiterbewegung, gewerkschaftlich, politisch und genossenschaftlich, versucht habe, mein Bestes zu tun und für die Gesamtbewegung erfolgreich zu wirken. Aber schließlich und endlich haben das vor mir und mit mir Hunderte von verdienten, braven und opferwilligen Parteivertrauensmännern und -frauen auch getan. Und wir alle haben ja damit nur unsere Pflicht erfüllt. Jeder nach seinem besten Wissen und Können und jeder an dem ihm zukommenden und zugewiesenen Platze. Und wenn ich in diesen langen Jahren auch manche Erfolge in meiner Tätigkeit aufzuweisen hatte, so danke ich das doch in allererster Linie dem Vertrauen, das mir immer entgegengebracht worden ist von allen Seiten, und das danke ich der tatkräftigen Tätigkeit der vielen Parteigenossinnen und -genossen, die mit mir gearbeitet haben. Ich bin wohl die ganze Stufenleiter der von der Arbeiterbewegung zur Vergebung gelangenden Stellen, öffentlichen Funktionen und Vertrauensstellen durchgestiegen. Ich war gewerkschaftlicher Hauptvertrauensmann, war mehr als ein Jahrzehnt in der Genossenschaftsbewegung aktiv und an leitender Stelle tätig. Ich war politischer Straßenvertrauensmann, der alle Monate in den Häusern und Wohnungen den Parteibeitrag einkassiert hat; dann Sektionsleiter, Gemeinderat, Stadtrat, Landtagsabgeordneter, Mitglied der Steiermärkischen Landesregierung und Landesrat, Zweiter Landeshauptmannstellvertreter, Erster Landeshauptmannstellvertreter, und gerade in einer der schwersten Zeiten unseres Landes, in der Zeit des Zusammenbruches des nationalsozialistischen Regimes, habe ich auch noch die schwierige, verantwortungsvolle Arbeit des Landeshauptmannes von Steiermark übernehmen müssen. Alle Freuden und alle Leiden der Partei habe ich miterlebt, miterkämpft und mitgemacht. Die Leiden waren wahrscheinlich der größte Teil. Aber es wird nicht aus meinem Gedächtnis ausgelöscht werden, denn gerade in diesen schweren Drang- und Notzeiten habe ich den Opfermut, habe ich die Gesinnungstreue, die Bekenntnistreue, die Kollegialität, die Solidarität und die gegenseitige Hilfsbereitschaft aller meiner Mitarbeiter und jeweiligen Leidensgenossen in einem solchen Ausmaße kennen- und schätzengelernt, daß gerade diese Zeiten meiner Tätigkeit in der Arbeiterbewegung mit zu den nachwirkendsten, zu den schönsten Erinnerungen meines langen und bewegten Lebens zu zählen sind."

Landeshauptmann Josef Krainer hielt nach Macholds Tod einen tief empfundenen Nachruf, in dem er ausführte, dass der Verstorbene eine Persönlichkeit im politischen Leben war, die mit aller Kraft der Weiterentwicklung der steirischen Heimat gedient und stets das allgemeine Wohl im Auge gehabt habe. „Dadurch war auch immer eine gute und fruchtbringende Zusammenarbeit möglich. Die Steiermärkische Landesregierung wird diesem Mann, der ein Vorbild der Pflichterfüllung und Leistung war, stets ein ehrendes Andenken bewahren."

Sie leisteten große Aufbauarbeit nach 1945 und legten starke Fundamente: Reinhard MACHOLD, Bundespräsident Karl RENNER, Josef KRAINER sen. und der Grazer Bürgermeister Eduard SPECK.

Günther Burkert-Dottolo

Anton Pirchegger

Der einzige „Bauer"
als Landeshauptmann

Zu Recht werden die „Pircheggers" gerne anderen „politischen Familien" der Steiermark – wie den Krainers, Schachner-Blazizeks, Götz', Horvateks[1] – zur Seite gestellt. Wie schon die im Mittelbalken des Heimathofes eingravierte Jahreszahl „1699" vermuten lässt, wurde in dieser Familie das Selbstbewusstsein des Großbesitzers über Generationen gepflegt. Anton Pirchegger war deshalb auch schon von klein auf mit Politik konfrontiert, gehörte sein Vater Simon doch zu den Gründungsmitgliedern des Hagenhoferischen Katholisch-konservativen Bauernvereins. Aber auch andere Familienmitglieder betätigten sich politisch, ob als Pfarrer, Historiker, wie der berühmte Verfasser der steirischen Landesgeschichte oder – in der jüngsten Generation

– die Abgeordnete zum Bundesrat Pirchegger. Wichtig war in der Familie immer die Bildung und damit das Aufgeschlossensein gegenüber Neuerungen: So besuchte beispielsweise der am 12. Juni 1885 geborene Anton schon als 19-jähriger 1904 den ersten überhaupt in der Steiermark abgehaltenen Baumwärterkurs in Grottenhof-Hardt[2].

Die weiteren wichtigen Ereignisse dieser Zeit sind schnell erzählt: Seine militärische Laufbahn im Ersten Weltkrieg, die ihm den höchsten Mannschaftsrang einbrachte[3], endete tragisch. Schwer verwundet kehrte er 1915 von der Ostfront zurück. Diese Verwundungen, aber auch sein intensiver Tabakkonsum – zuerst 60 bis 70 Zigaretten täglich, später die Pfeife – sollten die Gesundheit seiner restlichen Lebensjahre massiv beeinträchtigen.

Die Erste Republik
Der junge Politiker

Politisch tritt Pirchegger 1919 als Gemeinderat in Allerheiligen im Mürztal erstmals in Erscheinung[4]. Doch schon ein Jahr später zog er als einer der jüngsten Abgeordneten für die Christlich-soziale Partei in den Nationalrat ein[5]. Sein ausgeprägtes Verantwortungsgefühl zeigte sich schon in diesen jungen Jahren: Anfang der Woche fuhr er nach Wien, bepackt mit Milch und Eiern für seine Quartiergeber, und bis zu seiner Rückfahrt am Freitag widmete sich er ganz der parlamentarischen Arbeit. Diese intensive parlamentarische Tätigkeit ließ ihm keine Zeit für das Führen seines Tagebuches. Erst 1933 – nach seinem Ausscheiden aus dem Nationalrat – nahm er das Schreiben wieder auf[6], ein Grund, weshalb die folgenden Jahre bis 1945 gut dokumentiert sind[7].

Intensiv war seine Arbeit nicht nur im Parlament, sondern auch für die Bauern seiner Heimat. So gründete er 1922 die „Erwerbs- und Wirtschaftsgenossenschaft" für das Mürztal, die eine Antwort auf die „Schwierigkeiten der Bauern bei der Beschaffung der unbedingt notwendigen Bedarfsartikel und auf das Versagen der Kaufleute" war und die Raiffeisenkasse in Allerheiligen.[8] Dazu kamen zahlreiche Interventionen, die sein politisches Leben begleiteten. Dabei machte die politische Situation Pirchegger immer wieder Sorgen. Anfang der 20er-Jahre schienen ihm „die Sicherheitsorgane gegen die Sozi und Kommunisten machtlos zu sein". Deshalb ist sein Aufatmen nach dem Antritt der Regierung Seipel spürbar: „… in verhältnismäßig kurzer Zeit beruhigte sich die Wirtschaft, die radikalen Elemente verloren an Zugkraft."[9] Hier hatte Pirchegger die instabile Zeit eines neuen Staatswesens kennengelernt: eine Erfahrung, die ihm nach 1945 zugute kommen sollte.

Für das Mürztal galt seine Beispielswirkung bei der Einführung von Neuerungen. So probierte er 1922 den „Kunstfutterbau statt einer Kleesaat", was ihm nicht nur „besseres Heu und eine Umstellung der Fruchtfolge", sondern als Vorbild der Region auch so manchen Nachahmer einbrachte. Demonstrativ schloss er sich auch am 1. Jänner 1926 der „Milchkontrolle beim Mürztaler-Murbodner Viehzuchtverband" an. In diesem Jahr nahm er an einer steirisch dominierten Exkursion über Prag–Dresden–Berlin–Hamburg–Bremen nach Ostfriesland teil, auf der er Bauern, Herrschaftsgüter und Genossenschaften besuchte: „War außerordentlich lehrreich", meinte Pirchegger eher lapidar in seinem Tagebuch. Dem Großbauern – bis zu zwölf Dienstboten waren beim Haus – war auf diesen Reisen sicherlich so manche Anregung gekommen.

Seine fachliche Kompetenz und seine politische Umsetzungsfähigkeit trugen ihm schließlich 1926 ein Angebot ein, das für jeden politisch Tätigen erstrebenswert scheint: „Am 13. Jänner hätte ich die Ehre gehabt, das Ackerbauministerium zu übernehmen. Mir wird die Politik ohnehin satt und erst eine solche Stelle."[10]

Er fühlte sich fachlich nicht kompetent genug. Eine aus heutiger Sicht wohl kaum verständliche Entscheidung, die aber gut zu Pircheggers Vorstellung von Politik passt. Dass er zu dieser Zeit auf die „Politik satt" war, hing vor allem mit einer Person zusammen: dem neuen Bauernbunddirektor Dr. Josef Wurzinger.

Der selbstbewusste Politiker

Da der Hauptkonflikt mit Wurzinger Pircheggers Biographie doch nachhaltig beeinflusste – seine spätere Berufung zum Landtagspräsidenten dürfte ganz wesentlich damit zusammenhängen –, soll dieser auch ausführlicher dokumentiert werden. Dabei soll nicht außer Acht gelassen werden, dass der neue Fürstbischof Dr. Pawlikowsky sein Amt im Mai 1927 angetreten hatte. Es ist doch auffällig, dass im folgenden Jahr Pfarrer Leopold Zenz dem aus

Niederösterreich geholten Kaplan Dr. Josef Wurzinger als Direktor des Steirischen Bauernbundes weichen musste. Für Pirchegger trieben es die neu Eingesetzten – auch der Sekretär Döttling war neu – „gar zu bunt. Hat man doch als Bauer in der Wirtschaft genug zu tun, fordern die politischen Gegner große Aufmerksamkeit, wozu das Gezänke in den eigenen Reihen?" Dabei zeigte sich Pirchegger als Skeptiker der neu eingerichteten Kammern, vor allem auf Bezirksebene: „Ob die Bauern jetzt vorteilhafter wirtschaften werden können?"[11] Provoziert hatte Dr. Wurzinger allerdings mit seinem Vorschlag, dass der Direktor des Bauernbundes von der Generalversammlung zu wählen und abzuberufen sei. „Diese unglaubliche Frechheit vermerke ich hier deshalb besonders, weil sich daraus der Charakter dieses geistlichen Herrn besonders klarstellt, und zwar aus folgenden Erlebnissen: schon voriges Jahr mußte ich klar sehen, wie Dr. Wurzinger sich Mühe gibt, mir als Abgeordnetem Schwierigkeiten zu machen."

Nach der Demission der Regierung Seipel war Wurzinger nämlich bemüht, „unsern Landeshauptmann Dr. Rintelen bei Dr. Seipel und den Niederösterreichern als Kanzler zu empfehlen", und das ohne Wissen der steirischen Abgeordneten.[12] Auch das „Kesseltreiben gegen den Präsidenten des Nationalrates Prof. Dr. Gürtler" ging auf eine Initiative Wurzingers zurück. Bei einer Aussprache im Bauernbund versprach Dr. Wurzinger, „auf ein gutes Einvernehmen mit Pirchegger Bedacht zu nehmen und bat ihn, alles bisherige vergessen zu wollen. Man müßte ein verstockter Sünder sein, den so salbungsvollen Worten eines Priesters zu widerstehen". Die Hetze gegen Gürtler war allerdings religiös motiviert, da Wurzinger selbst erklärte: „...mögen sie welche Stellen immer bekleiden. Unser Bauernbund ist katholisch und dabei hat ein Apostat überhaupt nichts zu suchen." Da Dr. Wurzinger aber die Mehrheit im Bauernbund hatte, zog sich Pirchegger zurück. Dass der Fürstbischof noch zusätzlich seine Hand schützend über Wurzinger hielt, erfuhr Pirchegger, als Pawlikowsky zur Firmung nach Allerheiligen kam. Pirchegger hatte eine lange Unterredung mit ihm – auch wegen Dr. Wurzinger –, „doch erfolglos".[13] Die Intrigen Wurzingers gingen weiter. Pirchegger ahnte es, 1931 wurde es dann zur Gewissheit: Hatten im Jahr davor nur kleinere Beschwerden stattgefunden, unter anderem dass er Versammlungen des Bauernbundes in der Obersteiermark nicht besucht hätte, so kam es nun massiver. Im Kreise der Vertrauensleute in Leoben warf Wurzinger Pirchegger vor, „daß er in Wien den Wünschen der Niederösterreicher, welche sich mit unseren Forderungen nicht immer decken, gar zu sehr nachgiebig sei und ihnen gegenüber zu wenig Rückgrat zeige". Es ist daher gut nachvollziehbar, dass Pirchegger zu Ostern „beim Herumschlendern in Feld und Wald ein eigenartiger Ekel über das jetzige politische Getriebe aufstieg, insbesonders über das Verhalten Dr. Wurzingers vom katholischen Bauernbund, daß ich den Vorsatz faßte, bei nächster Gelegenheit die ‚Ehrenstellen', die ich aufgrund meiner Mitgliedschaft beim Katholischen Bauernbund innehabe, zurückzulegen." Damit war der Schritt von der „Öffentlichkeit zurück zur Familie vollzogen. Habe damit eine politische Lehrzeit von 12 $\frac{1}{2}$ Jahren abgeschlossen." Gleichzeitig legte er auch die Funktionen des stellvertretenden Obmannes des Reichsbauernbundes (1927–1931) und des Obmannes des landwirtschaftlichen Ausschusses (Finanz- und Zollausschuss) nieder. Zuvor hatte er aber noch seine größte Leistung in seinem parlamentarischen Leben erbracht: 1929 kam es auf seinen Antrag hin zum Viehverkehrsgesetz,[14] das ganz entscheidend zur Verbesserung der Einkommenssituation der steirischen Bauern beitrug – dies gegen die Niederösterreicher, die vor allem vom Getreidebau lebten.

Der Bauernbundobmann

Doch sein Ausscheiden aus der Politik war nicht von Dauer. Bereits im Oktober 1933 kam Landesrat Zenz zu Besuch zu Pirchegger. Die alten Freundschaften bestanden also noch weiter. Dabei wollte er Pirchegger „über vielseitigen Wunsch wieder zur Mitarbeit im katholischen Bauernbund veranlassen. Und ich ohnehin satt von dem politischen Getriebe!" Doch der Reiz war da. Nun rechnete er auch mit Wurzinger ab: Dieser habe eine „saubere Wirtschaft" hinterlassen. „Hätte man meine Warnungen 1929–1930 und 31 nicht so geflissentlich überhört, wäre es nicht so weit gekommen."[15] Schließlich kam Alois Riegler zu ihm und teilte ihm mit, „daß er seine Stelle als Obmann des katholischen Bauernbundes niederlegt und daß er wünscht, daß ich die Stelle übernehmen soll!"[16] Gleichzeitig wurde die Ablöse Direktor Wurzingers betrieben, der durch antisemitische Äußerungen auf Kundgebungen seine letzten für ihn eintretenden Freunde verloren hatte.[17]

Die Jahre der Radikalisierung

Hatte Pirchegger bereits im Wien der Jahre 1920 bis 1933 die Radikalisierung der Innenpolitik erlebt, so wurden die nächsten Jahre noch stärker durch die – oft bewaffnete – Auseinandersetzung der politischen Kräfte Österreichs geprägt. Pirchegger befand sich dabei durch die Lage seines Hofes im Mürztal oft in unmittelbarer Nähe zum Kampfgeschehen.[18] Dies betrifft vor allem die Jahre nach dem am 4. März 1933 erfolgten Rücktritt der drei Nationalratspräsidenten, als die Bundesregierung die Möglichkeit sah, einen autoritären, „scheinlegalen"[19] Weg einzuschlagen, für den wohl die Bezeichnung „Verfassungsputsch"[20] als am zutreffendsten erscheint. Die Politik wurde auf die Straße verlagert, die Zusammenstöße häuften sich: So kam es am Abend des 17. März in Kapfenberg zu schweren Zusammenstößen.[21]

Die politische Lage hatte sich schlagartig verändert. Dem Verbot der links- beziehungsweise rechtsextremen Parteien auf Bundesebene folgte auch die Steiermark, indem der Landtag am 29. Juli das Ruhen der Mandate der Kommunistischen Partei, der NSDAP, des Steirischen Heimatschutzes und des Heimatblocks[22] beschlossen hatte. Mit der Wahl Dr. Alois Dienstleders zum Landeshauptmann am 13. November 1933 durch Christlichsoziale und Landbund war die „Umgestaltung" der politischen Landschaft in der Steiermark abgeschlossen. Der Aufstand vom Februar 1934 kam daher nicht unerwartet. Dem aufmerksamen Beobachter der politischen Szene konnte nämlich auch in der Steiermark nicht entgangen sein, dass sich der Graben zwischen der Sozialdemokratie und dem „antimarxistischen" Lager weiter vertieft hatte. Da die nationalsozialistische Propagandatätigkeit von Dezember 1933 auf Jänner 1934 „um mehr als 100 Prozent" gestiegen war, überstellten die Behörden zahlreiche führende sowie besonders radikale Nationalsozialisten nach Wöllersdorf.[23] Dies führte vor allem in der Heimat Pircheggers zu wiederholten Demonstrationen und Ausschreitungen, wie etwa in St. Marein, Kindberg, Krieglach oder Langenwang. Erst größere Gendarmeriekontingente, die zahlreiche Verhaftungen vornahmen und zum Teil auch von der Waffe Gebrauch machen mussten, konnten für Ordnung sorgen. Am Abend des 10. Februar 1934 begannen schließlich im Bundeskanzleramt die Verhandlungen der Bundesregierung mit den Landesführern der Heimwehren, den Führern der Ostmärkischen Sturmscharen sowie der

Vaterländischen Front über die Einführung eines autoritären Systems auch in den Bundesländern. Der am 12. Februar vom sozialdemokratischen Parteivorstand in Wien ausgerufene Generalstreik und die gleichzeitig erfolgte Alarmierung des Republikanischen Schutzbundes führte nun auch in den obersteirischen Industriegebieten zu bewaffneten Auseinandersetzungen.[24] Noch am selben Tag verhängte der Sicherheitsdirektor das Standrecht für die Steiermark. Zu Mittag des 12. Februar brachen auch in Bruck an der Mur die Kämpfe aus; in mehreren Betrieben traten die Arbeiter in den Streik. Bewaffnete Schutzbündler aus Bruck sowie Orten der Umgebung besetzten die wichtigsten Plätze der Stadt und versuchten (vergeblich), die Gendarmeriekaserne zu stürmen.[25] Auch in Kapfenberg wurde der Gendarmerieposten von Schutzbündlern belagert,[26] die sich am Nachmittag des 13. Februar zurückzogen, als es zu Feuergefechten mit starken Heimwehrformationen kam, die aus dem Mürztal herangerückt waren. Pirchegger teilte für die Nacht Patrouillen ein, in der Früh war sein Bauernhof auf Grund naher Kampfhandlungen „wirklich im Gefechtsbereich"[27]. Am 18. März wurde Pirchegger zum Zweiten Bürgermeisterstellvertreter in Allerheiligen gewählt.[28]

Der Landtagspräsident

Am 26. Februar beschloss der nur noch aus 25 Abgeordneten bestehende Landtag – den Sozialdemokraten waren die Mandate aberkannt worden – eine den geänderten politischen Verhältnissen Rechnung tragende Abänderung der Landesverfassung:

Die Zahl der Mitglieder der Landesregierung wurde auf fünf herabgesetzt, Regierungsbeschlüsse unterlagen dem absoluten Veto des Landeshauptmannes[29]. Die nach dem Ende der Kämpfe wieder aufgenommenen Verhandlungen der Bundesregierung mit den Wehrverbänden führten zur Umbesetzung der Landesregierungen, die nun auf Grund des Ausscheidens der sozialdemokratischen Landesräte natürlich leichter möglich war. In nahezu allen Bundesländern übernahmen Mitglieder des Heimatschutzes, der Ostmärkischen Sturmscharen usw. leitende Funktionen, bestärkt durch ihren Anteil an der Niederschlagung des Aufstandes, den sie lautstark und oft in übertriebener Weise betonten.[30] Anlässlich der Regierungsumbildung kam es zu Schwierigkeiten, da es Streitigkeiten zwischen den einzelnen Wehrverbänden gab, insbesondere zwischen dem Heimatschutz und den Ostmärkischen Sturmscharen,[31] die sich zudem beide von den noch amtierenden christlichsozialen Politikern benachteiligt fühlten, zu denen auch Pirchegger zählte. Beim großen Bauernaufmarsch am 15. April 1934 in Graz holte sich Pirchegger moralische Unterstützung. Immerhin wurde die Zahl der Teilnehmer auf 45.000 geschätzt, davon 236 aus Allerheiligen und Mürzhofen: „Es war herzerhebend, wie der Kanzler bejubelt wurde. Für die Nationalsozialisten ein klarer Beweis, daß die Bauern Österreicher sind und dem Vaterlande und seiner Regierung die Treue bewahren, aber auch, daß wir Bauern für die freiheitlichen Bestrebungen schon gar kein Verständnis aufbringen. Die Bauern werden in unserem lieben Österreich noch manchen Ansturm parieren, wenn sie klug sind und das Vaterland mißbraucht werden sollte".[32] Sein Bruder, der Pfarrer Simon Pirchegger, und sein 19-jähriger Sohn Anton galten zu dieser Zeit allerdings bereits als Anhänger des Nationalsozialismus: „Ist doch unfaßbar, was man mit solchen Lausbuben erleben muß. Trotz aller Vorsorge gleitet uns der Bub aus der Hand durch den Verkehr mit den nationalsozialistischen Hetzern, die an den höheren Schulen besonders gefährlich sind".[33]

Pirchegger konnte sich nun nicht länger verweigern. Am 11. Mai gab es eine lange Aussprache mit dem neuen Bauernbunddirektor Ing. Babitsch und Landeshauptmannstellvertreter Hollersbacher: Für die Neuorganisation der Gemeinde sind „die Mitglieder des steirischen Bauernbundes automatisch Mitglieder der Vaterländischen Front. Christlichsoziale Partei, Landbund und Großdeutsche haben die Bestandsrechte verloren, Sozialisten und Nationalsozialisten sind verboten. Im Rahmen der Vaterländischen Front können die Berufsinteressen vertreten werden ... Soweit ich jetzt im Bilde bin, sind dies Hollersbacher und ich. Welche Fülle von Verantwortung wir aufgebürdet erhalten, läßt sich eigentlich noch nicht abschätzen. Gebe Gott, daß wir die notwendige Kraft und Einsicht aufbringen."[34] Mit der Neugestaltung des Steirischen Bauernbundes 1934 wurde Pirchegger im Mai zum ersten Stellvertreter von Josef Hollersbacher.[35] Damit begann auch schon eine rege politische Tätigkeit. So fuhr er beispielsweise am 27. Mai mit Hollersbacher, Wagner, Babitsch und Thaler zu einer Vertrauensmännerbesprechung, worauf sie sich über das Ennstal verteilten und jeder in einem Ort eine Versammlung abhielt. Von Liezen fuhren sie wieder gemeinsam heim, wo es für alle „Birnschnaps und Butterbrot" gab, „da die Fahrt ganz gehörig auskühlte".

Wie schlecht zu dieser Zeit die Information über wirtschaftliche Zusammenhänge war, wird gerade bei einem Spitzenfunktionär wie Pirchegger sichtbar. Er konnte im Juni 1934 eine Umschuldung von einem kurzfristigen, teuren Raiffeisen- und Bauernvereinskassenkredit auf einen Hypothekarkredit mit 51 Jahren Laufzeit erreichen. Damit beendete Pirchegger „die Unvorsichtigkeit, die ich begangen habe von 1925 bis 1930 dadurch, daß ich, entsprechend den damaligen Wirtschaftsverhältnissen, in der Wirtschaft einen Geldaufwand tätigte, den ich nur bei gleichbleibenden Einnahmen hätte verantworten können. Nun sind aber seit 1931 die Preise bei Vieh, Milch, Holz und dgl. derart gesunken, daß man wohl manchen Schilling eingespart hätte, statt in Verbesserungen anzulegen, wenn man diesen Rückgang hätte voraussehen können. Daher Vorsicht und wieder Vorsicht! Nur keine Schulden machen!"[36]

Der nächste politische Karriereschritt Pircheggers sollte die Kammerführung sein. Mitte Juni ersuchten ihn deshalb Landeshauptmann Dienstleder und Hollersbacher, in das Präsidium der Landwirtschaftskammer einzutreten, da Hartleb zum Rücktritt veranlasst werden sollte. Seine kritische Haltung gegenüber der Kammer hatte sich allerdings noch nicht gelegt: „Für mich ist diese Berufung insofern unangenehm, weil man doch wieder in Kreise gedrängt wird, denen man wohl lieber gerne ausweichen möchte. Freilich, der Zeitaufwand wird besser entschädigt, als seinerzeit in Wien an Diäten gezahlt wurden, bei Hartleb sollen es monatlich bei öS 1.200 sein! Dazu gehört aber schon eine Leistung! Mir deucht, daß die Gehälter dieser Herren die Leistungen denn doch übersteigen!"[37]

Dazu kam noch die Berufung als Regierungskommissär für die Bezirksvertretung[38] – „wieder ein Ämterl!"[39] –, als Obmann der Bezirkskammer für Land- und Forstwirtschaft in Mürzzuschlag – „wieder ein Ehrenamt"![40] – und als Mitglied der Bezirkskonsumgesellschaft Mürzzuschlag – „bin über dringenden Wunsch des Herrn Präsidenten Kraft, aber auch der jetzigen Funktionäre der Genossenschaft, die stramme Sozialdemokraten waren, zu diesem ‚Ämterl' gekommen."[41] Vielleicht hat dieser Umstand Machold nach dem Krieg dazu bewogen, sich Pirchegger als Landeshauptmann zu wünschen.

72

Die nächsten Ämter führten zu massiven Konflikten, die bis in die Zweite Republik nachwirken sollten. Es ging dabei vor allem um die endgültige Sanierung des Landwirteverbandes und um die Besetzung des Präsidiums der Landeskammer für Land- und Forstwirtschaft. Nach einer Aussprache unter Vorsitz des Landeshauptmannes und unter Beisein des Landesleiters der Vaterländischen Front Dr. Gorbach sah Pirchegger „folgende Entwicklung: Kraft[42] übernimmt die Führung des Landwirteverbandes, wenn die Bundesregierung 1,200.000 S zu niederem Zinssatz vorstreckt, damit das Gleichgewicht des Verbandes erreicht wird, ohne die Bauern belasten zu müssen. Ich soll als Präsident der Kammer bestellt werden. Hollersbacher zum Vizepräsidenten. Hollersbacher wäre dankbar für eine Lösung ohne ihn, da er ja genug belastet ist. Dann käme Kraft als Vizepräsident. Mir deucht, Herr Kraft will lieber auch gleich Präsident sein! Wenn ich diese Stelle übernehmen muß, dann bin ich eingedeckt!"[43]

Die langwierige Prozedur bei der Besetzung der Spitzenpositionen im landwirtschaftlichen Bereich wirft ein schlechtes Licht auf die politisch Verantwortlichen der Zeit. Mit jeder zeitlichen Verschiebung wurde der Widerstand der Gruppe um Kraft offensichtlich immer stärker. Pirchegger zog daraus seine Erkenntnis: „Ich bin den ‚Herrenbauern' oder besser gesagt ‚Gutsbesitzern' und ‚Landwirten' halt doch zuviel ‚Bauer'! Ob die Führer der Vaterländischen Front in der Lage sind, ein Machtwort zu sprechen?"[44] Das Ergebnis nahm Pirchegger nur mehr resignierend zur Kenntnis: „Ich konnte eine Lobeshymne für meine brave Aufführung hören und Versprechungen, auf die ich wenig oder nichts gebe. O, diese menschlichen Schwächen!"[45]

Die dramatischen Stunden des Endes von Bundeskanzler Engelbert Dollfuß erlebte Pirchegger vor dem Radio. Die unterschiedlichsten Falschmeldungen verunsicherten auch natürlich ihn: „Wird sich zeigen, was an diesen Meldungen alles wahr sein wird. Wann werden wir Ruhe bekommen?" Als er sich am nächsten Morgen zu einer Grenzbegehung mit einem Nachbarn traf, war es zur Gewissheit geworden: „Unser lieber Dr. Dollfuß tot! Er hat sein Blut für Österreichs Frieden geopfert. Reim zu diesen Vorgängen schwer zu finden."[46] Auch seine Position zu Rintelen drückt er deutlich aus: „So umjubelt er auch von den Bauern war, er ist ein Verräter! Wenn ihn Gottes Rache trifft, erbarmt er mir nicht!"[47] Pirchegger nahm am

Begräbnis des Bundeskanzlers Dollfuß als Vertreter der steirischen Bauern teil. Seine Analyse der Ereignisse ist unsicher: „Was diese ruchlose Mordsbande für Österreich und sein Volk an Folgen auslöste, läßt sich heute noch nicht klar voraussehen."[48]

Seine Position diesen Personen gegenüber lässt aber an Deutlichkeit nicht zu wünschen übrig: „Im tiefsten Inneren aufgewühlt durch diese fürchterlichen Ereignisse der letzten Tage hege ich den besonderen Wunsch, daß endlich das Zorngericht Gottes über die Mordstifter hereinbrechen möge."[49]

Seit dem 30. Juli 1934 amtierte Dr. Kurt Schuschnigg als Bundeskanzler, dem die Aufgabe zukam, die bislang (größtenteils) nur auf dem Papier bestehende Verfassung zu verwirklichen. Am 31. Oktober erließ Landeshauptmann Dienstleder mit einer Verordnung die neue steirische Landesverfassung, die sich eng an die ständisch-autoritäre Bundesverfassung anlehnte.[50] Die Mitglieder des ersten ständisch besetzten Landtages wurden von Dienstleder ernannt[51]: Sie sollten so lange im Amt bleiben, bis die Einrichtung der ständischen Vertretungskörper abgeschlossen war – was nie geschah. Dem Landtag kamen keine wirklichen Entscheidungsbefugnisse zu. Kontroverse Debatten kamen so gut wie nie vor, und wenn doch, so traten Meinungsverschiedenheiten weniger zwischen „Ständen" auf, sondern die Redner traten als Vertreter der Arbeiter-, Bauernschaft usw. auf.[52]

Dieser Landtag wurde nun zum neuen politischen Betätigungsfeld Pircheggers. Das im Sommer gegebene Versprechen des Landeshauptmannes wurde jetzt erfüllt: Pirchegger wurde im November 1934 Landtagsmitglied und avancierte schließlich unter Landeshauptmann Stepan zum Präsidenten des Steirischen Landtages[53]: „Ich und Mami waren in Graz bei der feierlichen Eröffnung des neuen, ständischen Landtages. Ich wollte es nicht glauben und doch wurde es zur Tatsache, daß ich zum Präsident des Landtages einstimmig bestellt wurde. Ist zwar eine große Verantwortung und für mich als Bauer eine schwere Bürde, doch dem seligen Dollfuß zuliebe, der uns die neuen Grundlagen erschaffte, in Gottes Namen, ja! Wenn der Herrgott die Gesundheit gibt, in der Familie, Haus und Hof seinen Segen spendet, kann ich in dieser Stellung für unser Heimatland und seine Bevölkerung viel Gutes wirken. Die Anforderungen werden schwer sein."[54]

In seiner Antrittsrede warnte Pirchegger davor, dass nicht die Fehler der alten formalistischen Demokratie begangen werden dürften; vielmehr gelte es, wieder Zuversicht in die Bevölkerung zu bringen, auch bei denen, „die es heute noch nicht recht glauben wollen". Pirchegger bezieht sich in dieser Rede mehrmals auf seine Herkunft: „... was unserem Vaterlande an Unglück beschieden gewesen wäre, hätten nicht bäuerliche Kräfte, Angehörige meines Berufsstandes, sich dem Vaterlande zur Verfügung gestellt." Und er ist sich der Auszeichnung seiner Wahl bewusst: „Da ich in dieser Berufung zum Vorsitzenden des neuen Steiermärkischen Landtages auch eine besondere Ehrung meines Berufsstandes erblicke". Sein hohes Berufsethos mag für manchen Abgeordneten neu geklungen haben: „... erfordern von jedem einzelnen Mitglied die größte Selbstlosigkeit, Starkmut, ja, ich möchte sagen, militärische Disziplin in und außer diesem Raum". Zutiefst religiös beendete er seine Ansprache mit: „Möge der Allmächtige unser Beginnen segnen, damit auch die Bewohner unserer grünen Steiermark, auch diejenigen, die es heute noch nicht recht glauben wollen, wieder mit Zuversicht erfüllt werden und Befriedigung finden in unserem selbständigen, freien und wirklich christlichen Vaterland Österreich (Beifall)."[55]

Die Glückwünsche ließen nicht lange auf sich warten: „Reichliche Gratulationen. Alle möglichen Anliegen flattern bereits zur Türe herein. Ja, ja, anderen helfen! Und selber?"[56]

Der Leiter des Verbandes der landwirtschaftlichen Genossenschaften Steiermarks

Doch auch Kraft hatte offensichtlich erkannt, dass er Pirchegger als Verbündeten brauchen konnte. Er setzte sich nun plötzlich dafür ein, dass Pirchegger „die Leitung des Verbandes der landwirtschaftlichen Genossenschaften Steiermarks übernehme. Dieser Verband, eine Einrichtung, die schwer zu entbehren ist, in welchem große Geldsummen der Bauern stecken, ist seit Jahren ein großes Sorgenkind und dieses Sorgenkind soll ich betreuen. Eine starke Zumutung".[57] Trotzdem – vielleicht reizte ihn gerade diese Herausforderung. Nach seiner Wahl stellte er nur lapidar fest: „Mußte wieder eine schwere Bürde übernehmen, da ich zum Obmann bestellt wurde. Ob ich imstande bin, diesen verfahrenen Karren flott zu machen, weiß unser Herrgott allein. Nur mit seiner Hilfe wird es möglich sein."[58] Er übernahm den Landwirteverband von Franz Thoma. Dieser hatte eine sehr erfolgreiche Sanierungsphase eingeleitet,

was ihm den Beinamen „Der steirische Mussolini" eingetragen hatte. Pirchegger gelang es – offensichtlich politisch unterstützt –, die endgültige Sanierung
zu erreichen. Deshalb meint Thoma in seinen Lebenserinnerungen, „man
gönnte dem Landbündler nicht den Erfolg".[59]

Die nächsten Monate sind gekennzeichnet von zahlreichen Fahrten nach
Graz. Zwei- bis dreimal die Woche macht sich Pirchegger auf den Weg, um
im Landtag oder im Landwirteverband Aktivitäten zu setzen. Immer wieder
finden sich Treffen mit Hollersbacher, mit dem er – aber auch mit Babitsch –
offensichtlich sehr eng die Geschicke der Bauernschaft bespricht und zu
meistern versucht. Es ist daher nicht weiter verwunderlich, wenn Pirchegger
anlässlich eines ausgefallenen Sonntagstermins feststellt: „für mich unerwartet ‚freier' Sonntag! Wie mir das wohl tat!"[60] Seine Gesundheit machte
ihm immer mehr zu schaffen. Schon kleinere Fahrten bereiteten ihm Schwierigkeiten, wenn er von einer Autobusfahrt zu den Objekten des Landwirteverbandes berichtet: „es war schön, aber sehr warm, weshalb die Autofahrt
für mich zur Plage wurde."[61] Das Herz war durch das starke Rauchen wohl
schon sehr belastet.

Der Vermittler

Trotz dieser Neuaufteilung der Spitzenfunktionen im landwirtschaftlichen
Bereich eskalierte der Konflikt zwischen Stepan, Hollersbacher und Kraft
immer mehr. Es war Pirchegger, der offensichtlich auf Grund seines vermit-
telnden Wesens zwischen diesen Streitparteien intervenieren sollte: „mit Präsident Kraft von 4 – 6 Uhr eingehende Aussprache über das für mich in den
letzten Wochen klar gewordene, gespannte Verhältnis zwischen ihm, Landeshauptmann Dr. Stepan und Landesbauernführer Hollersbacher. Eine üble
Sache, die bereinigt werden muß!" Vordergründig ging es um organisatorische
Kompetenzen, Stepan brachte es auf den Punkt: Er sah in „Kraft einen zu
herrschsüchtigen Mann". Hollersbacher legte daraufhin seine Stelle als Vizepräsident der Landeslandwirtschaftskammer infolge schwerer Differenzen
mit Präsident Kraft zurück. Pirchegger sieht den Konflikt in eine andere Richtung eskalieren: „Wenn die Bauern jetzt nicht vorsichtig genug sind, werden
sie vom liberalen Großgrundbesitz übertölpelt. Ich bin überzeugt, daß Kraft
und seine Mannen ihre Absichten uns Bauern zu früh verraten haben."[62]

Der „verhinderte" Landesrat

Pircheggers loyale Haltung hätte beinahe noch einmal Früchte getragen. Dem Landtag kam zu dieser Zeit nur mehr das Wahlrecht des Landeshauptmannes zu, die Landesräte ernannte der Landeshauptmann selbst![63] Welche beiden Landesräte als Landeshauptmann-Stellvertreter fungierten, oblag ebenfalls seiner Entscheidung. Eine Bestimmung, die Pirchegger noch direkt betreffen sollte.

Landeshauptmann Stepan verfolgte offensichtlich Pläne, eine ihm persönlich loyalere Landesregierung zu bilden. Graf Stürgkh hatte daher am 31. Dezember 1936 überraschend seine Position als Landesstatthalter zurückgelegt. Pirchegger wurde nach Graz gerufen, wo er am Bahnhof dem Landesleiter der Vaterländischen Front Dr. Gorbach begegnete. „Er war erstaunt, mich zu sehen ... Danach fand sich Hollersbacher ein, welcher uns mitteilte, daß Stürgkh und Pribitzer gestern abends als der Landeshauptmann gegen 7 Uhr vom Oberlande zurückkehrte, ihn mit dem Rücktritt überraschten. Deswegen will Dr. Stepan rasch Ordnung machen ... Wie wurde ich überrascht, daß ich in die Landesregierung eintreten soll. Verweigern durfte ich wegen der Bauern nicht, zumal Hollersbacher als Landesstatthalter berufen wurde. Um 3 h war ich wieder daheim. So war der Neujahrstag von früh bis abends für mich ein bewegter Tag."[64]

Doch aus der Angelobung am nächsten Tag wurde nichts. Schon auf der Fahrt nach Graz las Pirchegger in der „Reichspost" die Nachricht des politischen Korrespondenz-Büros, nach welcher sich der Bundeskanzler auf Grund der Verfassung seine Stellungnahme wegen Berufung des neuen Statthalters vorbehalte. „Daraus waren für mich die Schwierigkeiten für den Landeshauptmann sofort klar." Zurück in Bruck erfuhr Pirchegger telefonisch, dass der „Bundeskanzler die Umbildung der Landesregierung nicht zur Kenntnis nehmen könne, insbesonders deswegen, weil sich die ungarische, aber noch mehr die französische Presse in einer Art auslasse, als ob diese Umbildung der Auftrakt zum Sturze der jetzigen Landesregierung sei und die Bauern der Steiermark hierbei die Führung in die Hand genommen hätten. Ich möchte daher den Herrn Landeshauptmann ersuchen, mit meiner Berufung als Landesrat noch etwas zuzuwarten. Dieses Ersuchen würde Herrn Landeshauptmann die Lage wesentlich erleichtern. Diesem Wunsch konnte ich natürlich nicht widerstreben, und so war ich wieder einer neuen schweren Aufgabe und Verantwortung enthoben."[65]

Der Loyale

Immer wieder musste Pirchegger auch in den nächsten Wochen auf Kraft ein-wirken, „daß seine Haltung gegen den Landesbauernführer unmöglich wird und daß dadurch die von Dollfuß geforderte Bauernvereinigung, welche sich ganz gut anläßt, schwer zu Schaden kommen muß."[66] Trotz aller Bemühungen „… riß der Verhandlungsfaden, obwohl Landesstatthalter Graf Stürgkh und ich alles aufbieten wollten, eine Plattform zu finden und zu erhalten. Kraft ist von blindem Egoismus erfüllt und läßt neben sich nichts gelten." Fast prophe-tisch für die Zeit nach dem Zweiten Weltkrieg stellte Pirchegger die Frage in den Raum: „Ob Kraft diese Art nicht einmal zu bedauern hat?!?!"[67]

Kraft hatte mächtige Freunde, weshalb alle Versuche, ihn aus der Kam-mer zu entfernen, scheitern mussten. Babitsch und Pirchegger waren sich nicht sicher, ob die Landeslandwirtschaftskammer aufzulösen sei oder die Abberufung von Präsident Kraft erfolgen sollte. Als es doch zur Abberufung durch den Landesbauernrat kam, führte dies zu einer Vorladung Hollers-bachers, Pircheggers und Krafts nach Wien, wo zuerst der Reichsbauernfüh-rer Reither und dann der Bundeskanzler selbst diese Entscheidung noch ein-mal rückgängig machen wollten, „es würde sich sonst ein unliebsamer Ge-sprächsstoff über den berufsständischen Aufbau im In- und Ausland"[68] er-geben. Bei dieser Vorgeschichte verwundert es nicht, dass Pirchegger am 6. April 1937 bei der konstituierenden Versammlung der Landeskammer Kraft mit 21 zu 15 Stimmen unterlag und für die Funktion des Ersten Vize-präsidenten nur zwei Stimmen erhielt.[69]

Nach diesen Aufregungen des Jahres 1936 stand 1937 vor allem sein Hof im Mittelpunkt. Eine Ausnahme bildete die Unterredung mit Landesrat Dr. Krauland, die Pirchegger für sich persönlich als äußerst wichtig empfand: „Ich hatte noch nie Gelegenheit, ausgenommen Hollersbacher, mit einem Mitglied der Landesregierung mich so gründlich auszusprechen, wie heute mit Dr. Krauland. Mit Genugtuung konnte ich wahrnehmen, daß meine Be-mühungen mir in den akademischen Kreisen Ansehen eingebracht haben und daß man auf meine Äußerungen und Gutachten große Stücke hält."[70]

Die lange Zeit eher regionale Ereignisse schildernden Tagebuchnotizen erreichen mit dem Besuch Schuschniggs auf dem Obersalzberg wieder österreichische Dimension: „Was es jetzt über die politische Entwicklung für Rätselraten gibt, ist doch lustig. Die Begegnung unseres Kanzlers und Frontführers mit Hitler hat die ganze Welt in Bewegung gesetzt; was doch dieses kleine, arme, liebe Österreich für großartige Wertung findet. Schuschnigg Heil! Alles fürs Vaterland!"[71] Die Lage begann sich aufzuschaukeln: „In Kindberg waren heute die Häuser der Hitler-Nachbeter beflaggt, hie und da Hakenkreuzfahnen, sonst Landes- und Bundesfarben. Sollen gestern abends die Rede Hitlers gefeiert haben."[72] Trotz seiner Hoffnungen, dass die Entwicklung noch zu beeinflussen sei, registriert Pirchegger die Zunahme der nationalsozialistischen Aktivitäten. So wird er Zeuge, wie „Militärtransporte gegen Graz" verlegt werden; „dort scheint momentan die Unvernunft oder gar Unverschämtheit Oberhand zu gewinnen"[73]. Die Ablöse des Landeshauptmannes und die damit verbundene Ehrung durch den Bundespräsidenten kommentierte Pirchegger sarkastisch: „Ob es ihn freut?"[74] Ab dem 8. März war Pirchegger in die Vorbereitungen der Volksabstimmung eingebunden, „Gerüchte verschiedener Art schwirren nur so herum, um die Leute vor Sonntag noch möglichst zu verwirren".

Der „einfache" Bauer

Die Machtübernahme der Nationalsozialisten verändert auch die Situation Pircheggers. Seine Nachbarn feiern den Einmarsch der nationalsozialistischen Truppen: „... und stören uns die Nachtruhe aufs gründlichste; ein Vorgeschmack der künftigen Ordnung?"[75] Pirchegger betrachtete sich als von allen Funktionen entbunden, noch ehe ihm dies jemand offiziell mitgeteilt hatte. Und er atmete sogar auf: „Wohl selten waren in meinem bisherigen Leben die Augenblicke höchster, innerer Befriedigung so stark hervorgetreten, als in diesen Stunden durch die Erkenntnis, ihm Rahmen der geltenden Gesetze nach bestem Wissen und Können meine Pflicht erfüllt zu haben, ohne jemals vorsätzlich einem Mitmenschen ein Unrecht zugefügt zu haben. Und nun kann ich abtreten, kann ganz für meine Familie und Wirtschaft arbeiten, bin dann wieder ganz der ‚Rosen ....', der ich leider nicht immer sein konnte und werde mit Gottes Hilfe als einfacher Bauer mein Scherflein auch unter dem neuen Regime beitragen können."[76] Am nächsten Tag schrieb sein Sohn, „daß der Vater nicht mehr dazu kam, ins Tagebuch die Eintragungen zu machen". Die SA hatte Pirchegger verhaftet und mit Dr. Kraft – wohl ein Streich der Geschichte – gemeinsam in Kapfenberg inhaftiert und dann nach Mürzzuschlag überstellt. Am 24. März war Pirchegger wieder zu Hause. Sein Rückblick auf diese Zeit des Kerkers endet mit: „Wenn ich auch niemand beschuldigen will, aber diese 14 Tage Kerker wird noch jemand zu büßen haben". Angesichts der politischen Lage eine mutige Notiz. Am 10. April zeigte sich, dass Pirchegger die Freilassung aus dem Kerker teuer bezahlen musste: Es gab im Wahllokal bei der Abstimmung über den Anschluss kein Nein. Pirchegger stimmte offen ab und zeigte damit, dass er nicht mehr gegen das Regime auftreten werde.[77] Trotzdem bleibt er dem Regime gegenüber kritisch: „Ich und meine Kinder werden unsere Aufgaben lösen. Ob's die andern, insbesondere die vorlauten ‚Heilrufer' auch vermögen, wird sich zeigen!"[78] Das Problem der nationalsozialistischen Eliten wird hier offenkundig. Ihre Akzeptanz war wegen ihrer oft schlechten Hofführung äußerst gering.

Pirchegger war es durch seine vielen – oft gleichzeitigen – Funktionen gewohnt, mit seiner Zeit Haus halten zu müssen. Es wundert daher nicht, wenn er jetzt mit seiner Mutter die Äcker beschritt, Zeitungen las[79] und danach oft vom „Faulenzen" sprach.[80] Die Ratsuchenden hatten ihn jedoch noch nicht vergessen: „die Leute glauben, in mir immer noch eine Auskunftsperson zu haben."[81] Gleichzeitig verstand er noch immer nicht, dass es schon viele Jahre „Verräter" gegeben hatte. Der Dorfgendarm war so einer: „Wenn er überzeugt war, daß das ‚System' Dollfuß – Schuschnigg schlecht ist, so hätte er als ‚deutscher Mann' die Folgerungen durchaus ziehen müssen, seine Stellung als Gendarm aufzugeben. Das ist der schäbigste Charakter, den ich im Laufe der Zeit kennen lernte. Ein Unwürdiger in Uniform Pfui Teufel."[82] Gleichzeitig fließen immer wieder zynische Bemerkungen über die Nationalsozialisten in sein Tagebuch ein: „Doch ich muß wieder zur Arbeit, damit diese deutschen Recken auch leben können."[83] Auch die Versuche der nationalsozialistischen Bauernführung, kirchliche Feiertage zu verhindern, kommentiert Pirchegger ätzend: „... kam von der Kreisbauernschaft der Auftrag, daß morgen die ganzen Bauern arbeiten müssen. Das erste mal, daß ich als Bauer einen Befehl zum arbeiten erhalte."[84] Aus dem Lehrplan wurde der

Religionsunterricht entfernt: „Nur so weiter, es wird sicher schief gehen!"[85] Und außerdem „werden sich die meisten Bauern noch kratzen hinter den Ohren, wenn die neue Ordnung durchzugreifen beginnt"[86]. Jahreswenden haben bei Pirchegger immer wieder große Bedeutung. Dieses Mal zieht er weitere Konsequenzen: „Nach dem Frühgottesdienst schreiben in der warmen Stube: den alten Hausfreund ‚Sonntagsboten' abbestellt, da mir die Schreibweise seit August gar nicht behagt". Gleichzeitig kündigte er alle Versicherungen, einerseits wegen der Versicherungspflicht für Dienstboten, andererseits weil er den Nutzen der Versicherungen nicht mehr sah. Außerdem glaubte er dadurch an die 100 Mark einsparen zu können.[87]

Auch das Verständnis für die Aktionen der Nationalsozialisten hielt sich bei Pirchegger in Grenzen. Auf die Aufforderung, zur Winterhilfe 33 Reichsmark beizusteuern, meinte er nur: „Das Ansinnen kam mir aber doch etwas gach! Ich konnte nicht anders, als die Zahlung verweigern und meine Erfahrung in knappen Worten dem Manne scharf ins Gesicht zu sagen. So eine Bettlerei!"[88] Das Hören des „Schweitzer Senders" war für ihn durchaus normal. Zumindest hielt er es im Tagebuch fest.[89] Die weiteren Tagebücher für die Jahre 1939 bis 1945 sind leider verloren gegangen.

Die Zweite Republik

„In diesen Tagen hatten wir Erlebnisse zu verzeichnen, die erschütternder nicht sein konnten. Die Zustände, die ich hier (in Graz) angetroffen habe, sowie die Tatsache, daß mir von Seite der bereits nominierten Regierungsmitglieder das Landwirtschafts- und Ernährungsreferat zugedacht war, haben mich am ersten Abend bei der Aussprache mit dem russischen General derart bedrückt, daß ich alle Kräfte aufwenden mußte, um klarzustellen, daß die Ernährung in Steiermark nur dann gesichert werden kann, wenn die Besatzungsarmee uns behilflich ist, denn auch in der Friedenszeit, bei bester Ernte war die Steiermark, auf sich allein angewiesen, nicht in der Lage, das Brotgetreide für mehr als 3 Monate zu sichern." Pircheggers Enttäuschung nach der mehrstündigen Aussprache mit dem russischen General war groß: „An Versprechungen waren die Russen großartig, aber im Einhalten unverständlich. Durch Dr. Dienstleder erfuhr ich erstmalig, daß in Österreich 3 Parteigruppen sich gebildet haben ... Für mich, der ich seit dem Jahre 1938 von der Politik abseits stand, war dies eine Überraschung, doch mußte ich sofort daran denken, wie wir die ÖVP in der Steiermark irgendwie organisieren. Und daß ich dabei in erster Linie auf die Organisation der Bauern bedacht war, können Sie sich lebhaft vorstellen. Freilich war in diesen Wochen kaum die Möglichkeit, an eine politische Organisation der Bauern so weit zu denken, daß dabei irgend etwas Greifbares zustandegekommen wäre. Die wirtschaftlichen und die Ernährungssorgen konnte ich nur mit 2 Männern teilen, die ich bereits in Graz angetroffen habe, Hofrat Schneiter und Ing. Hornich, die von Landeshauptmann Machold berufen wurden, die Geschäfte des Reichsnährstandes zu übernehmen, diesen zu liquidieren und eine neue Kammer aufzubauen. Diese mußte, wenn die Ernährung in Steiermark halbwegs funktionieren sollte, unter allen Umständen von unten nach oben aufgebaut werden. So ist die Verordnung vom 27. Mai, die die Bildung von Ortsbauernräten zum Inhalt hatte, zustande gekommen.

Die Verkehrsverhältnisse waren damals so, daß man keinen Überblick gewinnen konnte, in welchen Bezirken oder Gemeinden die Erfahrungen, die notwendig waren, hinauskommen konnten und hinausgekommen sind. Nicht einmal eine telefonische Rücksprache war möglich, ob dieser oder jener Erlaß auch angekommen ist. Eine persönliche Fühlungsnahme mit den Bezirksobmännern war wenig möglich. Es war ein Kunststück von Bruck nach Graz oder umgekehrt zu gelangen und auf Fußwege konnte man sich schon gar nicht einlassen. So ist die Organisation, die nach unserer Meinung nach wohl durchdacht war, nur sehr langsam zum Durchbruch gekommen. Zudem mußte ich wahrnehmen, daß ein großer Teil der Bauernschaft infolge der Erfahrungen anno 1938 und des Verhaltens der Besatzungstruppen verschüchtert war, so daß sie zur Mitarbeit sich nur schwer entschließen konnten. Am 6. Juni ist dann erstmalig eine Verbindung mit Wien zustandegekommen, dadurch, daß der provisorische Ackerbauminister Buchinger mit Direktor Graf nach Graz kamen, um Nachschau zu halten, was bei uns eigentlich los ist. Bis dahin konnten wir ja keinen Bericht nach Wien bringen und nichts hereinbekommen. Dort Staatsregierung, hier Landesregierung, aber ohne jeglichen Kontakt, die Wiener wußten von den Ländern nichts und die Länder von den Wienern nichts. So mußten wir eben, ganz auf eigene Gedanken abgestellt, durch Aussprachen mit einem ganz kleinen Kreis von 3 bis 4 Herren Verfügungen treffen, von denen wir annehmen wollten, daß sie zum Wiederaufbau die Grundlage abgeben könnten. Drei davon sind klar: ‚Landeshauptmann Pirchegger, Hollersbacher und ich arbeiten fest zusammen, um der Schwierigkeiten, insbesondere am Ernährungssektor Herr zu werden'", schreibt Wallner.[90]

„Am 13. Juni kam Direktor Graf das zweite mal nach Graz und war es zu diesem Tage bereits möglich, weitere Kreise der Bauernschaft aus Ost- und West-Steiermark herbeizubringen. Wenn auch der Kreis nicht allzu groß war, so konnten wir doch ... eine Führung bestellen. Im Einvernehmen mit den Herren in Wien wurde mir die Obmannstelle des Bauernbundes übertragen, Hollersbacher und Krainer zu Stellvertretern bestellt, sowie Hollersbacher als vorläufiger Präsident der Landwirtschaftskammer über ausdrücklichen Wunsch Buchingers berufen."

Der Landesrat für Ernährung und Landwirtschaft
Das Mitglied des Provisorischen Landesausschusses

Trotz des Engagements während der Jahre 1934 bis 1938 avancierte Pirchegger sofort nach Kriegsende am 20. Juni 1945 zum Mitglied des Provisorischen Landesausschusses für die Steiermark, nachdem er schon am 17. Mai Landesrat für Ernährung und Landwirtschaft geworden war und damit die Landwirtschafts- und Ernährungsstelle leitete: „Ich in der Zeugkammer, Herr Direktor (Babitsch) Besuch; teilte mir mit, daß ich in die steirische Landesregierung berufen sei. Solange ich keine amtliche Orientierung erhalte, glaube ich nicht daran. Und wenn das wahr wäre, müßte ich wohl verschiedene Sicherheiten fordern, ehe ich eine derartige Belastung übernehmen könnte. Einmal war ich ja schon im Arrest (gemeint 1938)."[91] Doch schon am nächsten Tag war es so weit: Er wurde nach Graz zum russischen Stadtkommandanten gebracht, mit dem er eine zweistündige Unterredung hatte: „Was ich da aufgehalst bekommen habe, ist wohl reichlich genug. Die Bevölkerung soll versorgt werden mit Lebensmitteln in ausreichendem Maße, überall aber werden die Vorräte geplündert. Kein Mensch weiß, wo und wieviel noch lagert. Die Wiesen und Äcker werden abgeweidet oder zertrampelt vom Militär, so daß keine Ernte erwartet werden kann."[92]

Die anfänglichen Schwierigkeiten waren enorm. Auf Grund der schlechten Verkehrsverbindungen musste Pirchegger für Fahrten nach Graz an der

Bahn warten. So hatte er einmal von „drei in der Früh bei Nebel bis neun Uhr, als es sonnig wurde", warten müssen, bis ein Zug angehalten werden konnte, wo er „auf einem Bremsersitz" bis Bruck mitfahren konnte. Von Bruck weg war es wohl ein Personenzug, „doch mußte ich bis Graz, auf der Plattform fest eingekeilt, stehen und Rauch schlucken."[93] Die Situation war tatsächlich dramatisch: Durch die Kampfhandlungen in den dicht besiedelten und fruchtbaren steirischen Bezirken Radkersburg, Feldbach, Fürstenfeld, Hartberg und Weiz wurde die Landwirtschaft schwerstens in Mitleidenschaft gezogen. In dem unmittelbaren Kampfgebiet der Ost- und Mittelsteiermark wurden 5200 landwirtschaftliche Betriebe mehr oder weniger schwer beschädigt, ungefähr 2771 Bauernhöfe lagen ganz oder zumindest größtenteils in Schutt und Asche.[94] Große Ackerflächen waren unbebaut geblieben, ebenso waren Flächen der Kultivierung durch Stellungsbauten und Minenfelder entzogen worden. Neben den direkten Zerstörungen durch Kampfhandlungen wurden ganze Getreidefelder mit deren Wintersaaten und große Grasflächen durch die Pferde und Rinder der zurückflutenden beziehungsweise vorrückenden Armeen abgeweidet. Auch der Obstbaum- und Viehbestand hatte durch die Kämpfe gelitten. Was nicht durch die Kriegsereignisse vernichtet worden war, wurde in den Wirren der letzten Kriegstage und der unmittelbaren Nachkriegszeit geraubt, geplündert oder requiriert. Pircheggers Mitleid mit den betroffenen Bauern ist groß: „Besuch von zwei Bauern aus Vorau und Wenigzell. Was diese Leute dulden, kann nur ein vom Innersten heraus gesunder und Österreich wirklich liebender Bauer ertragen ..."[95]

Die Versorgung der steirischen Bevölkerung mit Lebensmitteln stellte deshalb das Hauptproblem unmittelbar nach Kriegsende dar. Die Agrarproduktion des Jahres 1945 belief sich dementsprechend nur auf ca. 50 Prozent des Vorkriegsniveaus.[95] Dazu kam, dass die im Krieg eingesetzten Fremdarbeiter – meist alliierte Kriegsgefangene – nun zum Einbringen der Ernte nicht mehr zur Verfügung standen. Nach der Ernte sah man Frauen und Kinder auf den Feldern Ähren klauben, aus denen sie in Handmühlen Mehl mahlten oder die sie als Kaffee-Ersatz rösteten. Auch auf den Höfen mangelte es an allem, lediglich Holz war genügend vorhanden. Die Bauern fuhren aus dem Mürztal bis nach Knittelfeld, um es gegen Vieh einzutauschen. Andere führten Schnittholz bis nach Poysdorf und handelten dafür Wein ein.[97]

Auch im Mürztal war die Lage instabil, bedingt durch die russischen Fremd-arbeiter, die während des Krieges grausam behandelt wurden. Eine allge-meine Plünderungswelle unmittelbar nach dem Einmarsch der sowjetischen Armee war die Folge.

Die russische Besatzungsmacht ließ außerdem von Anfang Juni bis An-fang Juli riesige Rinder- und Pferdeherden in Richtung Bruck – Graz nach Ungarn treiben. Da man die Herden auf den Feldern links und rechts der Straße weiden ließ, blieb den Bauern fast kein Grünfutter.[98]

Der Beitrag der heimischen Agrarwirtschaft zur Ernährungssicherung war dementsprechend gering, die Differenz zwischen Bedarf und Eigenauf-bringung bei einigen Lebensmitteln eklatant hoch. Zwar bestand in den er-sten beiden Nachkriegsjahren für Getreide, Fleisch, Fett und Milchprodukte noch eine totale Ablieferungspflicht, aber diese Vorschriften wurden viel-fach missachtet und ein beträchtlicher Teil der Produkte verschwand am Schwarzmarkt oder Milch und Getreide wurden einfach verfüttert.

Auch herrschte in der Landwirtschaft neben dem Arbeitskräftemangel größter Mangel an Maschinen, Transportgeräten, Betriebsmitteln und Ge-brauchsgegenständen jeglicher Art. War Pirchegger dieser Bereich vertraut, so musste er als Landesrat bald merken, dass auch andere Dinge Mangelware wurden: Leder-, Textil- und Metallwaren, aber auch Geschirr, Rauchwaren und Heizmaterial gelangten nur rationiert, mittels Bezugskarten zur Aus-gabe.[99] Deshalb blühten der Schwarzhandel und der „Rucksackverkehr", der etwas billiger Lebensmittel von Bauern zur Eigenversorgung herbeibrachte. Doch der Rückgang der Schwarzmarktpreise von Dezember 1945 bis Dezem-ber 1946 um bis zu 86 Prozent zeigt die ständig besser werdende Versorgung der Bevölkerung.

Pirchegger kehrte in seine Rolle vor dem Krieg zurück. So „ging der Par-teienverkehr" sonntags nach der Frühmesse „bis Mittag los. Jetzt soll man doch über alles Rede und Antwort stehen und jeder Einzelne glaubt, sein Fall ist am vordinglichsten zu lösen."[100] Die Russen machten die Gegend noch unsicher, denn am gleichen Tag hat er „packenweise besichtigt, wo sich Rus-sen breitmachten und Futter wegführten".[101] Am 6. Juni kam es zur Einquar-tierung von russischem Militär: „Die Roßwiese und die Koppeln am Bichl, sowie die Schwarzwiese war ein Heerlager. Das Heu auf diesen Wiesen ist fort und darüber hinaus die erreichbar gewesene Hifl".[102] Insgesamt beschlagnahmten die sowjetischen Besatzer in der Steiermark mehr als 50.000 Tonnen Lebensmittel sowie 5.600 Tonnen an Futtermittel aller Art[103]: „Von Woche zu Woche ... verschlechterte sich die Situation, weil die Lagerbestände ständigen Zugriffen ausgesetzt waren. Die Situation um den 20. Juli herum war so, daß Lebensmittelvorräte nur mehr für 2 Tage vorhanden waren."[104]

Als nach dem Auszug der Russen auch das Ennstal wieder mit Graz Verbindung aufnehmen konnte, war Präsident Thoma nach Graz gekommen und hatte sich für jegliche Mitarbeit zur Verfügung gestellt: „Das war für mich, Hollersbacher und Babitsch einer der schönsten Tage, den wir in dieser Zeit erleben konnten." Er gab eine Erklärung ab, dass er „keine andere Möglichkeit sehe, die Bauern wieder stark zu machen, als sich auf gemeinsamer Linie zu finden". Der Landbund hatte somit einen seiner angesehensten Führer verloren.

Das Mitglied des Leitungsausschusses der Raiffeisen Zentralkasse Steiermark

Die nächste Bürde Pircheggers war in der Raiffeisen Zentralkasse Steiermark angesiedelt. Er wurde in den Leitungsausschuss bestellt, dem er und der provisorische Kammerpräsident Josef Hollersbacher angehörten.[105] Damit beginnt eine ähnlich hektische Zeit, wie sie Pirchegger schon aus den Jahren vor dem Krieg kannte: „Die Aufgaben in Graz beanspruchten mich durch die ganze Woche, und Sonntag ist nur Zeit zum Frühgottesdienst, dann geht es mit den leidtragenden Besuchern den ganzen Tag! Da könnte man versumpfen in den Wust von Fragen, die da auftauchen."[106]

Der Gesprächspartner der britischen Besatzungstruppe

Eine entscheidende Wende brachte der Einmarsch der britischen Besatzungstruppen. Die am 23. und 24. Juli in der sowjetisch besetzten Steiermark noch vorhandenen Lebensmittelvorräte wurden von den Briten sofort beim Einmarsch durch Armeebestände aufgestockt.[107] Trotzdem war „das Verhältnis zu den Engländern anfangs durch gegenseitiges Mißtrauen gekennzeichnet. Wir glaubten nicht recht, daß es den Engländern wirklich darum ernst war und sie uns wohlwollender behandeln würden als die Russen. ... Sehr interessant war für uns die Tatsache, daß sich die Engländer recht interessiert zeigten an der Lebensmittelaufbringung und Versorgung, was den Russen Nebensache gewesen war. ... Es war nicht selten, daß sie uns darauf aufmerksam machten, daß die Eigenaufbringung im eigenen Lande unzulänglich sei."[108]

Pirchegger wurde auch immer stärker in die Parteiarbeit eingebunden: So war er von Heilbrunn (Birkfeld) von einer Prozession um 8 Uhr weggefahren, „verlor in Edelsdorf an einem Hinterrad wieder die Luft, war aber doch um 10 Uhr abends zu Fuß daheim. Solche Hindernisse! Und heim mußte ich abends noch, da ich Sonntag in einer Versammlung in Mürzzuschlag sein muß, die man großartig vorbereitet hat, ohne mich vorher zu verständigen. So ein Unsinn!"[109]

Der Mitbegründer der ÖVP

Im katholisch-konservativen Lager gab es 1945 in der Steiermark keine führenden Persönlichkeiten aus der Zeit vor 1933/34, die sich als geradezu selbstverständlicher Kristallisationskern des neuen Starts geeignet hätten.[110] Dazu kam, dass wichtige Gestalten der früheren zweiten Ebene anscheinend selbst während der letzten Kriegsmonate noch wenig Kontakt untereinander gehalten hatten beziehungsweise hatten halten können und außerdem im Mai 1945 zumeist immer noch von Graz abwesend waren. Deshalb holte der Sozialist Reinhard Machold Männer aus dem bürgerlichen und bäuerlichen Lager zusammen, die seinen Vorstellungen entsprachen. Dabei fällt auf, dass nur Anton Pirchegger ein Mann von politischem Gewicht war. Seine Ernennung wurde aber in der Presse zugleich mit seiner und der Volkspartei Verantwortung dafür publiziert, dass es „in kürzester Zeit gelingen" müsse, „die nötigen Lebensmittel bei den Bauern für die Ernährung der Bevölkerung in Stadt und Land sicherzustellen". Diese Forderung ließ sich 1945 absolut nicht erfüllen. Damit setzte er sich zahlreicher Kritik aus, was der politischen Konkurrenz sehr zugute kam. Eine alte Freundschaft stabilisierte allerdings auch jetzt die Situation: Pirchegger und Hollersbacher harmonierten so gut, dass sich dies schon bei der Gründung der ÖVP am 18. Mai 1945 zeigte: Dienstleder wurde zwar zum „Landesleiter" bestellt, die Bauernvertreter Pirchegger und Hollersbacher machten aber als „Beisitzende" bald das klare Übergewicht des Bauernbundes sichtbar, das die ÖVP für die nächste Zeit charakterisieren sollte.[111] Dies nicht zuletzt auf Grund der schnell wachsenden Organisationsdichte. So zählte der Bauernbund Mitte August bereits 4.900 Mitglieder.[112]

Die Verfügbarkeit von Personen dürfte auch nicht allzu groß gewesen sein. Denn Wallner schreibt in seinen Erinnerungen, dass er eines Tages mit seinem alten Fahrrad nach Graz fuhr, „wo in der Burg mit ehemals führenden Männern eine erste Besprechung über die Gründung der Volkspartei in der Steiermark und den Wiederaufbau der Bauernbundorganisation stattfand. Dr. Dienstleder, Pirchegger und Hollersbacher waren auch dabei".[113] Wallner folgte später sowohl Hollersbacher als auch Pirchegger in ihren Funktionen nach.[114]

Der Landeshauptmann der Steiermark

Die wahre Krönung seiner politischen Laufbahn erlebte Pirchegger aber nach den Wahlen am 25. November 1945.[115] Unter Ausschluss ehemaliger NSDAP-, SA- und SS-Mitglieder fanden die ersten Nationalrats- und Landtagswahlen statt. Sie brachten der ÖVP mit 26 Mandaten die absolute Mehrheit im Steiermärkischen Landtag. Die ÖVP konnte 1945 als einzige bürgerliche Partei sämtliche bürgerlichen Wählerstimmen für sich gewinnen. Pirchegger schildert den Wahlgang in seiner Heimat: „Wahlgang; wäre eine Passion, sich wieder langsam einarbeiten zu können; diese gottvolle Ruhe! Wahlergebnis: Volkspartei 341 Stimmen, Sozi 331, Kommunisten 43. Hätten die ehemaligen Nationalsozialisten das Wahlrecht ausüben dürfen, so hätten wir sicher um 100 Stimmen mehr bekommen. So muß es auch gut sein!" Pirchegger galt als Mann des Ausgleichs, der in seiner Heimatgemeinde durchaus mit dem überwiegenden Teil der Stimmen dieser Personengruppe hätte rechnen können.[116] Im Wahlkampf hatte deshalb die SPÖ versucht, einen Keil zwischen den „demokratischen Flügel" um Dienstleder und den „Austro- und Klerikofaschistischen Flügel" um Gorbach und Stepan zu treiben.[117] Mit Pirchegger setzte sich das Gespann Krainer-Gorbach mit seinem Kurs einer bündischen Struktur durch. In der entscheidenden Sitzung der Nationalräte und Landtagsabgeordneten des Österreichischen Bauernbundes, Landesgruppe Steiermark begrüßte Pirchegger die Vertreter des Berufs- standes Land- und Forstwirtschaft in der Steiermark, „die mit 13 Vertretern im Landtag zum ersten Mal in dieser Stärke in den Landtag einziehen". Er betonte, dass dem „großen bäuerlichen Erfolg ebenso große Verpflichtungen gegenüberstehen. Der bäuerliche Abgeordnete muß sich ganz besonders durch charakterliche Stärke hervortun. Er mahnt sie zu Disziplin und emp- fiehlt ihnen die Befolgung des Rates von Jodok Fink: ‚Rede selten, nie zu viel und nie von dem, was du nicht verstehst'.[118] Beim Bericht zur Lage erklärt Direktor Babitsch, dass der Bauernbund „von den 5 Mandaten der ÖVP 3 beansprucht und der Bauernbund wird den Landeshauptmann stellen".[119] Mit dem damaligen Landeshauptmann Machold hatte Pirchegger gespro- chen, aber dieser wollte nicht nach Wien gehen. Er würde in der Landesre- gierung weiterhin mitarbeiten, wenn „die ÖVP einen Landeshauptmann namhaft mache, der für die SPÖ tragbar wäre, wie z. B. Dr. Dienstleder, Pirchegger oder Hollersbacher." Dann würde er dafür sorgen, dass „der ge- mäßigte Flügel der SPÖ in der Landesregierung die Oberhand behielte."[120]

Pirchegger analysierte gerade die SPÖ sehr genau. Um die Zeit der Neu- wahlen musste „man leider wahrnehmen, daß die Sozialisten es nicht unter- lassen hatten, so ganz im geheimen unter der Bauernschaft Mitglieder zu werben und für ihre Partei zu sichern. Das Ergebnis der Wahlen in manchen ländlichen Gemeinden hat uns die Augen sehr stark geöffnet. Es ist zwar keine andere Bauernpartei an die Öffentlichkeit getreten, aber die Soziali- sten haben in einzelnen Landgemeinden, die nie einen sozialistischen Bürger- meister zu verzeichnen hatten, den Bürgermeister gestellt. Seit dieser Zeit ist ganz offiziell der Arbeitsbauernbund auf den Plan getreten und hat sich be- sonders im Ennstal, aber auch im Mur- und Mürztal und auch bereits in der Mittelsteiermark bemerkbar gemacht". Macholds Politik war also schon er- folgreich gewesen.

Die treibende Kraft hinter den Bemühungen, Pirchegger zum Landes- hauptmann zu machen, war Babitsch. So schreibt er in seinem Tagebuch: „Pirchegger Landeshauptmann. Nach häufiger und langer Debatte hat er so halb zugesagt."

Pirchegger wollte nicht die Führungsfigur spielen und eignete sich wohl auch nicht dafür. Deshalb war die Personaldebatte, die bis 1948 andauern sollte, schon vorprogrammiert,[120] verschärft noch durch den immer schlechter werdenden Gesundheitszustand Pircheggers. Babitsch war sich bewusst, dass ein Bauer „in der Steiermark ein Novum" war, wollte damit aber in ganz Österreich „der Bauernschaft das Übergewicht schaffen". Dabei bezog er sich auf Figl als Kanzler und fünf Landeshauptleute vom Bauernbund. Am 30. November 1945 beschloss der Bauernbund, Pirchegger, Hollersbacher und Krainer für die drei Referate zu nominieren. Nach dem Mittagessen im Steirerhof teilte am Nachmittag Präsident Hollersbacher mit, dass „er und Josef Krainer übereingekommen sind, Herrn Landesrat Pirchegger zu bitten, Landeshauptmann zu werden. Unter dem Beifall aller Abgeordneten nimmt Landesrat Pirchegger diesen Vorschlag an. Landesrat Pirchegger ergreift das Wort und meint eingangs, daß seiner Familie damit ein sehr schweres Opfer aufgebürdet werde. Wenn er Landeshauptmann wird, so verbietet er sich jede besondere Aufmachung. Bereits Herr Machold hat die früher üblich gewesene Etikette eingedämmt und er wird sie noch mehr eindämmen, so wie es einem ordentlichen Bauern geziemt. Sollten die Burgtore schwer zu durchbrechen sein, so bittet er um Mitteilung. Bei der nun folgenden ÖVP-internen Nominierung zum Landeshauptmann erhielt Pirchegger durch die erweiterte ‚Landesparteileitung' 31:18 Stimmen." Daraufhin wird Pirchegger noch zum Obmann des Landtagsklubs gewählt.[122] Unterlegen war der Wirtschaftsbund, der keinen zweiten Vertreter erreichen konnte.[123] Der Ausgleich durch die Nominierung der anderen Spitzenfunktionen gelang nur teilweise: Zwar waren Hugo Mrazek, ein Landesbeamter, als Landeshauptmann-Stellvertreter, Hollersbacher, Anton Bauer und Josef Krainer als Landesräte vorgesehen, als jedoch am 28. Dezember der ÖVP-Club diese Regierungsmannschaft absegnen sollte, überraschte Pirchegger die Mandatare mit der Mitteilung, dass Mrazek Tobias Udier und Bauer Udo Illig weichen müssten, da er als Landwirt gewiegte Wirtschaftsfachleute um sich benötige.[124] Bei der am gleichen Tag stattfindenden zweiten Sitzung der Steiermärkischen Landesregierung im Grazer Rathaus in Anwesenheit von Vertretern der britischen Militärregierung wurde Pirchegger zum Landeshauptmann gewählt und erhielt die Referate Schule und Kunst. Dienstleder blieb die Funktion des Landesparteiobmannes, verstarb jedoch schon bald darauf am 31. Jänner 1946. Nach ihm übernahm Dr. Alfons Gorbach die Führung der steirischen Landespartei.[125]

Der einmalige Erfolg in der Geschichte der steirischen ÖVP belastete Pirchegger als Landeshauptmann, da seit dem Wahltag die Organisation „lax im Verkehr geworden ist". Sie „gießen ihr Tun und Lassen in eine Form, die der Bauer als Landeshauptmann nicht ertragen kann! ... Wir müssen die Zwangswirtschaft vorläufig weiterführen, wie sie uns von den Nationalsozialisten geläufig war. Gegen die Zwangswirtschaft und das Kartensystem regt sich Widerstand. Das Gewissen der Bauern aufzurütteln ist Aufgabe der politischen Organisation. Sie werden zu leicht von den paar Schillingen verlockt und lassen sich zum Verbrecher an der Volksgemeinschaft stempeln. Wir müssen dem Bauer beibringen, seine erzeugten Produkte der Allgemeinheit zur Verfügung zu stellen. Mit kleinen Dorf- und Nachbarschaftsbesprechungen sollte den Leuten die Zeit begreiflich gemacht werden und daß die Geschäftemacherei ein Verbrechen ist. Wenn die Verordnungen wegen Mehrverbrauchs im Haus überschritten werden, ist der Landeshauptmann bereit beide Augen zuzudrücken. Wenn diese Zurückhaltung aber zu Geschäften verwendet wird und zur Ausbeutung der Not der Menschheit, dann kann ich nicht schweigen und kenne keine Nachsicht."

Die Regierungszeit Pircheggers

Eine Beurteilung Pircheggers nur auf Grund seiner Zeit als Landeshauptmann muss unter seiner immer schwerer werdenden Erkrankung leiden. Die Angina pectoris – wohl eine Folge seines intensiven Rauchens – hielt ihn monatelang von der Grazer Burg fern. Dabei hätte er durchaus standespolitische Ziele gehabt. So erklärte er im Zuge der Debatte um die Zukunft des Kontingentierungssystems, dass er dieses zwar „für die beste Lösung hält, um allmählich zur freien Wirtschaft zu kommen. Er hofft, daß auch die Landwirtschaft in Hinkunft nicht um Zollschutz bitten muß, sondern daß große landwirtschaftliche Organisationen, Genossenschaften geschaffen werden, die ein Monopol für die Einfuhr der benötigten Nahrungsmittel erhalten. Zuerst müssen diese Genossenschaften die Erzeugnisse des heimischen Marktes aufnehmen. In der Landarbeiterfrage könnte eine Lösung in der Weise gefunden werden, daß alle jungen Menschen nach der Schule zuerst zwei drei Jahre die Landarbeit erlernen müssen. Außnahmen hiervon nur für Begabte, die zum Studium geeignet sind."[126]

Anton PIRCHEGGER mit führenden Funktionären 1937 (von links nach rechts):
Bauernbunddirektor Leopold BABITSCH, Landeshauptmannstellvertreter
Josef HOLLERSBACHER, Landeshauptmann Karl Maria STEPAN,
PIRCHEGGER, Landesleiter der „Vaterländischen Front" Alfons GORBACH
und Arbeiterkammerpräsident Josef KRAINER.

Der Bauer Anton PIRCHEGGER bei der Feldarbeit.

Hauswirtschaftsschule in Allerheiligen (um 1930).

Landeshauptmann Anton PIRCHEGGER bei einer Landtagserklärung in
Anwesenheit der britischen Militärregierung.

„Österreich wieder lieben lehren"

Als Pragmatiker lagen Pirchegger Demagogie wie auch visionäres Denken eher fern.[127] Pirchegger erhielt durch den SPÖ-Abgeordneten und Grazer Bürgermeister Dr. Eduard Speck im Anschluss an seine Antrittsrede als Landeshauptmann eine erste Charakterisierung: „Der Landeshauptmann, den die ÖVP präsentiert, gehört dem Bauernstand an und ist bekannt als Demokrat. Wir vertrauen ihm und sind überzeugt, daß er nicht vom Wege der Verfassung abweichen wird."[128] Eduard Speck sollte nicht enttäuscht werden. Denn schon in seiner Antrittsrede verwies der neu gewählte Landeshauptmann zuerst auf die Tatsache, dass erstmalig ein Bauer an die Spitze des Landes gestellt worden wäre, was gleichsam einen symbolhaften Charakter bedeute, da der Bauernstand der Urquell jeder Nation sei: „... diese Gerechtigkeit verlangt von uns, daß wir die großen Nazis ... nicht besser behandeln wie viele kleine Nazi und Mitläufer ... Alle übrigen aber, soweit sie nicht ihre Parteizugehörigkeit mißbraucht haben, wollen wir in Ruhe lassen und lieber dafür sorgen, daß sie nützliche Mitglieder unseres Staates werden und wir auch langsam ihre Herzen gewinnen. Wir wollen sie Österreich wieder lieben lehren."[129] Gleichzeitig bat er die britische Militärregierung eindringlich, der Not leidenden Steiermark weiterhin Hilfe zu leisten und sich für die Entlassung von Kriegsgefangenen einsetzen zu wollen.[130] Anschließend skizzierte Pirchegger sein Regierungsprogramm, das mit einem Appell an die Bauernschaft zum vollen Einsatz ihrer Kräfte begann und sich über Wiederaufbau des Landes, Sicherung der Arbeitsplätze (bei Zahlung eines gerechten Lohnes), Obsorge für Kriegsgeschädigte beider Weltkriege, Ausbau des Genossenschaftswesens, Beseitigung auch des geistigen und sittlichen Trümmerhaufens, über Entnazifizierung bis hin zur Wiedergutmachung erstreckte.[131] Interessant ist dabei der Hinweis Pircheggers, auf alle Beamten, die während des Naziregimes eine größere Rolle gespielt hätten bzw. noch immer spielten, ein sehr wachsames Auge zu haben. Zu derartigen „Schlüsselstellungen" zählte er auch die Dolmetscher bei der britischen Landesregierung, denn „Politik werde in Österreich nur von den gewählten Volksvertretern gemacht."[132] Ein geordnetes, vertrauensvolles Verhältnis zur britischen Besatzungsmacht, die baldige Heimkehr der steirischen Kriegsgefangenen, vor allem aus den jugoslawischen Lagern, und der Wiederaufbau der Kriegsschadensgebiete der Ost- und Südsteiermark waren seine weiteren Schwerpunkte.

„Tut mehr, als ihr müßt!", rief Pirchegger nicht nur den Bauern zu. Alle Sozialleistungen müssten von der Wirtschaft des Landes getragen werden können. Pirchegger forderte daher den sozialen Ausgleich zwischen Unternehmern und Arbeitern und rief zum Abbau des Missverhältnisses im Lebensstandard zwischen den Klassen auf. Immer wieder wandte er sich aber speziell an die Bauern mit Aufrufen, in denen er an ihre Ablieferungspflicht erinnerte und mahnte: „Liefert, was Ihr entbehren könnt, auch über Eure Vorschrift hinaus! Brotgetreide, Mais und Speisekartoffeln werden vordringlich benötigt, um die Not in den Städten zu lindern. Es wäre unverantwortlich, sie zu verfüttern, während die städtische Bevölkerung hungert."[133]

Das anfängliche Misstrauen gegenüber den Briten legte sich von Seiten Pircheggers sehr schnell. Immerhin war er auch durch die Familienachholaktion der Engländer wegen der benötigten Wohnungen unter Druck gekommen. Doch nun waren die Briten mit der Regierung Pircheggers durchaus zufrieden. Das zeigte sich, als es am 28. Juni 1946 durch das Zweite Kontrollabkommen zu einer spürbaren Verminderung des alliierten Einflusses auf die österreichische Gesetzgebung kam. Die Briten teilten nämlich Landeshauptmann Pirchegger bereits am 5. Juli 1946 mit, dass sie die Absicht hatten, das Zweite Kontrollabkommen „in der britischen Zone sofort einzuführen". Der Abschluss dieses Kontrollabkommens und der Jahrestag der Übernahme der Militärverwaltung in der Steiermark durch die Engländer bildeten am 29. Juli 1946 den Anlass für eine Festsitzung des Steiermärkischen Landtages, an der neben Bundeskanzler Figl der britische Hochkommissar und Oberbefehlshaber der englischen Truppen in Österreich, Generalleutnant Steele, sowie weitere hochrangige Persönlichkeiten aus Politik und Verwaltung teilnahmen.

Bedeutungsvoll für die Steiermark war zudem die Tatsache, dass sich eben an diesem Tag die britische Militärregierung in eine Zivilverwaltung umwandelte und somit dem Landtag und der Landesregierung mehr Autonomie eingeräumt wurde.

Landeshauptmann Pirchegger würdigte diesen Schritt und sprach den britischen Vertretern den Dank des Landes aus.[134] Das gute Einvernehmen zeigte sich auch, als sich kurz darauf beim „Ausfallbürgschaftsgesetz" die britische Militärregierung querlegte. Nach einer Unterredung zwischen Landeshauptmann Pirchegger und dem Chef der Militärregierung Block am 21. Juni 1946 kam es dann aber zur Einigung, worauf am 10. Juli 1946 das Gesetz in Kraft treten konnte. [135]

Am 26. und 27. November 1946 tagte zum ersten Mal nach dem Krieg der Steirische Landesbauernrat. Pirchegger hielt dabei das Einleitungsreferat und skizzierte die Entwicklung seit den Maitagen 1945: Er gab zuerst der großen Freude Ausdruck, „daß ich eine große Zahl alter Bekannter hier im Kreise begrüßen darf, wobei ich auch die Feststellung machen darf, daß jugendliche Kräfte sich miteinbinden haben lassen, von denen ich ganz besondere Mitwirkung bei der Wiederaufbauarbeit erwarte."

Die wirtschaftliche und politische Lage, die seit Mai 1945 in der Steiermark zu verzeichnen war, resultierte aus den Tatsachen der furchtbaren Vergangenheit. Die wirtschaftliche Lage besserte sich nicht sehr schnell. Obwohl es nämlich 1946 und 1947 zu einer Erhöhung der Anbauflächen gekommen war, gingen die Ernteergebnisse pro Hektar stark zurück. Die Landwirtschaft hatte unter einer katastrophalen Trockenheit zu leiden. Schließlich wurde im Jahr 1947 von dem starren Ablieferungszwang zum System der Mengenkontingentierung übergegangen. Allerdings konnten erst 1948 durch Vermehrung von Anbauflächen, günstigere Witterungsverhältnisse und einen gesteigerten Produktionsmitteleinsatz die Ernteergebnisse verbessert werden.

Die Stimmung in der ÖVP wurde so schlecht, dass Pirchegger dies im Vorstand des Bauernbundes bitter beklagte. Sein Freund Hollersbacher sollte wegen seiner Krankheit abberufen werden. Alle damit zusammenhängenden Vorgänge und Aussprachen innerhalb der ÖVP wurden sofort den anderen Parteilagern bekannt. „Es scheint, daß in der Partei Kräfte am Werke sind, die aus Sensationshascherei darauf aus sind, jede Kleinigkeit festzustellen und gegen einzelne Mandatare so lange Stimmung zu machen, bis diese schachmatt sind. Die Lage ähnelt recht sehr jener unter Rintelen." Dabei verfolgte Pirchegger durchaus strategische Vorstellungen mit der Kammer. Sie müsste zum Gewerkschaftsbund der Bauern werden und wie dieser in agrarpolitischen Sachen dreinrede, müsste dies auch die Kammer in der anderen Richtung tun.[136] Pircheggers Einfluss nahm durch seine zahlreichen krankheitsbedingten Absenzen immer mehr ab. Es gärte gewaltig. Die

Christlich-Sozialen fühlten sich von den „Vaterländischfrontlern" überrollt, die „Versöhnungspolitik" Gorbachs und Krainers stieß auf die Kritik jener Jungen, die sich um Dobretsberger formierten. Die Bauern- und Wirtschaftsbündler um Krainer in der Regierung sahen mit Argusaugen, dass auf der Ebene der Landesregierung Pirchegger in keiner Weise dem „Verlierer" der Wahl von 1945, Machold, gewachsen war. Eine Ablöse des Landeshauptmannes musste aber wiederum Stepan auf den Plan rufen, der, geprägt vom Legitimitätsdenken, wohl nach wie vor auf die Rückberufung auf „seinen" Posten wartete. In einer dramatischen Sitzung 1947, zu der Raab und Figl nach Graz reisten, wurde eine Kampfabstimmung zwischen Udo Illig und Gorbach verhindert, da man auch das Gespenst einer Parteiabspaltung sah.[137] Zu Beginn 1948 übertrug Pirchegger das Ernährungsreferat in Anbetracht der immer stärker werdenden gesundheitlichen Probleme an Josef Krainer.

Rücktritt als Landeshauptmann

Kaum waren die landesinternen Querelen beseitigt, kam es zu Auseinandersetzungen mit den Wiener Zentralstellen. Als Landeshauptmann Pirchegger auf Grund dieser Schwierigkeiten demissionieren wollte (16. Oktober 1947) – nach eigener Aussage –, überfiel ihn seine schwere Krankheit. Er demissionierte deshalb am Bauerntag gemeinsam mit Hollersbacher als Obmann des Bauernbundes und als Landeshauptmann. Er selbst schlug Krainer als Nachfolger vor.[138] Fehlendes Durchsetzungsvermögen Machold gegenüber, wohl aber auch schon krankheitsbedingte Schwäche spielten dabei eine Rolle. In diesen Zeiten hatte Machold als Landeshauptmann-Stellvertreter den Vorsitz in der Landesregierung und zum Teil auch seine Referate zu führen gehabt, was natürlich einen enormen Machtzuwachs bedeutet hatte. Am 6. Juli 1948 wurde Krainer zum Landeshauptmann gewählt.[139] Daraufhin bat Krainer, Pirchegger möge Obmann des Bauernbundes bleiben. Dazu behielt er bis zu seinem Tod das Landtagsmandat und war in verschiedenen Funktionen im Genossenschaftsbereich tätig, z. B. in der Fleckvieh- und Murbodner Viehzuchtgenossenschaft. Er erkrankte in den letzten Februartagen 1949 an einer Lungenentzündung, die er infolge seines geschwächten Gesundheitszustandes nicht überlebte. Als Pirchegger am 1. März 1949 starb, fühlte man sich an ein Wort Josef Krainers, das er in der Sitzung des Landesbauernrates sprach, erinnert: „Er ist leider in seinem Pflichtbewußtsein auf dem Felde der Arbeit für das Land liegen geblieben."[140]

1 Wolfgang Mantl, Josef Krainer; in: Herbert Dachs, Peter Gerlich u. a.: Die Politiker. Karrieren und Wirken bedeutender Repräsentanten der Zweiten Republik. Wien 1995, S. 336.
2 Günther Burkert-Dottolo: Das Land geprägt. Die Geschichte der steirischen Bauern und ihrer politischen Vertretung. Graz 1999, S. 21.
3 Seine dreijährige Militärdienstzeit verbrachte er ab 1906 beim Feldhaubitzenregiment Nr. 3; siehe Anton L. Schuller, in: Österreichische Biographisches Lexikon 8, Wien 1983, S. 90.
4 Vgl. Hubert Steindl, Allerheiligen und Kindberg 1918–1938. Eine Regionalgeschichte mit besonderer Berücksichtigung der politischen Auseinandersetzungen. Ungedr. geisteswiss. Dipl. Arbeit, Graz 1988, S. 15.
5 10.11.1920 – 13.5.1931.
6 „Da ich seit 20. November 1920, an welchem Tag ich als gewählter Abgeordneter des Nationalrates in das politische Leben eingetreten bin, kein Tagebuch geführt habe, kann ich diese 13jährige Vergangenheit nicht mehr klar festhalten, selbe war zu abwechslungsreich", Tagebuch 1.1.1933 bis 20.9.1934 (in der Folge zitiert als TB I), S. 1, Privatbesitz.
7 Der Autor möchte an dieser Stelle Familie Nievoll und Frau Abg. Pirchegger für die Unterstützung herzlich danken.
8 Leopold Kollmann, Anton Pirchegger: Ein Bauer als Landeshauptmann, in: 40 Jahre Steirische Volkspartei. Graz 1985, S. 29 (= Politicum 6, Josef-Krainer-Haus-Schriften 23a).
9 TB I, S. 3.
10 TB I, 1926; Der Ennstaler vom 1.5.1931, S. 2.
11 TB I, 1929.
12 Diese Abneigung gegen Rintelen zeigte sich auch nach dem Attentat auf Dollfuß: „Rintelen ist ein Gegner, so umjubelt auch von den Bauern er war, er ist ein Verräter! Wenn ihn Gottes Rache trifft, erbarmt er mir nicht!", TB I, 1934, 26.7.
13 TB I, 1934, 30.6.
14 Burkert-Dottolo, S. 85.
15 TB I, 1933, 11.11.
16 TB I, 1934, 1.1.
17 Burkert-Dottolo, S. 104.
18 Vgl. Otto Fraydenegg-Monzello, Streiflichter zur Geschichte des Mürztales. In: Günther R. Burkert, Otto Fraydenegg-Monzello, Bäuerliches Leben im Mürztal. Beiträge zur Geschichte des Tales und seiner Landwirtschaft. Langenwang 1991, S. 33 f.
19 Huemer, S. 126.
20 Huemer, S. 209.
21 Tagespost (Abendblatt) vom 18. März 1933, S. 4.
22 StProtLT 1930 – 1934, S. 833ff.; LGB1. 56/1933; vgl. auch Martin F. Polaschek, Der autoritäre „Ständestaat", in: Martin F. Polaschek, Stefan Riesenfellner, Plakate. Dokumente zur steirischen Geschichte 1918 – 1955, Graz 2000, S. 78.
23 StLA, BKA/GdS 22/1934, Z1. 125.247/34.
24 Zum Folgenden vgl. insbesondere Köck, 12. Februar, S. 106ff. und Hinteregger, S. 88ff.
25 Franz Zechner, Der Kampf in Bruck an der Mur, in: Koloman Wallisch. 50 Jahre „12. Februar 1984", Bruck/Mur o. J. [1984], S. 29.
26 Sepp Brandl, August Cerov, Ignaz Pierer, Die Ereignisse in Kapfenberg, in: Koloman Wallisch, S. 50.
27 TB I, 1934, 14.2.
28 Steindl, Allerheiligen, S. 161.
29 StProtLT 1930 – 1934, S. 958ff.; LGBl. 17/1934; siehe auch Josef Lipp, Der steiermärkische Landtag. Die Landtagswahlordnungen und die Landtagswahlergebnisse der Steiermark in der 1. Republik, Gewi. Dipl. Graz 1991, S. 114.

30 Winkler, S. 90f.; Tagespost (Morgenblatt) vom 23. Februar 1934, S. 3.
31 Goldinger – Binder, S. 228, und Polaschek, S. 79.
32 TB I, 1934, 15.4.
33 TB I, 1934, 24.4.
34 TB I, 1934, 15.5.
35 Burkert S. 107, Sonntagsbote v. 15.4.1934, Nr. 15.
36 TB I, 1934, 18.6.
37 TB I, 1934, 19.6.
38 Vgl. Martin F. Polaschek, Die Bezirksvertretungen in der Steiermark zwischen 1918 und 1938. Demokratische Selbstverwaltung oder überflüssige Behörde? Graz 1997, insbes. S. 119f.
39 TB I, 1934, 26.6.
40 TB I, 1934, 21.10.
41 TB II, 1935, 24.2.
42 August Kraft war von Oktober 1935 bis Februar 1936 Staatssekretär für die Angelegenheiten der Bergbauernhilfe.
43 TB I, 1934, 17.7.
44 TB I, 1934, 8.8.
45 TB I, 1934, 21.8.
46 TB I, 1934, 25.7. und 26.7.
47 TB I, 1934, 26.7.
48 TB I, 1934, 28.7.
49 TB I, 1934, 29.7.
50 Martin F. Polaschek, Der Föderalismus in der Verfassung 1934, in: Geschichte und Gegenwart 12 (1993) S. 156ff.
51 Eine Liste der Abgeordneten findet sich in Lipp, Anhang XXVIIIff.; StProtLT 1934 – 1938, S. 3, vgl. dazu Polaschek, Föderalismus, S. 157f.
52 Zur einzigen wirklich gravierenden Auseinandersetzung im Landtag kam es anlässlich der geplanten Einführung der Fahrradabgabe im Dezember 1935; dazu Martin F. Polaschek, Funktionierender Parlamentarismus im Ständestaat? Die Auseinandersetzungen um die Einführung einer Fahrradabgabe in der Steiermark, in: ZHVSt 86 (1995), vor allem S. 279ff.
53 24.11. 1934 – 12.3. 1938; Sonntagsbote vom 2.12.1934, S. 2.
54 TB 21.9.1934 – 31.12.1936 (= TB II), 24.11.1934.
55 StProtLT 1934 – 1938, S. 4, öffentliche Sitzungen.
56 TB II 1934, 25.11.
57 TB II, 1934, 30.12.
58 TB II, 1935, 1.2.
59 Franz Thoma, Mein Leben, Bad Gleichenberg 1951, S. 34 f., Matrizenabzug, Besitz des Autors.
60 TB II, 1935, 16.6.
61 TB II, 1935, 1.7.
62 TB II, 1935, 23.12.
63 StProtLT 1930 – 1934, 964ff.; LGBl. 73/1934.
64 TB II, 1936, 1.1.
65 TB; vgl. Martin F. Polaschek, Föderalismus, in: Geschichte und Gegenwart, 12/1993.
66 TB II, 1936, 10.1.
67 TB II, 1936, 29.1.
68 TB 1.1.1937–25.5.1938 (= TB III), 1937, 26.8; Pirchegger intervenierte auch am 5. Jänner 1938 gemeinsam mit Babitsch bei Reither und Bundesminister Mandorfer gegen Kraft, TB III, 1938, 5.1.
69 Josef Wallner, Tagebuch 1936–1954, S. 2, Besitz des Autors.
70 TB III, 1937, 17.11.
71 TB III, 1938, 16.2.
72 TB III, 1938, 21.2.
73 TB III, 1938, 27.2.
74 TB III, 1938, 4.3.
75 TB III, 1938, 11.3.
76 TB III, 1938, 11.3.
77 TB III, 1938, 10.4.

78 TB III, 1938, 10.4.
79 TB IV, 1938, 21.8.
80 TB IV, 1938, 12.6.
81 TB 26.5.1938 – 24.6.1939 (=IV), 1938, 13.6.
82 TB IV, 1938, 23.6.
83 TB IV, 1938, 23.6
84 TB IV, 1938, 7.9.
85 TB IV, 1938, 17.11.
86 TB IV, 1938, 22.11.
87 TB IV, 1939, 1.1.
88 TB IV, 1939, 21.2.
89 TB IV, 1939, 3.3.
90 Wallner, S. 38.
91 Tagebucheintragung vom 16.5., zitiert nach Helmut Eberhart, Wiederaufbau und Nachkriegsalltag. Das Tagebuch Anton Pircheggers, S. 377.
92 Tagebucheintragung vom 17.5.1945, zitiert nach Eberhart, S. 377.
93 Tagebucheintragung vom 23.5.1949, zitiert nach Eberhart, S. 378.
94 Weiss, Die Versorgungslage der Steiermark 1945 – 1948, in: Graz 1945, Historisches Jahrbuch der Stadt Graz, Bd. 25.
95 TB Pircheggers 1945.
96 Franz Nemschak, Die österreichische Wirtschaft. 1945 bis 1955, Wien 1956, S. 7.
97 Viktor Haunold, Ein schönes Fleckerl Bergwelt. Das Ganzer Heimatbuch. Ganz 1989, S. 116.
98 Othmar Pickl, Das Kriegsende 1945 und die frühe Besatzungszeit im mittleren Mürztal. Ein Beitrag zur Vergangenheitsbewältigung nach zeitgenössischen Berichten, in: Beer (Hg.), S. 282.
99 Weiss, S. 305.
100 Eberhart, S. 378.
101 Eberhart, S. 378.
102 Tagebuch Pircheggers 1945.
103 Felix Schneider, „To keep the Austrians alive". Wirtschaftliche Aspekte britischer Zonenpolitik im besetzten Österreich 1945/55, in: Beer (Hg.), S. 168.
104 Pircheggers Antrittsrede als BB-Obmann 1945, Archiv des Bauernbundes.
105 Anton L. Schuller, 100 Jahre Raiffeisenbanken 1894 – 1994. Graz 1994, S. 221 f.
106 TB Pircheggers 1945.
107 Weiss, S. 297.
108 Pircheggers Antrittsrede als BB-Obmann 1945, 1. Landesbauernrat 1945, Archiv des Steirischen Bauernbundes.
109 18.8., Eberhart, S. 381.
110 Alfred Ableitinger, Vom „bad start" im Mai zur absoluten Mehrheit im November. Die Österreichische Volkspartei in der Steiermark 1945, in: Beer (Hg.), S. 86.
111 Ableitinger, S. 89.
112 Ableitinger, S. 91.
113 Wallner, Lebenserinnerungen, niedergeschrieben aus Anlaß der Vollendung meines 60. Lebensjahres am 9. Jänner 1962, S. 31, maschinschriftliche Abschrift, Besitz des Autors.
114 Leopold Kollmann, Das Ringen des steirischen Bauern um seine politischen Rechte nach der Bauernbefreiung, in: Der Steirische Bauer. Leistung und Schicksal von der Steinzeit bis zur Gegenwart. Steirische Landesausstellung 1966. Graz 1966, S. 554.
115 Vgl. Martin F. Polaschek, Das erste Jahrzehnt der Zweiten Republik 1945–1955, in: Polaschek, Riesenfellner, S. 176 ff. (bzw. 179 ff.).
116 TB.
117 Edith Marko-Stöckl, Die Formierung des steirischen Parteiensystems 1945–1953. Die Konkurrenz um die „Ehemaligen", in: Beer (Hg.), S. 58.
118 Protokoll über die am 30.11.1945 stattgefundene Tagung der Nationalräte und Landtagsabgeordneten des Österreichischen Bauernbundes, Landesgruppe Steiermark, S. 1 f., Archiv des Steirischen Bauernbundes.
119 30.11.1945, S. 4, Archiv des Steirischen Bauernbundes.
120 30.11.1945, S. 6, Archiv des Steirischen Bauernbundes.

121 Ableitinger, S. 103.
122 S. 7 f.; Karner hat als Stimmergebnis 27:17, Karner, S. 459.
123 Bei der Konstituierung des Landtages am 12. Dezember kam noch ein Bauer zum Zug: Josef Wallner als Präsident des Landtages; Wallner, Tagebuch, S. 34.
124 Binder, S. 576 f.
125 Franz Schausberger: Die Eliten der ÖVP seit 1945. Eine historisch-sozialstrukturelle Untersuchung, in: Robert Kriechbaumer/Franz Schausberger (Hg.): Volkspartei – Anspruch und Realität. Zur Geschichte der ÖVP seit 1945, Wien-Köln-Weimar 1995, S. 225.
126 Ebda., S. 11.
127 Gernot D. Hasiba, Martin F. Polaschek, Landesgesetzgebung und Landesverwaltung seit 1945, in: Beer (Hg.), S. 10.
128 StProt 1945 – 1949 (1. GP), S. 26.
129 Stenogr. Bericht der 2. Sitzung des Steierm. Landtages, 1. Periode v. 28.12.1945, S. 25.
130 StProt 1945 – 1949 (1. GP), S. 22.
131 StProt 1945 – 1949 (1. GP), S 22 ff.
132 StProt 1945 – 1949 (1. GP), S. 25.
133 Das Steirerblatt 22. Jänner 1947, S. 1: Steirische Bauern! Auf Euch kommt es an!
134 StProt 1945 – 1949 (1. GP), S. 177 – 191; vgl. auch Gernot D. Hasiba, Die Steiermark und der Gesamtstaat ab 1918, in: Othmar Pickl (Hg.): 800 Jahre Steiermark und Österreich 1192 – 1992. Der Beitrag der Steiermark zu Österreichs Größe. Graz 1992 (= Forschungen zur geschichtlichen Landeskunde der Steiermark XXXV), S. 496.
135 LGB1 7/1946.
136 Verhandlungsschrift 2. Tagung 9. Jänner 1948; Archiv des Steirischen Bauernbundes
137 Marko-Stöckl, S. 70.
138 28. Juni 1948.
139 Binder, S. 579.
140 Verhandlungsschrift 3. Tagung 28. Juni 1948; Archiv des Steirischen Bauernbundes.

Landeshauptmann PIRCHEGGER im Jahr 1947 in Oberzeiring.

Kurt Wimmer

Josef Krainer sen.
Vom Landarbeiter zum Landesvater

Seine Zeit

Als Josef Krainer am 28. November 1971 bei der Fasanenjagd starb, war er noch keine 69 Jahre alt, hatte aber 50 Jahre lang die Politik mitgestaltet. Fast ein halbes Jahrhundert in der Politik – und wie turbulent, chaotisch, von Gewalt und Zusammenbrüchen gezeichnet war die erste Hälfte dieser Zeit und welchen tiefgreifenden Umsturz leitete die zweite Hälfte ein!

Josef Krainer (geb. am 16. Februar 1903) erlebte seine Kindheit in der Habsburgermonarchie. Als Österreich-Ungarn 1918 untergeht, ist Krainer 15 und wird Bauernknecht. Da hatte er seine Schulzeit gerade hinter sich. Als „lediges Kind" beim Stiefvater war er der Feldbaumer-Sepp, jetzt heißt er „Tuscher-Sepp", nach dem Vulgonamen seines neuen Dienstherrn.[1] Die harte Wirklichkeit solcher Dienstverhältnisse konnte damals Menschen zerbrechen oder Persönlichkeiten mit starkem Durchsetzungswillen hervorbringen. Krainer gehörte zur zweiten Kategorie.

Die Republik wird ausgerufen und Republik, das bedeutet auch einen „Staat wider Willen." Republik, das war der kleine Rest, der vom einstigen großen Österreich übrig geblieben war, ein Rest, dem auch Sozialdemokraten, die diese Republik begrüßt hatten, keine Lebensfähigkeit zutrauten. Dazu kommt die Bedrohung von außen: In Kärnten, aber auch in der Südsteiermark rücken slowenische Verbände ein ...

Für den jungen Josef Krainer bedeutet Politik nichts Abstraktes, für das man sich interessiert oder nicht – die Politik bestimmt den Alltag und mit 18 Jahren entschließt sich Krainer, diese Politik mitzugestalten: Er gründet in Kobenz die Ortsgruppe des Verbandes der christlichen Land- und Forstarbeiter und tritt in die christlichsoziale Partei ein. Drei Jahre später wird er Obmann dieses Verbandes. Inzwischen hat er es bis zum Forstarbeiter gebracht.

Zwei Phänomene sind kennzeichnend für diese Zeit der Umwälzungen in der Ersten Republik: Gewalt und soziale Not. Putschversuche, Attentate, Unruhen – das sind die üblichen Formen der politischen Auseinandersetzung.

Vom 12. November 1918 bis zum 11. Februar 1934, dem offenen Ausbruch des Bürgerkriegs, gab es in Österreich 240 politische Gewalttaten, die 217 Tote und 642 Schwerverletzte gefordert hatten.[2]

Die Steiermark war ein besonders heißer Boden. Blutige Zusammenstöße gab es in Graz, vor allem in den Arbeiterbezirken Eggenberg und Andritz, in den Bergbaugebieten um Voitsberg und in den Industrieorten des Mur- und Mürztals, besonders bei Bruck und Leoben.[3] Mitte Februar 1933 hatte die Zahl der Arbeitslosen in Österreich ihren Höchststand erreicht: 402.000. Zusammen mit den sogenannten Ausgesteuerten, die keine Arbeitslosenunterstützung mehr bekamen, hatte Österreich damals rund 600.000 Arbeitslose.[4]

Im Herbst 1927 übersiedelte Josef Krainer als geschäftsführender Obmann und Landessekretär des Verbandes der christlichen Arbeiter und Angestellten in der Land- und Forstwirtschaft nach Graz. 1932 organisierte er eine Hilfsaktion für arbeits- und obdachlose Land- und Forstarbeiter. Indes ist er auch Sekretär der Bauarbeitergewerkschaft, geschäftsführender Obmann der Landwirtschaftskrankenkasse und Vizepräsident der Landarbeiterversicherungsanstalt geworden.

Krainer ist ein Mann von 30 Jahren, als Adolf Hitler in Deutschland die Macht übernimmt. In Österreich bricht am 12. Februar 1934 der Bürgerkrieg aus. Die sozialdemokratische Partei wird verboten, und der autoritäre Ständestaat hat weitere Ämter für den engagierten Jungpolitiker parat: 1934 Landtagsabgeordneter, 1935 Vize-Landesobmann des Bauernbundes, 1936 sogar Präsident der Arbeiterkammer in der Steiermark und Vizebürgermeister von Graz.

Zwei Jahre später ist der Vielbeschäftigte plötzlich ein politisch verfolgter Privatmann: Deutsche Truppen sind in Österreich einmarschiert, das als „Ostmark" an Deutschland angeschlossen wird. Als Josef Krainer kurzfristig eingesperrt wird, lässt es sich Gauleiter Siegfried Uiberreither nicht nehmen, persönlich bei der Verhaftung dabei zu sein.

Während des Kriegs lebt Krainer „in beschränkter Freiheit"[5] und knapp vor Kriegsende taucht er bei einem Bauern unter, weil ihm signalisiert wird, er könne wieder verhaftet werden.

Krieg in der Steiermark, das heißt in trockenen Zahlen: 27.900 Steirer fallen als Soldaten der Deutschen Wehrmacht, es gibt 12.400 Vermisste, 9000 Zivilisten sind Opfer von Luftangriffen und Kriegshandlungen, 8000 werden aus politischen Gründen hingerichtet oder sterben in Konzentrationslagern, 2500 Juden werden ermordet und 30.000 Kriegsgefangene kehren erst nach und nach heim.

Krieg in der Steiermark, das bedeutet 20.000 zerstörte Wohnungen und die Tatsache, dass bei Kriegsende auf zwei Steirer ein Ausländer kommt: Fremdarbeiter, die von den Nationalsozialisten zur Zwangsarbeit in die „Ostmark" geholt worden waren, „Flüchtlinge", „umgesiedelte" Volksdeutsche.

Im Krieg, und zwar 1942, gab es in der Steiermark mehr als 107.000 Mitglieder der NSDAP, das entsprach 15 Prozent aller österreichischen Nationalsozialisten. Und mit 30.000 illegalen Parteimitgliedern hatte die „Grüne Mark" nach Kärnten den höchsten Anteil aller Bundesländer. Hier fand man doppelt so viele SS-Angehörige wie in den anderen Gauen zusammen.[6]

Hinter diesen Zahlen aus dem Krieg stehen nicht nur menschliche Schicksale, sondern gesellschaftliche Realitäten, die in der Politik der

Nachkriegszeit eine wichtige Rolle spielten und die auch noch bis heute nachwirken.

Bei Kriegsende war die Steiermark kurzfristig fünffach besetzt: Die Russen marschierten von der Ries kommend in der Nacht zum 9. Mai 1945 in Graz ein, die Engländer kamen über die Pack und den Neumarkter Sattel in das obere Murtal und bis Köflach, die Amerikaner rückten aus Richtung Aussee bis zur Enns vor – und die Südgrenze überschritten bulgarische Einheiten und Tito-Partisanen.[7] Diese erreichten auch Gasselsdorf unweit von Gleinstätten. Dort hatte Josef Krainer mit seiner Frau und deren Mutter 1940 eine Landwirtschaft und eine Ziegelei erworben. Und jetzt, 1945, war Josef Krainer Bürgermeister von Gasselsdorf.

Die Hauptprobleme in dieser ersten Phase der Nachkriegszeit hat Krainer selbst einmal so charakterisiert:

Die Ernährung und Bekleidung der Bevölkerung und die Versorgung mit einem Wohnraum und wichtigen Bedarfsgütern.

Die Wirtschaft musste angekurbelt werden, zerstörte und demontierte Betriebe waren wieder aufzubauen und die Rohstoff- und Energieversorgung war sicherzustellen.

Dazu kam die Notwendigkeit der Überwindung einer geistigen und seelischen Not, in die viele Menschen durch die Politik der vergangenen Jahrzehnte geraten waren.[8]

Josef Krainer half bei der Lösung dieser Probleme zunächst als Landesrat mit. Seit 28. Dezember 1945 saß er in der Regierung. Seine „Hochzeit" als Politiker kam dann in den 50er-Jahren und die dauerten lange: Sie begannen 1947/49 und endeten Mitte der 60er-Jahre. Der österreichische Historiker Ernst Hanisch bekennt sich zu dieser unkonventionellen Zeitangabe, weil sich die Geschichte nicht an den Kalender hält, und skizziert diese Entwicklung wie folgt: „Für die 1950er Jahre muß man das explosionsartige Wirtschaftswachstum, die Fetischisierung von Technik, Produktion und Arbeit als Beginn dieser welthistorischen Zäsur erkennen; gleichzeitig begann der Durchbruch einer amerikanisierten, industrialisierten Massenkultur, die das Alltagsleben der Menschen umpflügte."[9] Hanisch beruft sich auf seinen bedeutenden englischen Historikerkollegen Eric Hobsbawm, der die Zeit zwischen 1950 und 1980 als die revolutionärste Zeitspanne der bisherigen Weltgeschichte bezeichnet.

Die Familie KRAINER gegen Ende des Zweiten Weltkrieges im weststeirischen Gasselsdorf (von links nach rechts): Josef jun., das Ehepaar Josefa und Josef KRAINER, Tochter Anni und im Vordergrund die Söhne Fritz und Heinz. Das fünfte Kind Dorothea kam erst 1948 zur Welt.

Die Jagd war eine große Leidenschaft von Josef KRAINER sen.

Die Staatsbesuche des jugoslawischen Staatspräsidenten TITO ....

... und der englischen Königin ELISABETH II. waren besondere Höhepunkte in der Amtszeit Josef KRAINERS sen.

In diesen Zeitraum der langen 50er-Jahre fiel auch der Kalte Krieg, die ideologische Auseinandersetzung zwischen der Sowjetunion und den USA. 1948 war die Tschechoslowakei kommunistisch geworden, 1949 wurde Ungarn offiziell per Verfassung zu einer Volksdemokratie, fast ein Jahr lang verhängte die Sowjetunion über die geteilte Stadt Berlin eine Blockade und im viergeteilten Wien, so fürchtete man, könnte Ähnliches passieren. 1956 schlugen die Russen einen Aufstand in Ungarn nieder und 1968 marschierten Truppen des Warschauer Paktes in die ČSSR ein ...

Der wirtschaftliche Aufstieg Österreichs und Westeuropas in dieser Zeit wurde durch die großzügige Hilfe mit amerikanischem Geld (Marshall-Plan) möglich – und das antikommunistische Argument war die stärkste Waffe der US-Administration im Kampf um die Durchsetzung des Marshall-Planes beim amerikanischen Kongress.[10]

Innerhalb weniger Jahre entwickelte sich Österreich zu einem Wirtschaftswunderland und ganz neue Probleme tauchten nun auf, die Josef Krainer, der seit 6. Juli 1948 Landeshauptmann war, auf eine für ihn typische Weise zur Sprache brachte. Unter dem unverfänglichen Titel „Unsere Steiermark" philosophierte er bei einem Urania-Vortrag 1962 auch über die psychologische Kraft als Voraussetzung für wirtschaftliche Vitalität. Diese Vitalität werde durch sichere Verhältnisse eingeschläfert, durch Gefahr, Unsicherheit und harte Umstände aber geweckt und geschärft. Es sei alles wie bei der Erziehung, erläuterte der Redner: Wer tüchtige Kinder haben wolle, müsse sie frühzeitig den Härten des Lebens aussetzen. Und dann folgte sein politische Resümee: „Der Versorgungsstaat verhätschelt seine Kinder und bricht damit ihre eigenständige Kraft."[11]

„... dann bist kein Steirer mehr"

Die Steirer sind ein rauhes und trotziges Volk, sie wahren eifersüchtig ihre Eigenständigkeit und sind des Hohnes voll, wenn auf „die in Wien" die Rede kommt. Diese Charakteristik stammt vom Wiener Literaten Hans Weigel. In seinem Buch „O Du mein Österreich" lässt der Schriftsteller diese Kennzeichnung allerdings mit tückischer Ironie auch den Bewohnern der anderen Bundesländer zukommen – mit denselben Worten.

Der Unterschied liegt darin, dass sie bei den Steirern wirklich stimmt und dass sie besonders zu den Zeiten stimmte, als der „Landesfürst" Josef Krainer agierte.

Der Steirer ist urwüchsig, er ist geradlinig, verlässlich, standhaft, kurzum ein saft- und kraftvoller Lackl. Vom Typus zum Mythos ist der Schritt oft klein, aber von seiner Statur und von seiner Art her war Krainer ein Steirer, bei dem die Grenzen zwischen Typus und Mythos verschwammen. Kurz nach seinem Tod erschien eine Anekdotensammlung unter dem bezeichnenden Titel „Der lärchene Stipfel" und da zitiert der Autor, Ferdinand Fauland, auch einen Ausspruch des Landeshauptmanns über einen Parteifreund, der eine politische Aufgabe in Wien übernommen hatte: „Eigentlich bist jetzt kein Steirer mehr, ich müßte dich völlig abschreiben. Aber ich weiß, es muß halt sein, daß wer hinausgeht nach Wien."

Wenn Krainer das wirklich gesagt haben sollte, dann mit einem Unterton von Sarkasmus. Aber ein wenig mag er es auch wirklich so gemeint haben: Er wusste, wie notwendig die Präsenz in Wien war, um steirische Interessen zu vertreten – gleichzeitig aber hegte er ein tiefes Misstrauen gegen das allzu glatte Wiener Parkett.

Das steirische Heimatbewusstsein Josef Krainers war keine Pose, sondern gewachsen aus einer bäuerlichen Herkunft und der Erfahrung, dass Heimat nichts Selbstverständliches ist. Die umkämpfte Grenze war eine Wirklichkeit für den Steirer Josef Krainer: Das war 1918 so, als die Monarchie unterging, und auch beim Kriegsende 1945.

Und nach 1945 gab es dann vier Jahre lang Angst und Unsicherheit an der Grenze, weil man fürchtete, den jugoslawischen Gebietsforderungen würde doch nachgegeben werden. Erst der Bruch zwischen Tito und Stalin Ende 1948 brachte die Wende, da die Jugoslawen von den Russen nicht mehr unterstützt wurden. Das Wissen, dass die Heimat auch bedroht werden kann, machte Josef Krainer zu einem verlässlichen Verfechter der Landesverteidigung. Zudem wurde in der Steiermark die Grenzlandförderung seit 1958 tatkräftig betrieben. Das bewusste Steirertum des Landeshauptmanns vertrug sich aber durchaus mit Weltoffenheit: Traditionsbewusstsein vereinte er mit dem Willen zur Erneuerung. Personifiziertes Symbol dieser Politik war der langjährige Kulturreferent Univ.-Prof. Hanns Koren. Er initiierte nicht nur das Freilichtmuseum Stübing, sondern auch das Avantgardefestival „steirischer herbst".[12]

Diese Spannbreite zeichnete auch die „Personalpalette" um Josef Krainer aus, die der Grazer Politikwissenschafter Wolfgang Mantl einmal so umriss: „Sie reichte von dem in sich wieder vielfältigen katholischen Kern (Alfons Gorbach, Hanns Koren, Josef Wallner, Theodor Piffl-Perčević, Hans Vollmann, Franz Hasiba) über Liberal-Deutschnationale (Franz Thoma, Otto Hofmann-Wellenhof, Helmut Heidinger), die skeptische Heimkehrergeneration (Franz Wegart, Alfred Rainer) bis zu den aufbegehrenden Jungen der Endsechzigerjahre (Bernd Schilcher, Helmut Strobl, Gerfried Sperl)."[13]

Die Steirische ÖVP verstand sich als staatstragende Partei der Mitte, und Josef Krainer hatte den selbstverständlichen Anspruch erhoben, „Landeshauptmann aller Steirer" zu sein – als eine Folge der ebenso selbstverständlichen „konservativen Gleichsetzung von Partei mit Volk und Heimat."[14]

Eine ebenso einfache Formel fand der Landeshauptmann, wenn es darum ging, den Begriff „national", der in Österreich mit „deutschnational" gleichgesetzt wurde, zu rehabilitieren. Der Begriff müsse von jedem nationalistischen oder gar nationalsozialistischen Beigeschmack gereinigt werden, forderte Krainer: „Für uns Steirer bedeutet die nationale Haltung einfach die Haltung des Hausvaters, dem sein Heim seine Burg ist." Der Steirer maße sich keine Überlegenheit an, dulde aber auch keine von anderer Seite. Diese Eigenständigkeit bedeute, innerhalb der eigenen Mauern das Leben nach eigenem Geschmack zu leben. Wer es aber wage, in diese Hausrechte einzugreifen, seien das „irgendwelche Zentralstellen oder auswärtige Kräfte", der müsse damit rechnen, dass der Steirer sich wehre und notfalls auch „sehr unfein" benehme.[15] Josef Krainer hat mit dieser eigenwilligen Definition das vorweggenommen, was heute als „Regionalismus" um Anerkennung ringt.

Das steirische Selbstbewusstsein, das in Wien manchmal belächelt wurde, hatte aber durchaus konkrete handfeste Ursachen: In Graz hatte sich 1945 eine provisorische Landesregierung unter Landeshauptmann Machold gebildet, noch ehe die Russen in die Stadt einmarschiert waren. Die Steirer waren die Ersten, die nach dem Zusammenbruch die provisorische Staatsregierung in Wien anerkannten, und die Steiermark war das erste Bundesland, das 1956 seine Eigenständigkeit demonstrierte, als es darauf bestand, dass die Landtagswahlen getrennt von den Nationalratswahlen abgehalten werden sollten. Eine Meinungsumfrage, übrigens auch eine Premiere, hatte nämlich ergeben, dass Josef Krainer beliebter als die ÖVP war. So kam es zu den ersten „Krainer-Wahlen". Als eines der ersten Bundesländer wurde die Steiermark auch bei der Förderung der universitären und außeruniversitären Forschung und Entwicklung im Rahmen der Privatwirtschaftsverwaltung aktiv.

Voll Stolz konnte Josef Krainer beim 8. Landesparteitag am 6. November 1965 feststellen, dass die Steiermark „eine einzige geistige und materielle Großbaustelle (sei)". Mehr als die Hälfte der Landesmittel seien für das Bauwesen in allen Ressorts eingesetzt.[16]

Ein langjähriger und kritischer Beobachter der österreichischen Innenpolitik, der Publizist Alexander Vodopivec, hat in einem seiner Bücher gewürdigt, dass unter dem Schutz Josef Krainers relativ früh der Versuch unternommen worden war, die von den Bünden dominierte Parteiorganisation der ÖVP, aber auch die politischen Aussagen einer veränderten Bevölkerungsstruktur anzupassen. Vodopivec hebt besonders die Kulturpolitik hervor, die es verstanden habe, „ein kooperatives Verhältnis zu den intellektuellen, künstlerischen und geistigen Potenzen" herzustellen. Die Steiermark sei ein Beispiel für Möglichkeiten, „auch in der ÖVP einen funktionellen und vor allem den veränderten gesellschaftlichen Wirklichkeiten angepaßten Föderalismus in die Wirklichkeit umzusetzen ..."[17]

Schwierig wurde es für den Politiker Josef Krainer, als die ersten wirtschaftlichen Krisensymptome im Bergbau und in der Stahlindustrie auftauchten. Ein Aufschrei ging durch das Land, als zum Beispiel der Wirtschaftspublizist Horst Knapp provokant, aber realistisch die „Einmottung" des Erzberges forderte. Hier ging es nicht nur um Arbeitskräfte, sondern auch um ein Symbol des Landes: Der Erzberg als „eiserner Brotlaib", von dem sich jede Generation ihr Stück herunterschneiden konnte.

„Nur über meine Leiche", postulierte Josef Krainer auch, als der Braunkohlenbergbau Fohnsdorf geschlossen werden sollte, der seit 1950 defizitär war. Sieben Jahre nach Krainers Tod, 1978, war es aber dann doch so weit.

Von den Umwälzungen in der Stahlindustrie auf den internationalen Märkten war die Steiermark besonders betroffen. 14 Jahre nach Krainers Tod brach das größte österreichische Unternehmen, die VOEST Alpine AG, zusammen. Der Kapfenberger Franz Summer, ein gelernter Hüttenwerker und als langjähriger Pressereferent ein Insider dieses Betriebes, stellt in einer kenntnisreichen Analyse des Debakels fest, dass „die Verfilzung von Verände-

111

rungsfeindlichkeit in den Unternehmen, landespolitische Einmischungen und betriebsrätliche Kraftdemonstrationen" nach 1968 in der Steiermark besonders stark ausgeprägt gewesen seien: „Damals wurde eine Grundhaltung geschaffen und gefestigt, die zu einer Entwicklung führte, die man als „Fohnsdorfisierung" der verstaatlichten Industrie bezeichnen sollte."[18]

1987 beim Erscheinen von Summers Buch ließen sich solche Erkenntnisse natürlich leichter formulieren als 20 Jahre vorher. Krainer besaß einen sehr kraftvollen Veränderungswillen, aber er war nicht nur der „Landeshauptmann für alle Steirer", sondern auch ein parteipolitischer Pragmatiker: Wenn es um Betriebe in seiner „Grünen Mark" ging, die damals auch noch eine „eherne" war, dann erwies er sich als strukturkonservativer Landesvater, der erbittert um jeden Arbeitsplatz kämpfte.

„Am Krepierhalfter der Koalition"

Josef Krainer nahm den Föderalismus so ernst, dass er, wenn es ihm möglich war, zweimal die Woche nach Wien fuhr. Er wusste, dass es den Steirern nicht egal sein durfte, was in der Bundeshauptstadt passierte. Hier war auch der Hauptmarktplatz der österreichischen Medienszene. „Auf ein, zwei Quadratkilometern fallen 80 Prozent der politischen Entscheidungen für 84.000 Quadratkilometer." So pflegte der langjährige Korrespondent der „Kleinen Zeitung" in Wien, Kurt Vorhofer, die Situation zu charakterisieren. Das war lange vor unserem Beitritt zur EU.

Die Steirer waren in Wien nicht gerade beliebt, aber stets respektiert und nicht selten gefürchtet. Der Triumph der Volkspartei, die Alleinregierung 1966, wäre ohne das zielstrebige Drängen Josef Krainers nicht möglich gewesen. Damals fühlten sich Landeshauptleute auch noch für das Geschick der Gesamtpartei verantwortlich und sie versuchten, wie Krainer, über ihre Partei Einfluss auf die Innenpolitik zu nehmen.

Niemand stellte die Zusammenarbeit der beiden großen Parteien ÖVP und SPÖ nach 1945 in Frage. Nach dem Abschluss des Staatsvertrags 1955 kehrte Österreich aber allmählich zur „Normalität" zurück, womit auch der „Zwang zur großen Koalition" wegfiel. So formulierte es Franz Olah in seinen Erinnerungen.[19] Diese Einschätzung teilte Josef Krainer mit Olah, aber es dauerte noch elf Jahre, bis sie sich in ihren Konsequenzen durchsetzen konnte.

Josef Krainer war ungeduldig. Als 1951 bei den Bundespräsidentenwahlen der Kandidat der ÖVP, der oberösterreichische Landeshauptmann Heinrich Gleissner, gegen den SPÖ-Kandidaten Theodor Körner unterlag, läuteten bei der Volkspartei die Alarmglocken. Die innerparteiliche Kritik an Leopold Figl verstärkte sich und als Erste rückten wieder einmal die Steirer aus. Josef Krainer, Alfons Gorbach und Karl Brunner verurteilten den starren Koalitionskurs des Bundeskanzlers.[20] Besonderen Unwillen, vor allem beim ÖAAB, hatte die Tatsache erregt, dass die staatlichen Unternehmungen 1949 in sozialistische Hände übergegangen waren.

Julius Raab wurde dann 1953 Bundeskanzler, aber auch er war ein überzeugter Großkoalitionär. Bei den innerparteilichen Auseinandersetzungen um die Reform der ÖVP mischten die Steirer immer kräftig mit und Anfang 1960 wurde Julius Raab von Alfons Gorbach als Bundesparteiobmann abgelöst.

Es ging hier nicht nur um personalpolitische Machtkämpfe, sondern vor allem um politische Konzepte. Auf Initiative Krainers war Ende der 50er-Jahre die „Neue Österreichische Gesellschaft" gegründet worden. Er und seine Mitkämpfer, u. a. Josef Klaus, Karl Gruber und Reinhard Kamitz, wollten überlebte Strukturen aufbrechen und neue Ziele formulieren. Die „Reformer", wie sie genannt wurden, hatten ihre Vorstellungen auf dem Bundesparteitag 1960 präzisiert.

Vier Wochen vor dem Parteitag hatte Josef Krainer diese Reformideen in einem persönlichen Schreiben an Unterrichtsminister Heinrich Drimmel zusammengefasst: Ziel war eine „moderne, konservative Politik". Man bekannte sich zu einer Reideologisierung, weil der Politik eine „neue Basis und eine Systematik" gegeben werden sollte.

Krainer nahm auch Bezug auf die aktuelle politische Situation, die er so schilderte: „Die verantwortlichen Männer in der Bundesregierung befinden sich in einer Igelstellung, eingekreist von dem sozialistischen Machtstreben." Und in dieser Lage werde die „Neue Österreichische Gesellschaft" Kräfte organisieren, „die mithelfen, vorerst in dieser Stellung auszuharren, um den Ausbruch vorzubereiten und zu unterstützen, und so dieser Umklammerung zu umgehen".[21]

Dieser „Ausbruch" gelang allerdings erst sechs Jahre später ... Generalsekretär der „Neuen Österreichischen Gesellschaft" war Ex-Außenminister

Karl Gruber, der von 1954 bis 1957 auch Botschafter in den USA gewesen war. Gruber skizzierte die Aufgaben der Gesellschaft mit drei Hauptpunkten: modernes Wirtschaftsprogramm, echter Föderalismus und wirksame Verwaltungsreform mit modernem Management im Staat.[22] Dass er Krainer selbst gerne als Kanzler gesehen hätte, daran ließ Karl Gruber nie einen Zweifel. „Die Zügel der Macht lagen auf der Straße", wie er sich ausdrückte, aber Josef Krainer griff nicht danach.

Alfons Gorbach, der neue Bundesparteiobmann, stand dem ungewohnten Stil, der von den „Reformern" gefordert wurde, mit innerer Fremdheit gegenüber, in Wahrheit hatte der neue Generalsekretär Hermann Withalm das Heft bereits in die Hand genommen.[23]

Nach den Nationalratswahlen vom 18. November 1962 konnte die ÖVP ihren Wahlsieg (81 ÖVP, 76 SPÖ, 8 FPÖ) nicht in einen politischen Erfolg umsetzen. Bereits vor Weihnachten hatte der starke Mann in der SPÖ, Franz Olah, die Linie der Sozialisten festgelegt: „Das Außenministerium hängt nicht auf dem Christbaum", postulierte er.

Gerade das aber wollten die „Reformer" – und sie unterlagen nach vier Wochen harter Verhandlungen.

Norbert Leser nennt in seinem Essay „Elegie auf Rot" Josef Krainer den „Königmacher Bruno Kreiskys".[24] Der Ordinarius für Gesellschaftsphilosophie an der Wiener Universität bezieht sich hier offenbar auf diese Verhandlungen und schließt sich einer Argumentation des einstigen Unterrichtsministers Heinrich Drimmel an, der einer der Hauptgegner der „Reformer" war. Je ungestümer die ÖVP auf den Posten Kreiskys losgegangen sei, desto mehr habe sich dessen Position in der eigenen Partei gefestigt, argumentierte Drimmel: „Und wahrscheinlich wurde damals, im Frühjahr 1963, der Sockel gebaut, auf den sieben Jahre später der erste sozialistische Bundeskanzler in Österreich steigen sollte."[25] Drimmel schreibt in seinen Erinnerungen von einem „Verdun der Innenpolitik".

Der Historiker Manfried Rauchensteiner vertritt allerdings die Meinung, dass dieses „Verdun" für die ÖVP deshalb zu Stande kam, weil es im ÖVP-Verhandlungsteam keine einheitliche Linie gab und weil Gorbach mit seinem unbedingten Willen zur Fortsetzung der Koalition „buchstäblich erpressbar" gewesen sei: „Drohte man ihm mit der Aufkündigung der großen Koalition, so war er – aber auch nur er! – zum Einlenken bereit."[26]

Josef Krainer scheint jedenfalls genug politisches Gespür gehabt zu haben, um zu ahnen, dass hier mehr verloren worden war als ein zusätzliches Ministeramt.

Der Politologe Herbert Dachs ortet in der ersten Hälfte der 60er-Jahre einen tiefen Bruch, weil das „bisher bevorzugte elitär-autoritäre Politikmuster" von den „Reformern" attackiert wurde: „Anstelle der auf Intuition, Instinkt und Absprache gegründeten Klientelpolitik soll nun – so die neue Losung – nüchterne, vorausplanende und von Wissenschaft und Versachlichung geprägte Politik treten."[27] Dachs nennt als Hauptkombattanten ausdrücklich das Trio Josef Krainer, Josef Klaus und Hermann Withalm. Beim Klagenfurter Parteitag 1963 löste Josef Klaus (1949 bis 1961 Landeshauptmann von Salzburg, 1961 bis 1963 Finanzminister) Alfons Gorbach als ÖVP-Chef ab und 1964 auch als Kanzler.

1965 unternahm der steirische Landeshauptmann einen anderen Versuch, innenpolitisch aktiv zu werden: Er ließ sich in den Bundesrat entsenden und hoffte damit ein Beispiel für andere Landeshauptleute zu geben. Es war der optimistische Versuch einer Aufwertung der Zweiten Kammer, der allerdings scheiterte. Schon drei Jahre später zog sich Krainer aus dieser Funktion wieder zurück.

Am 6. März 1966 eroberte die Volkspartei bei den Nationalratswahlen die absolute Mehrheit. Vorher hatte sich Josef Krainer wieder einmal ins innenpolitische Getümmel gestürzt, um Josef Klaus als Gorbach-Nachfolger aufzubauen. Die Wahl 1966 wurde ein Triumph für die „Reformer", aber die ÖVP konnte die Chance nicht nützen. Sie war unvorbereitet auf eine Alleinregierung, und die Fixierung auf das Erbe der Großen Koalition machte es ihr schwer, „den Anschluß an ein modernes gesellschaftspolitisches Konzept zu finden."[28] Als „aufgeklärter Konservatismus" wurde die Ära Klaus später klassifiziert: „redlich, korrekt und ein wenig steif."[29]

Am 1. März 1970 war das Experiment der ÖVP-Alleinregierung zu Ende. Die Wahlniederlage brachte in ihrem Gefolge die lange Reihe der Kreisky-Kabinette.

Josef Klaus war als Länderpolitiker mit Hilfe der Länder an die Macht gekommen, er nahm, wie er es selbst formulierte, „mit Anstand und ohne Schmerz von der Macht Abschied".[30] Josef Krainer aber zeigte sich entsetzt über diese Haltung. Dass der gescheiterte Kanzler überhaupt Abschied von der Politik nahm, wurde verachtungsvoll als Flucht interpretiert.

Krainer, der sehr früh die Große Koalition als „Krepierhalfter" der ÖVP bezeichnet hatte,[31] wusste als gewachsener Konservativer, dass man Macht nicht leichtfertig aus der Hand geben durfte. Außerdem zweifelte er aufgrund der Struktur der Volkspartei daran, dass sie sich wirklich auf dem „Trockendock der Opposition" regenerieren würde. Er plädierte daher wieder für eine Große Koalition.[32]

Aber die wollte Bruno Kreisky auf keinen Fall und es gelang ihm, auch die SPÖ von seinem Kurs zu überzeugen.

Kennzeichnend für Josef Krainer war seine Reaktion, als der Steirer Theodor Piffl-Perčević als Unterrichtsminister (1964 bis 1969) zurücktrat, weil er sich durch das Volksbegehren zur Abschaffung des neunten Schuljahres und durch die eigene Partei desavouiert sah. Der Minister blieb trotz eines beschwörenden brieflichen Appells Krainers („... bitte, bitte, bitte keine Zurücklegung Deines Regierungsamtes ... Bitte keine Flucht.") unnachgiebig. Piffls Ausscheiden aus der Regierung wertete der steirische Landeshauptmann als einen besonders schmerzhaften persönlichen Misserfolg: „Nicht etwa nur deshalb, weil die Steiermark nun keinen Herrn im Ministerrat sitzen hat, sondern weil wir weit und breit einen Mangel an Persönlichkeiten haben, und auf einmal ist wieder einer abgetreten. Damit haben wir eine große Verantwortung für Österreich weniger ..."[33]

In der eigenständigen steirischen Politik und in der Präsenz profilierter Vertreter der Steiermark in Wien sah Josef Krainer also die Praxis der Verantwortung für Österreich.

„Nicht in der Neutralität verhungern ..."

Josef Krainer, der überzeugte Steirer, hat das Gesicht der ÖVP nach 1945 entscheidend geprägt – das ist ein Ergebnis zeitgeschichtlicher Forschung.[34] Damit hat er auch der österreichischen Innenpolitik seinen Stempel aufgedrückt. Sein Misstrauen gegen Bruno Kreisky, den er als Außenminister bekämpfte, war aber von wirtschaftlichen Erwägungen des Europäers Krainer bestimmt. Kreisky war ein Gegner der Europäischen Wirtschaftsgemeinschaft (EWG), von Krainer stammte der oft zitierte Satz, dass Österreich nicht in der Neutralität verhungern dürfe. Und das zu einer Zeit, als die Neutralität mehr oder weniger österreichische Staatsdoktrin war und ein Zweifel an ihr oder gar ein In-Frage-Stellen als eine Art Hochverrat galt.

Josef Krainer pflegte als Landespolitiker Kontakte mit EWG-Exponenten durch Fahrten nach Brüssel, Luxemburg und Straßburg. Als er bei einer Vorsprache des sowjetischen Botschafters in Wien, Viktor L. Awilow, seinen Spruch vom Verhungern in der Neutralität wiederholte, wurde er von dem Diplomaten ziemlich rüde zurechtgewiesen: „Dann müssen die Österreicher den Gürtel eben etwas enger schnallen."[35]

Josef Krainer fürchtete, dass Österreich von der dynamischen Entwicklung auf kulturellem, wirtschaftlichem und sozialem Gebiet ausgeschlossen bleiben könne, wenn es eine volle Integration in das geeinte Europa versäume. Bei einem Vortrag vor dem Rat der Europäischen Bewegung in Luxemburg (30. Juni 1964) zum Thema „Österreich und die EWG" machte Krainer auch deutlich, wie sehr bei ihm die Sorge um die steirische Industrie eine Rolle spielte, wenn er über Österreich hinaus Politik betrieb.

Eine kurze Bemerkung in dieser Rede lässt erkennen, dass Krainer die Gründung der Montan-Union (Europäische Gemeinschaft für Kohle und Stahl) im Jahr 1951 nicht nur als Fundament richtig einschätzte, auf dem dann die EWG errichtet wurde, sondern dass er auch die historische Dimension dieses Zusammenschlusses erfasst hatte: Die Gemeinschaft für Kohle und Stahl entsprang nämlich der Vorstellung, dass man in Zukunft deutsch-französische Kriege verhindern könne, wenn Kohle und Stahl als Instrumente des Macht- und Konkurrenzkampfes integriert werden könnten.

Einen engagierten Mitkämpfer in Sachen EWG fand der steirische Landeshauptmann im Leiter des Wirtschaftsforschungsinstitutes, Franz Nemschak. Der Volkswirtschafter Nemschak, ein geborener Grazer, hatte in der Zeit des Ständestaates als Sekretär der Sozialen Arbeitsgemeinschaft innerhalb der Vaterländischen Front mit dem damaligen Arbeiterkammerpräsidenten Krainer zusammengearbeitet. Jetzt recherchierte der Professor auf eigene Faust Möglichkeiten, die sich Österreich in der EWG boten: zuerst in Paris, dann ab 1959 in Brüssel. Nemschak plädierte schon damals für eine „Mitgliedschaft mit Neutralitätsvorbehalt".[36]

Als Josef Klaus am 23. März 1965, also noch als Kanzler einer Koalitionsregierung (1964 bis 1966), zu seiner „ersten Ostreise" nach Belgrad fuhr, stiegen in Graz die Landeshauptleute der Steiermark und Kärntens, Josef Krainer und Ferdinand Wedenig, zu. Beide hatten schon seit Jahren Beziehungen zu Slowenien und Kroatien angeknüpft. Klaus erhoffte sich von ihnen Rat und Unterstützung. Und die wurden ihm auch, wie er in seinen Erinnerungen vermerkt, „reichlich zuteil". Der Kanzler profitierte also von dieser regen Besuchstätigkeit und von der wirtschaftlichen und kulturellen Zusammenarbeit, die hier seit Jahren gepflegt worden war – nicht nur über Landes- und Staatsgrenzen, sondern auch „über die Verfassung hinweg". Diesen Schlenker kann sich der Memoirenschreiber nicht verkneifen, aber er relativiert die sanfte Kritik sofort: „Die normative Kraft des Faktischen hatte auf diese Weise eine für den Bund keineswegs schädliche Außenpolitik auf Regionalebene entstehen lassen."[37]

Menschen, die Josef Krainer sehr gut kannten, sind überzeugt, dass es der Bauer im Landeshauptmann war, der sich nach dem Krieg so beharrlich bemüht hatte, gute Verhältnisse mit dem slowenischen Nachbarn zu schaffen: Weil der Bauer weiß, wie notwendig eine gute Nachbarschaft in Krisenzeiten ist und dass man sie durch möglichst viele persönliche Kontakte pflegen und stärken muss.

In der Zeit des Ständestaates hatte es Tendenzen gegeben, die Österreicher als die besseren Deutschen zu propagieren – nach dem Zweiten Weltkrieg gab es vereinzelt Bemühungen, die Neutralität Österreichs als wegweisend für Europa anzupreisen: Neutralität nicht als egoistische Abschottung, sondern als europäische Aufgabe – dafür plädierte Josef Krainer 1955. Europa werde erst dann aufhören, Spielball der Weltmächte zu sein, wenn es sich auf seine eigene Kraft besinne, welche nur zwischen Ost und West stehen könne: „So gesehen könnte die österreichische Neutralität auch als Keim für ein zukünftiges Eigenleben Europas aufgefaßt werden und damit als große europäische Mission."[38]

Es ist in diesem Zusammenhang vielleicht ganz interessant darauf hinzuweisen, dass der spanische Kulturphilosoph Salvador de Madariaga im Jahr 1958 Überlegungen anstellte, ob nicht Wien statt Brüssel die Hauptstadt des neuen vereinten Europas werden solle, weil diese für ganz Europa, für Ost und West Geltung haben müsse. Österreich, so forderte Madariaga, solle der „District of Columbia" Europas werden. Auf diese Weise wäre auch seine Neutralität in innereuropäischen Angelegenheiten gerechtfertigt ...[39]

Grenzüberschreitende geistige Begegnungen strebte der steirische Kulturreferent Hanns Koren mit der „Steirischen Akademie" (ab 1960) und der Dreiländerausstellung „Trigon" an. Kultur und Kunst wurden als Chance gesehen, die freundschaftlichen Beziehungen zwischen Österreich, Italien und Jugoslawien zu vertiefen und zu festigen. Drei Monate vor der Eröffnung der ersten „Steirischen Akademie" als Sommerakademie war in Belgrad ein Abkommen über den „Kleinen Grenzverkehr" mit Jugoslawien unterzeichnet worden.

Josef Krainer wusste um die Dynamik der Veränderungen und historische Gedenkstunden boten ihm oft Anlass, einen rhetorischen Bogen von der Vergangenheit über die Gegenwart in die Zukunft zu spannen. So sagte er zum Beispiel bei einer Jungbürgerfeier in Radkersburg zum 50. Jahrestag des Abwehrkampfes am 4. Februar 1969 Folgendes: „Nichts verläuft mehr in den gewohnten Bahnen. Alles vollzieht sich in einem stürmischen Tempo. Wer ängstlich ist und für sein eigenen Versagen die Schuld bei den anderen sucht, kommt nicht mehr mit."[40]

Sein Profil

1995 erschien im Manz-Verlag das Werk „Die Politiker". Die Herausgeber Herbert Dachs, Peter Gerlich und Wolfgang Müller ließen kompetente Autoren eine Art Porträt der Zweiten Republik zeichnen – am Beispiel von Karrieren und dem Wirken bedeutender Repräsentanten dieser Republik. Unter den Kriterien für die Auswahl dieser Persönlichkeiten war eines auch die bereits abgeschlossene politische Laufbahn. Es ist typisch, dass nur etwa ein Drittel dieser 75 Politiker aus den Bundesländern stammt und dass die Steiermark mit fünf Repräsentanten gut vertreten ist. Josef Krainer durfte in einer solchen Galerie natürlich nicht fehlen. Sein Porträt entwarf Wolfgang Mantl. Die anderen Steirer sind Hanns Koren, Alfons Gorbach, Alexander Götz und Jörg Kandutsch.

Josef Krainer hatte einen Gerechtigkeitssinn, „der nicht nur im Verstand daheim war" (Hanns Koren), und sein Gespür für die sogenannten „Kleinen Leut" war gut entwickelt. Er brauchte Kontaktfreude nicht zu spielen, wenn er „zu den Menschen" ging, wie das heute so schön heißt. Hanns Koren bescheinigte ihm auch „ein gebildetes Gewissen und eine unverbildete Intelligenz". Das waren gute Voraussetzungen für einen erfolgreichen Politiker, aber dieser Mann mit seinem manchmal aggressiven Charme war zudem ein politisches Naturtalent.

Als sein Chauffeur bei der Fahrt durch ein Dorf einmal ein verwirrtes Huhn gefährdete, tadelte ihn der Chef mit den Worten: „Paß auf, das gehört einem Wähler."[41] Und als ein ÖVP-Landtagsabgeordneter besonders angriffsfreudig auf den damaligen sozialistischen Finanzreferenten und Landeshauptmann-Stellvertreter Alfred Schachner-Blazizek losging und ihn als „Buchhalter des Landeshauptmannes" abwertete, wurde er von Krainer barsch zurechtgewiesen: „Ich laß meinen Stellvertreter nicht beleidigen."

Das eine Beispiel weist auf politischen Stil hin, das andere zeigt, dass Volksverbundenheit auch sehr pragmatisch sein kann.

Dieser Politiker aus Leidenschaft wollte gestalten, formen, ändern. Permanente Reform war für ihn die Voraussetzung einer wirksamen politischen Aktivität. Nichts beunruhigte ihn mehr als Stillstand in der Politik. Denn die war für ihn Wandel durch Dynamik, freilich ohne Vernachlässigung der Kontinuität.

„Politik ist nicht nur Fordern und Begehren, sondern schöpferische Führung und Neugestaltung, die keiner Generation erspart bleibt." Das sagte Krainer im April 1959. Er definierte Politik als Kunst. Sie verlange „frische Impulse und stets neue Einfälle." Sie erfordere auch „ganz bestimmte Kenntnisse und ist stets mehr als bloße Taktik". Das schließt die Taktik natürlich ein. Krainer liebte auch das Spiel in der Politik, aber er wusste, wann es ernst wurde.

Verantwortung, Aufrichtigkeit, Ehrlichkeit und Wahrheit sind Begriffe, die in seinen Reden immer wieder auftauchen. Sein Erfolg als Politiker aber lag darin, dass er den Eindruck vermittelte, bei ihm seien Reden und Handeln nicht Gegensätze, sondern eine Einheit. Dabei kam er ohne schwülstiges Sendungsbewusstsein aus. Als echter Konservativer war Krainer realitätsbewusst und ideologieskeptisch. Er war erfüllt vom Misstrauen des Bauern gegen das Abstrakte. „Kalte Verstandesmenschen gehören in den Gehirntrust", meinte er einmal. „An Führungsstellen können nur Männer mit einem großen Herzen, menschlichem Gefühl und Verständnis segensreich tätig sein."

Josef Krainer hat den Zusammenbruch von vier politischen Systemen erlebt: 1918 die Monarchie, 1933 die Demokratie in der Ersten Republik, 1938 der autoritäre Ständestaat und 1945 das Dritte Reich Adolf Hitlers. Nach dem Zweiten Weltkrieg hat Krainer manche Tat gesetzt, die demonstrieren sollte, dass das zerstörerische Gegeneinander in der Ersten Republik für ihn ein tiefgreifender Lernprozess gewesen ist.

Eine dieser Gesten war die Verleihung des Ehrenringes des Landes Steiermark an Dr. Karl Maria Stepan und an Norbert Horvatek am 23. Juni 1962. Bisher hatten diese hohe Auszeichnung vier Persönlichkeiten erhalten: Landeshauptmann Reinhard Machold, der Volksbildner Josef Steinberger, die Dichterin Paula Grogger und Altbundeskanzler Julius Raab.

In seiner Rede betonte Krainer, dass diese Ringverleihung das Zeichen für die Überwindung einer Zeit sei, in der sich Menschen verschiedener Lager und Anschauungen als Feinde gegenüberstanden. Karl Maria Stepan war in der Zeit des Ständestaates Bundesleiter der Vaterländischen Front und vom 5. November 1934 bis 1. März 1938 Landeshauptmann der Steiermark gewesen. Als prononcierter Gegner des Nationalsozialismus wurde Stepan während der Hitlerherrschaft fünf Jahre in Konzentrationslagern inhaftiert.

Norbert Horvatek gehörte zur alten Garde der Sozialdemokratie. Der einstige Oberlehrer war in der Zwischenkriegszeit Bürgermeister von Fohnsdorf und Nationalratsabgeordneter. 1934 teilte er das Los vieler Genossen: Er wurde seiner Ämter enthoben. Nach dem Krieg kam Horvatek in die Landesregierung und war von 1954 bis 1960 Landeshauptmann-Stellvertreter.

Krainer wies in seiner Rede darauf hin, dass es auch in der Zeit der erbitterten politischen Gegnerschaft Gemeinsamkeiten gegeben habe, die dann nach dem Schock des Zweiten Weltkriegs den Weg zur Zusammenarbeit erleichterten. So war es zum Beispiel Stepan gewesen, der im Jahr 1935 Horvatek wieder im Schuldienst untergebracht hatte.

Der Wille, politische Gräben der Vergangenheit zu überwinden, stand auch hinter dem Bemühen, die ehemaligen Nationalsozialisten wieder in das politische Leben zu integrieren; sie blieben 1945 bis 1949 vom Wahlrecht ausgeschlossen. Hauptzweck dieser Anstrengungen aber war es, dieses neue Wählerreservoir auszuschöpfen. Im Wettlauf um die „Ehemaligen" war die ÖVP erfolgreicher als die ebenfalls eifrige SPÖ. Vor allem auch deshalb, weil die Volkspartei mit dem ehemaligen KZ-Häftling Alfons Gorbach einen besonders glaubwürdigen Verfechter des Versöhnungswillens in ihren Reihen hatte.

Der Wagemut Krainers bei der Werbung um Personen, die das vorgeformte ÖVP-Spektrum erweitern helfen konnten, ging sehr weit: Anfang 1966 machte er auch dem ehemaligen SPÖ-Innenminister und Gewerkschaftspräsidenten Franz Olah den Vorschlag, als Parteiunabhängiger auf der Liste der ÖVP zu kandidieren. Olah war nach heftigen parteiinternen Auseinandersetzungen unter dem abstrusen Vorwand der „Mitarbeit an nichtsozialistischen Presseerzeugnissen" am 16. September 1964 aus der SPÖ ausgeschlossen worden und hatte eine eigene Partei, die Demokratisch-Fortschrittliche Partei (DFP), gegründet. Er lehnte das Ansinnen Krainers ab – so wie er schon vorher ein ähnliches Angebot der FPÖ abgelehnt hatte.[42] Trotz aller Gegensätze gab es mit diesem SPÖ-Dissidenten, der mit ÖGB-Geldern entscheidend mitgeholfen hatte, die „Kronen-Zeitung" zu gründen, die eine oder andere Gemeinsamkeit. Der politische Stil Olahs galt als „mediengerecht, pragmatisch und lagerübergreifend".[43] Wie Krainer hatte Franz Olah auch immer wieder Kontakte mit der FPÖ gepflegt.

Josef Krainer war Politiker in einer „Schwellenzeit": Aufgeschlossen dem Neuen gegenüber, das sich in unbestimmten Konturen herausformte, aber tief geprägt von einer Politikvorstellung, die heute weitgehend in Vergessenheit geraten ist. Beim Landesparteitag der Steirischen Volkspartei am 12. April 1969 bekannte er sich zu einer ausgleichenden „Funktion der Politik", die auch darin bestehen sollte, „nicht allen alles zu geben und zu allem ja zu sagen: „Bei nicht erfüllbaren Wünschen sei ein redliches Nein ... ein Teil der notwendigen Wahrheit in der Politik."[44]

Und acht Jahre vorher hatte Josef Krainer in einer Landtagsrede um den Segen des Herrgotts gebeten, „damit wir neue Werte schaffen können". Die Geschichte sei nämlich ein unbarmherziger Richter, stellte der Landeshauptmann fest: „Sorgen wir dafür, daß wir um der Menschen willen vor ihr bestehen können ..."

1 Hanns Koren, Max Mayr, Kurt Wimmer: Josef Krainer — Ein Leben für die Steiermark. Graz, Wien, Köln 1981. Herwig Hösele hat zu diesem Band ein Kalendarium (S. 188–211) beigesteuert, das in biographischen Details mehrfach benützt wurde.
2 Zusammengestellt nach Gerhard Botz: Gewalt in der Politik. München 1976.
3 Botz, S. 247 ff.
4 Walter Kleindel: Österreich – Daten zur Geschichte und Kultur. Wien 1995, S. 343.
5 Koren, Mayr, Wimmer, S. 50.
6 Stefan Karner: Die Steiermark im Dritten Reich 1938–1945. Graz, Wien 1986, und Stefan Karner: Die Steiermark im Jahre 1945. Tonband-Skript einer ORF-Rundfunksendung (Studio Steiermark) v. 4. 12. 1984.
7 Karner, Die Steiermark im Dritten Reich, S. 427.
8 Rundfunkrede zum 20. Jahrestag der Proklamation der Zweiten Republik. In: Johannes Kunz (Hrsg.): Josef Krainer – Ansichten des steirischen Landesvaters. Wien 1993, S. 119 f.
9 Ernst Hanisch: Der lange Schatten des Staates. Österreichische Geschichte 1890–1990, Wien 1994, S. 426.
10 Wilfried Mähr: Der Marshallplan in Österreich. Graz, Wien, Köln 1989, S. 14.
11 Kunz, S. 74.
12 Joseph Marko: Parteien und Wahlen in der Steiermark. In: Herbert Dachs (Hrsg.): Parteien und Wahlen in Österreichs Bundesländern. Wien, München 1992, S. 396 f.
13 Wolfgang Mantl: Josef Krainer. In: Herbert Dachs, Peter Gerlich, Wolfgang C. Müller (Hrsg.): Die Politiker. Wien 1995, S. 338.
14 Marko, S. 400.
15 Kunz, S. 187 f.
16 Kunz, S. 132.
17 Alexander Vodopivec: Die Quadratur des Kreisky. Wien, München, Zürich 1973, S. 165 f.
18 Franz Summer: Das VOEST Debakel. Wien 1987, S. 43.
19 Franz Olah: Die Erinnerungen. Wien, München, Berlin 1995, S. 155.
20 Manfried Rauchensteiner: Der Sonderfall. Graz, Wien, Köln 1979, S. 303.
21 Manfried Rauchensteiner: Die Zwei. Die Große Koalition in Österreich 1945–1966. Wien 1987, S. 428
22 Karl Gruber: Ein politisches Leben. Wien, München, Zürich, o. J., S. 193.
23 Ludwig Reichhold: Geschichte der ÖVP. Graz, Wien, Köln 1975, S. 323 f.
24 Norbert Leser: Elegie auf Rot. Wien, Klosterneuburg 1998, S. 88.
25 Heinrich Drimmel: Die Häuser meines Lebens. Wien, München 1975, S. 340.
26 Rauchensteiner: Die Zwei, S. 450.
27 Herbert Dachs: Abschied vom Parteienstaat oder das Ende der Gemütlichkeit. Österreichs Parteiensystem 1945–1995. In: Johann Burger, Elisabeth Morawek (Hrsg.): Entwicklungslinien der Zweiten Republik. Sonderband der Halbjahresschrift „Informationen zur Politischen Bildung", hrsg. v. Bundesministerium für Unterricht und kulturelle Angelegenheiten, Wien 1995, S. 24.
28 Reichhold, S. 375.
29 Hanisch, S. 461.
30 Josef Klaus: Macht und Ohnmacht in Österreich. Wien, München, Zürich 1971, S. 486.
31 Rauchensteiner: Die Zwei, S. 399.
32 Robert Kriechbaumer: „Österreichs Innenpolitik 1970–1975". München 1981, S. 27.
33 Theodor Piffl-Perčević: Zuspruch und Widerspruch. Graz, Wien, Köln 1977, S. 203 u. 220.
34 Kriechbaumer, S. 298.
35 Koren, Mayr, Wimmer, S. 97.
36 Koren, Mayr, Wimmer, S. 179 f.
37 Klaus, S. 235 f.
38 Koren, Mayr, Wimmer, S. 141.
39 Salvador de Madariaga: Weltpolitisches Kaleidoskop. Zürich 1965, S. 119 f.
40 Kunz, S. 113.
41 Diesen und auch die folgenden Zitate, soweit nicht anders ausgewiesen, aus dem Beitrag „Ein politisches Profil" von Kurt Wimmer, in: Koren, Mayr, Wimmer: Josef Krainer -- Ein Leben für die Steiermark.
42 Olah, S. 292.
43 Manfred Lechner: Franz Olah. In: Die Politiker, S. 431.
44 Kunz, S. 155.

Herwig Hösele

Friedrich Niederl –
Die große politische Überraschung

Als am 28. November 1971, dem ersten grauen Adventsonntag des Jahres, der populäre steirische Landesvater Josef Krainer bei der Jagd in Allerheiligen bei Wildon dem plötzlichen Herztod erlag, stellten sich viele die bange Frage, wie es in der Steiermark politisch weitergehen werde. Denn am 1. März 1970 hatten die Sozialdemokraten mit Bruno Kreisky bei den Nationalratswahlen sowohl bundesweit als auch in der Steiermark die Mehrheit errungen. Die Ära von 25 Jahren VP-Bundeskanzlern ging damit zu Ende. 14 Tage später, am 15. März 1970, sicherte Josef Krainer bei der Landtagswahl der Steirischen Volkspartei nochmals die Mehrheit – was zum überwiegenden Teil als seine persönliche Leistung gewertet wurde. Bei den vorgezogenen Nationalratswahlen im Oktober 1971 konnte Bundeskanzler Bruno Kreisky für die SPÖ die absolute Mehrheit auf Bundesebene erzielen und auch in der Steiermark nochmals zulegen.

Wie also sollte die Steiermark nach dem Tod der Ausnahme-Persönlichkeit Josef Krainer, der das Land 23 Jahre geführt hatte, in einer solchen politischen Konstellation auch nach den nächsten Landtagswahlen einen ÖVP-Landeshauptmann stellen? In Josef Krainers Brieftasche fand sich ein Zettel mit testamentarischen Verfügungen privater und politischer Natur.

Dort stand zu lesen: „Doktor Niederl soll Landeshauptmann werden. Er ist der Verlässlichste und Beste. Mit ihm kann man die Steiermark politisch halten." So geschah es auch. Am 10. Dezember 1971 wurde Friedrich Niederl vom Landtag zum Landeshauptmann der Steiermark gewählt und er übte dieses Amt bis zum 4. Juli 1980 aus. 1974 und 1978 gewann er als Spitzenkandidat der Steirischen Volkspartei die Landtagswahlen fulminant.

Wer war dieser Friedrich Niederl, dem diese politische Karriere wahrlich nicht in die Wiege gelegt worden war, dessen Lebensweg viel mehr beispielhaft für die Offenheit und Vitalität der österreichischen Demokratie nach 1945 ist und zeigt, wie man es aus einfachsten Verhältnissen mit Fleiß und Begabung in Führungsaufgaben der Landesverwaltung und dann überhaupt an die Spitze des Landes schaffen kann? Es ist fast symbolträchtig, dass Niederl auf der „Hungerleiten" geboren wurde und erst später auf die „Sonnseite" kam.

Friedrich Niederl wurde am 15. Juli 1920 in Treglwang im obersteirischen Bezirk Liezen bei der Liegenschaft „Hungerleiten" als lediges Kind der Josefa Niederl geboren. Die Mutter stammte aus St. Oswald in Kärnten. Friedrich Niederl war zunächst bis zum Jahr 1921 bei der Liegenschaft vulgo Wirt in Au, Gemeinde Gaishorn, wohnhaft und vom Jahr 1921 bis 1926 beim Anwesen vulgo Hinteregger in Lassing bei Selzthal Sonnseite – alles im Bezirk Liezen. 1926 heiratete Friedrich Niederls Mutter Vinzenz Maxonus, im selben Jahr erwarb das Ehepaar auf dem Lassinger Sonnberg eine Keusche mit Grundstücken. Niederls Stiefvater Maxonus war überdies als Bahnarbeiter im Eisenbahnerknoten Selzthal tätig und Sozialdemokrat. Außerdem bewirtschaftete Josefa Niederl nebenbei den frauenlosen Wirtschaftsbetrieb vulgo Madl auf der Lassinger Sonnseite. Über seine Jugend sollte Friedrich Niederl später Folgendes sagen: „Wir waren daheim gar keine Bauern, das schreiben die heute, anscheinend klingt es so besser. Wir waren Keuschler! Aber das war alles andere als eine unglückliche Jugend. Arm ja, das waren wir, das schon, aber ich hatte daheim eine glückliche, eine lebendige, keine verschlafene Kindheit. Allein der tägliche lange Schulweg den Berg hinunter war für uns Tag für Tag eine einzige Hetz."

Er besuchte von 1926 bis 1930 die Volksschule in Selzthal und 1930 bis 1934 die Hauptschule in Rottenmann. Friedrich Niederl lernte in seiner Jugend bereits das Schicksal der unglücklichen Ersten Republik Österreich „hautnah" kennen. Politische Konfrontation, Bürgerkrieg, Arbeitslosigkeit, Massenelend. So wurde im 34er-Jahr ein sozialdemokratischer Freund des Stiefvaters verhaftet, so musste sich Friedrich Niederl selbst oft auf erfolglose Stellensuche machen.

Seit seinem vierzehnten Lebensjahr jedenfalls arbeitete Friedrich Niederl 1934 bis 1936 als Landarbeiter in Lassing bzw. bei Gleinstätten in der Weststeiermark. Um seinen unbändigen Bildungsdrang zu stillen, übersiedelte er im Oktober 1936 nach Graz, war unter anderem Petrolgasofenkassier und Kofferträger, besuchte nebenbei die Privathandelsschule Horneck in der Bürgergasse Nr. 4 und die Abendmatura-Schule Dr. Weybora am Freiheitsplatz. Am 7. März 1939 legte er die Externisten-Reifeprüfung an der Grazer Handelsakademie ab.

Im März 1938 erfolgte der Anschluss Österreichs an Hitler-Deutschland, das sogenannte „Dritte Deutsche Reich", und Niederl wurde vom 1. April 1939 bis zum 15. November 1939 zum Reichs-Arbeitsdienst in Hartberg und Goritz bei Radkersburg als Arbeitsmann eingezogen. Dann kehrte er wieder in seine Liezener Heimat zurück und begab sich erneut auf Stellensuche. Vom 18. Dezember 1939 bis zum 27. April 1940 war er Bankangestellter bei der Volksbank Rottenmann und dann hilft ihm ein Zufall bei der Arbeitsuche. Er verwechselt bei seinen täglichen Versuchen zwei Türen desselben Hauses, kommt statt zum Arbeitsamt ins Landratsamt Liezen (so hieß die Bezirkshauptmannschaft zwischen 1938 und 1945), fragt nach Arbeit und kann am nächsten Tag gleich im Landratsamt anfangen.

Das Deutsche Reich hat mittlerweile am 1. September 1939 den Zweiten Weltkrieg vom Zaun gebrochen und braucht Soldaten. So wird Friedrich Niederl am 1. August 1940 zur Deutschen Wehrmacht eingezogen, der er fast fünf Jahre bis zum Kriegsende angehörte. Er war als Soldat in Rumänien, Bulgarien, Griechenland und an der Eismeer-Front. Niederl erhielt mehrere Kriegsauszeichnungen, darunter das Eiserne Kreuz II. Klasse, und wurde am 1. März 1945 zum Leutnant der Reserve ernannt. Am 1. Mai 1945 – wenige

Tage vor der deutschen Kapitulation am 8. Mai – geriet er in Salzburg in amerikanische Kriegsgefangenschaft.

Noch während des Krieges heiratete er am 23. Februar 1944 Josefine, die Tochter des Kaufmannes Josef und dessen Gattin Theresia Hicka aus seiner Heimatgemeinde Lassing bei Selzthal. Der legendäre steirische Kulturpolitiker und Landtagspräsident Hanns Koren, lange Jahre politischer Weggefährte Friedrich Niederls, schreibt über diese Eheschließung: „Die Mutter Niederl war glücklich darüber und stolz zugleich. Dass ihr Sohn, der Keuschlerbub von einst, in eine Bürgersfamilie, eine der ersten im Dorf, hineingeheiratet hat, war für sie das sichtbare Zeichen des sozialen Aufstiegs."

Am 18. Juni 1945 kam Friedrich Niederl aus der Kriegsgefangenschaft zurück. Da die Steiermark erst Ende Juli 1945 zur britischen Besatzungszone wurde, war unser Bundesland zu diesem Zeitpunkt fünffach besetzt: russisch, britisch, amerikanisch, bulgarisch und von den Tito-Partisanen. Eine Besatzungszonengrenze im Juni 1945 verlief mitten durch Friedrich Niederls Lebens- und Arbeitswelt. Seine am Berg gelegene Heimatgemeinde Lassing war russisch besetzt, der Schwiegervater war Parteiobmann der ÖVP und er selbst Organisationsreferent und Kassier. Die Bezirkshauptstadt Liezen und das gesamte Ennstal wiederum waren amerikanisch besetzt. Bei der Bezirkshauptmannschaft in der Stadt Liezen hatte sich Niederl unmittelbar am nächsten Morgen nach der Rückkehr aus der Kriegsgefangenschaft als Bediensteter wieder zurückgemeldet.

Niederl lernt in diesen Wochen und Monaten erstmals die elementaren Begriffe der Demokratie kennen und engagiert sich politisch, was für die sich in den Kinderschuhen befindliche österreichische Demokratie und das Gelingen des beginnenden Wiederaufbauwerkes, bei dem die richtigen Lehren aus der leidvollen Vergangenheit zu ziehen sind, besonders wichtig ist. Denn viele junge Menschen fühlen sich durch Krieg und NS-Regime in ihrem Idealismus missbraucht, bleiben daher politikabstinent oder sie sind „politisch belastet". Aber Niederl, der selbst nie, nicht eine Sekunde, in irgendeinem Kontakt mit der NSDAP gestanden war, setzte sich gemeinsam mit einem Kriegskameraden für einige Menschen ein, die während des Dritten Reiches kleine Beamte in Liezen gewesen waren und deswegen nun entlassen werden sollten. Niederl und sein Kamerad überzeugten sich, dass hier die Falschen getroffen wurden, dass Unschuldigen die Arbeitslosigkeit drohte.

Die beiden Freunde starteten ihre erste politische Initiative – sie halfen den Betroffenen. Niederl erinnert sich: „Jetzt waren wir die Personalvertreter der Bezirkshauptmannschaft und haben natürlich sofort alle Entlassungen rückgängig gemacht. Es hat mir zweimalige Verhaftungen durch die FSS eingebracht, das war der englische Geheimdienst. Es ist viel denunziert worden in dieser Zeit, ich wurde beschuldigt, daß alle Ehemaligen bei der Bezirkshauptmannschaft bleiben könnten oder angestellt würden, was natürlich nicht gestimmt hat, nur sind diese Leute, die absolut nichts angestellt hatten, dadurch geblieben oder wiedereingestellt worden. Das hat uns begeisterte ÖVPler eingebracht, mit ihren Familien, die sind natürlich mit ihrem ganzen Anhang zur ÖVP gegangen. Damals war es auch, daß aus Graz die Anfrage kam, man höre, daß mein Kollege Polzer und ich Personalvertreter seien, dies sei aber nur möglich, wenn man Mitglied einer politischen Partei sei. Wir hatten uns da nie gekümmert, ob das jetzt ÖVP oder SPÖ war bei der Bezirkshauptmannschaft. Jetzt sind wir dagesessen und haben uns gefragt: Was machen wir? Ja, sage ich, ich tendiere zur ÖVP und der Polzer zur SPÖ. So war das damals."

Ein weiteres Schlaglicht auf die Pionierphase der österreichischen Demokratie wirft das Faktum, dass Niederl bald nicht nur Stadtparteiobmann der Liezener Volkspartei, sondern mit den Stimmen der mehrheitlich sozialistischen Delegierten auch Bezirksobmann des Gewerkschaftsbundes wurde. Diese Gewerkschaftsfunktion hatte er allerdings nur sechs Wochen inne, da er bei einer Tagung in Graz, bei der „Genossinnen und Genossen" begrüßt wurden, protestierend aufgestanden und hinaus gegangen war. Und dies ist die Erklärung für seinen Protest: „Ich habe nicht geglaubt, dass das eine Parteiveranstaltung ist. Ich habe geglaubt, das ist eine Gewerkschaftsveranstaltung."

Niederl, der zahlreiche ÖVP-Mitglieder warb und sich ohne formelle Parteimitgliedschaft und Parteibuch für die VP einsetzte und erst Jahre später diesen „Formfehler" behob, wurde daraufhin auch Obmann der VP-Arbeitnehmerorganisation des ÖAAB in Liezen und war auch mehrere Jahre hindurch Gemeinderat der Stadtgemeinde.

In der Bezirkshauptmannschaft Liezen lernte er Dr. Alfred Rainer kennen, einen doppelt beinamputierten, schwer Kriegsversehrten, mit dem er heftig politisch diskutierte, ehe dieser der ÖVP beitrat. Rainer wurde bald einer der führenden Politiker der Steirischen Volkspartei, u. a. Landtagsabgeordneter, Mitbegründer des „Ennstaler Kreises", eines hochkarätigen Diskussionszirkels vor allem führender Intellektueller des früheren „nationalen Lagers", später auch Landesparteisekretär. Niederl zu weiteren Werbeversuchen für die Volkspartei: „Und noch einer ist mir aufgefallen, der Karl Lackner aus Donnersbach. Der hat damals eine Mehrheit von ungefähr 70 Prozent oder noch mehr gehabt als parteiloser Bürgermeister. Das hat mich natürlich interessiert. Ich habe viele Gespräche mit ihm geführt, auch das war nicht einfach, und bei einem Fußmarsch von Donnersbach auf die Planneralm, der hat immerhin vier Stunden gedauert, hat er dann nachher die Beitrittserklärung zur ÖVP unterschrieben. Lackner war später lange Jahre VP-Landtagsabgeordneter. Der dritte, den ich werben wollte, war der Karl Wimmler, der später FPÖ-Abgeordneter wurde, der ist mir immer ausgewichen. Daraufhin habe ich in meiner Wohnung ein Schloß machen lassen, er war ja Schlossermeister. Da hat er nicht mehr davonkönnen, es ist ihm nicht gelungen!"

Niederl selbst wurde 1949 als Landtagskandidat aufgestellt, er weigerte sich aber, die übliche Blanko-Mandats-Verzichtserklärung zu unterschreiben, so dass er schließlich von der Liste gestrichen wurde.

Im Juli 1948 legte er die Prüfung aus Staatsrechtswissenschaften und die Latein-Ergänzungsprüfung an der Universität Graz ab, im November 1948 konnte er dann das Jus-Studium an der Universität Graz aufnehmen. Jeden Mittwoch steht er um drei Uhr früh auf, fährt mit dem Zug nach Graz, studiert an der Universität, fährt freitags zurück nach Liezen und arbeitet weiter in der Bezirkshauptmannschaft, auch samstags und sonntags. Durch diese Vergünstigung kann er sein Studium überhaupt bewältigen, das er 1951 mit der Promotion erfolgreich abschließt. Zwischenzeitlich war er nach Graz in die Rechtsabteilung 10, die Landesfinanzabteilung des Amtes der Landesregierung, versetzt worden. Vom 1. Jänner 1952 bis 31. Dezember 1959 war er wieder Bediensteter der Bezirkshauptmannschaft Liezen.

Niederl fungierte auch als Obmann der Katholischen Aktion des Katholischen Bildungswerkes in Liezen und lernte in dieser Zeit den damaligen Generalsekretär der Katholischen Aktion Steiermark, seinen späteren politischen Mitstreiter und Nachfolger Dr. Josef Krainer, den Sohn des seit 1948 amtierenden Landeshauptmannes, kennen. Er lud ihn zu einer Veranstaltung der Katholischen Aktion nach Liezen ein. „Er hatte geredet und hatte damals unter den Leuten schon eine große Begeisterung verursacht. Da war er ein ganz junger Bursche, Student war er halt noch."

Zu Jahresbeginn 1960 – noch nicht 40-jährig – wird Friedrich Niederl, der dank seines Fleißes und seiner initiativen und unbürokratischen Art offensichtlich auch das Interesse höchster Kreise der Landesregierung in Graz auf sich gelenkt hatte, zum Bezirkshauptmann ins oststeirische Feldbach berufen. Feldbach ist mit einer flächenmäßig klein strukturierten Landwirtschaft politisch „urschwarze" ÖVP-Kernregion (bei den Landtagswahlen 1957 hatte die VP in Feldbach 75,3 Prozent, die SP 18,6 Prozent erzielt, in Niederls vorherigem Betätigungsfeld, seiner Heimat Liezen, hingegen – dem flächenmäßig mit Abstand größten Bezirk der Steiermark, größer als Vorarlberg – stand es 40,9 Prozent VP zu 50,4 Prozent SP und landesweit 46,4 Prozent VP zu 43,6 Prozent SP).

Friedrich Niederl prägt als Bezirkshauptmann mit überaus jugendlichem Aussehen einen neuen Stil. Es gibt auf einmal Gemeindesprechtage. Als neuer Bezirkshauptmann fährt er jede Woche ein- bis zweimal hinaus in die Gemeinden, um die Probleme dieses Bezirkes wirklich aus nächster Nähe kennenzulernen und um besser helfen zu können. Das spüren die Feldbacher sehr bald. Einer der mächtigsten Bezirksbewohner, der steirische und österreichische Bauernbund- und Landwirtschaftskammerpräsident, Dritter Nationalratspräsident Josef Wallner, wird auf Friedrich Niederl sehr positiv aufmerksam.

Fünf Jahre ist Friedrich Niederl Bezirkshauptmann dieses neuen Typs, da erliegt im Februar 1965 mitten im Landtagswahlkampf der aus Fürstenfeld stammende Agrar- und Wohnbaureferent der Landesregierung, Landesrat Ferdinand Prirsch, einem schweren Krebsleiden. Friedrich Niederl wird nach Graz bestellt und glaubt, er erhalte eine Berufung als Abteilungsvorstand ins Amt der Landesregierung. Als ihm Landeshauptmann Josef Krainer aber eröffnet, dass er Agrar- und Wohnbaulandesrat werden soll, antwortet Niederl: „Das kann ich nicht." Nach längerem Hin und Her willigt er ein, besteht aber auf ein Rückkehrrecht in die Bezirkshauptmannschaft Feldbach. Auf die Frage Krainers, was denn sonst sein Lebensziel wäre, ewig könne er ja doch nicht in Feldbach bleiben, antwortet Niederl kurz und ehrlich: „Wenn einmal Liezen frei wird, will ich in meinem Heimatbezirk Bezirkshauptmann werden."

Erstmals in der Geschichte der steirischen Landespolitik stand mit Friedrich Niederl ein Nicht-Bauer an der Spitze des Agrarressorts. Sehr wohl hat er aber durch seine Herkunft und seine Tätigkeit in der Bezirkshauptmannschaft ein waches Sensorium für die Probleme der Landwirtschaft, aber auch des Wohnbauwesens entwickelt. Beiden Ressorts widmete er sich mit besonderer Hingabe.

Bei der Wohnbauförderung beschreitet Niederl neue Wege. „Weg von der Objektförderung! Subjektförderung, die dem einzelnen Wohnungswerber angepasst ist." Das ist die Devise des neuen Landesrates, die er übrigens nicht nur in Graz vertritt. Das Wohnbauförderungsgesetz 1968 hat Niederl maßgeblich mitgestaltet. Die steirische Förderung des Eigenheimbaues mit ihrer breiten Streuung und der besonderen Berücksichtigung der Jungfamilien wird beispielgebend für Österreich. Ein Sonderprogramm des Landes Steiermark zur Wohnraumbeschaffung in Industriegemeinden und Ballungszentren erregt Aufsehen. Im Agrarreferat kümmert sich Niederl besonders um die Benachteiligten, um die Bergbauern genauso wie ums Grenzland. Maßgebliche Gesetze gehen auf seine Vorlagen zurück.

Die Landtagswahl am 14. März 1965 brachte übrigens für Landeshauptmann Josef Krainer mit dem frisch gebackenen Landesrat Niederl und die Steirische Volkspartei bei 48,4 Prozent der Stimmen 29 Mandate und damit erstmals auch die absolute Mehrheit der insgesamt 56 Landtagsmandate.

Bei den 14 Tage nach der Nationalratswahl, die den Machtwechsel in Österreich brachte, stattfindenden schwierigen Landtagswahlen vom 15. März 1970 konnte Krainer noch um 0,2 Prozent auf 48,6 Prozent zulegen, erzielte damit sein stimmenmäßig bestes Ergebnis, verlor aber durch die Wahlarithmetik ein Mandat und kam auf 28 Mandate. Dieses Ereignis wurde nach der Wahlniederlage der Volkspartei auf Bundesebene dennoch zu Recht als ganz großer Erfolg angesehen.

In den Wochen darauf vollzog sich nunmehr die wohl entscheidende Weichenstellung für das politische Leben Friedrich Niederls, der schwere innerparteiliche Auseinandersetzungen vor allem zwischen Landeshauptmann Josef Krainer und dem ÖAAB-Landesobmann und Landesrat Franz Wegart vorausgingen, der sich als der eigentliche Nachfolger Krainers sah. So dauerte es mehrere Wochen, bis Krainer sein Regierungsteam neu formieren konnte. Der bisherige Landeshauptmannstellvertreter Hanns Koren wurde

Friedrich NIEDERL als „frischgebackener" Ehrensenator der Grazer Universitäten.

Friedrich NIEDERL packte auch als Landeshauptmann kräftig zu.

*Staatsbesuch in Graz (von rechts): Friedrich NIEDERL, der deutsche Bundes-
präsident Walter SCHEEL, Kurt JUNGWIRTH, der österreichische Bundespräsident Rudolf KIRCHSCHLÄGER und Zeughaus-Direktor Peter KRENN.*

133

Landtagspräsident, an seiner Stelle schlug Krainer Friedrich Niederl als Landeshauptmannstellvertreter vor. Eine Position, die Franz Wegart für sich reklamierte.

Friedrich Niederls Erinnerung: „Da bin ich draußen auf und ab marschiert im Landhaus, das hat eineinhalb Stunden ungefähr gedauert. Ich habe dann gehört, daß der Landeshauptmann Krainer sogar mit seinem Rücktritt gedroht hat, wenn ich nicht Landeshauptmann-Stellvertreter werde. Dann hat mich Dr. Günther Ziesel vom ORF interviewt und hat gesagt: Aha, Sie sind der nächste Landeshauptmann. Dann habe ich gesagt: Nein, der nächste Landeshauptmann bin ich nicht, denn ich bin heut' 50 Jahre. Nach dem Zustand des LH Krainer mit seiner Vitalität und seinem Ansehen macht er mindestens noch zwei Perioden, dann bin ich 60 und mit 60 gehe ich. Daraufhin hat Dr. Ziesel nachgebohrt und ich habe gesagt: Schauen Sie, der Landeshauptmann Krainer ist ein lärchener Stipfel.“

Friedrich Niederl hat damit den Begriff „lärchener Stipfel“ für Josef Krainer geprägt, ein Begriff, der bald in ganz Österreich die Runde macht und später auch als Titel eines Anekdotenbuches dient. Über Josef Krainers Beziehung zu Friedrich Niederl schreibt Hanns Koren: „Er schätzte und liebte ihn wie einen jüngeren Bruder oder Sohn, wie einen eben, der aus dem gleichen Holz geschnitzt, nein gewachsen war. Es wird wohl lärchenes Holz gewesen sein.“

Trotz seiner Bestellung zum Landeshauptmann-Stellvertreter bat Friedrich Niederl Josef Krainer weiterhin mehrfach, ihn für die Bezirkshauptmannschaft Liezen vorzusehen. Der Bezirkshauptmann seines Heimatbezirkes Liezen schien ihm immer noch die Krönung zu sein. In diesem Sinne wurde schließlich auch ein Beschluss der Landesregierung gefasst.

Noch am Tag vor jenem 28. November 1971, an dem Josef Krainer bei der Jagd starb, hatte Niederl bezüglich des Landesbudgets eine Arbeitsbesprechung mit dem Landeshauptmann. Niederl: „Er hat mich am Samstag vormittag um halb elf noch zu sich gebeten, weil das nächstjährige Budget dran war und ich war viel in der Ausschußarbeit drinnen. Er kam gerade vom Landestag der Jungen ÖVP. Es war die Ehrenringverleihung an den Präsidenten Wallner und da hat er mich gefragt, was ich so mache. Ich habe gesagt, ich gehe morgen ‚Gams jagen‘ nach Hall bei Admont, und er hat gesagt, er geht auch jagern. Ich habe dann auf der Jagd die Nachricht bekommen, daß er gestorben ist.“

Niederl war sich dessen bewusst, dass die Nachfolgefrage auf ihn zulief. Demnach lehnte er in den Tagen darauf in internen Gesprächen trotz Kenntnis des letzten Willens von Josef Krainer die Übernahme des Amtes als Landeshauptmann strikt ab – neben allen von ihm bereits in den letzten Jahren vorgebrachten Argumenten – , auch, weil er sich dachte, „der das macht, der ist in wenigen Monaten kaputt". Der Schlüssel zur Landeshauptmann-Entscheidung lag dann aber in einer Besprechung in der Grazer Hamerlinggasse in der Wohnung des Präsidenten Wallner, bei der neben dem Bauernführer auch Landwirtschafts- und Kammeramtsdirektor Hofrat Dr. Alfred Holzinger – eine graue Eminenz der steirischen Politik – und der Sohn des verstorbenen Landeshauptmannes, Bauernbunddirektor NAbg. Dr. Josef Krainer, anwesend waren. Niederl führte dabei immer wieder ins Treffen, dass er sich gesundheitlich nicht in der Lage fühle, das Amt auszuüben. Er habe Herzbeschwerden. Dr. Josef Krainer hatte daraufhin eine Untersuchung und ein ärztliches Attest verlangt. Kammeramtsdirektor Holzinger reagierte überhaupt noch schärfer und soll gesagt haben: „Wenn das so ist, dann kannst du sofort gehen, dann brauchen wir dich nicht mehr." Nach langem Zureden, insbesondere auch des an sich wortkargen Wallner, erklärte sich Niederl zur Landeshauptmann-Kandidatur bereit.

In den Tagen darauf sprachen sich auch Wirtschaftsbundobmann Landesrat Anton Peltzmann und der ÖAAB-Obmann Franz Wegart für Niederl aus, womit die drei großen VP-Bünde einheitlich hinter Niederl standen.

Eine große Hürde war aber noch nicht genommen. Niederl hatte sich ausbedungen, dass Dr. Josef Krainer aus dem Nationalrat aus Wien zurückkommen und in die Landesregierung als Landesrat eintreten solle, um ihn in der Regierungsarbeit zu unterstützen und um ihn später auch als geschäftsführender Landesparteiobmann in der Parteiarbeit und politischen Strategie zu entlasten. Da viele die dahinter stehende Absicht unterstellten, Niederl sollte bestenfalls eine Übergangslösung für zwei bis drei Jahre sein, bis Dr. Josef Krainer seinem Vater im Amt nachfolgen könne, gab es vielerlei Widerstände im VP-Landesparteivorstand und im Landtagsklub. Schließlich wurde Friedrich Niederl am 10. Dezember 1971 zum Landeshauptmann gewählt. Als Landeshauptmann behielt er sich das Wohnbauressort und wurde zugleich Gemeindereferent, Landesrat Franz Wegart rückte zum Landeshauptmannstellvertreter auf und Dr. Josef Krainer wurde Agrar- und Bautenlandesrat.

Schon wenige Wochen nach seinem Amtsantritt musste sich der frisch gebackene Landeshauptmann Friedrich Niederl mit den großen Aufgaben des Landes auseinandersetzen. Verhandlungen mit der Bundesregierung über das Regionalprogramm Aichfeld-Murboden und über die Obersteiermark im Allgemeinen im Zusammenhang mit der notwendigen und schwierigen Umstrukturierung der verstaatlichten Eisen- und Stahlindustrie standen am Programm. Niederl gab aber auch ein eigenes Regionalprogramm für die Oststeiermark in Auftrag.

Am 18. März 1972 vollzog die Steirische Volkspartei die endgültige Wachablöse. Niederl wurde mit 96 Prozent und Krainer mit 93 Prozent der abgegebenen Stimmen zum Landesparteiobmann und zum geschäftsführenden Landesparteiobmann gewählt und in großen Lettern prangte das Motto „Modell Steiermark – Dienst am Menschen – Dienst am Raum" an der Stirnseite des Redoutensaals des Grazer Schauspielhauses.

Ein kritischer Beobachter der steirischen Szene, der Chefredakteur der „Kleinen Zeitung", Fritz Csoklich, kommentierte diesen Parteitag so: „Mit der Wahl der neuen Parteispitze der Steirischen Volkspartei ist offensichtlich mehr geschehen als eine übliche Wachablöse. Mit dem ‚Gespann' Niederl/ Krainer könnte es der Volkspartei der Steiermark gelingen, den Schlag zu überwinden, den diese Partei durch den Tod des Landeshauptmannes Krainer hinnehmen mußte ... Zum erstenmal nach der für die ÖVP so verhängnisvollen Wahlniederlage im März 1970 (Nationalratswahl) ist jedenfalls wenigstens in einem regionalen Bereich eine durchschlagskräftige, starke neue Mannschaft an die Spitze gestellt worden ... Niederl wirkt offenkundig durch seine Ehrlichkeit, Schlichtheit und auch Treuherzigkeit, mit der er sogar handfeste Polemik zu verbinden weiß. Der Parteitag der Steirischen VP hat bewiesen, daß die Steiermark einen Landeshauptmann hat, der stärker ist, als man sich noch vor wenigen Wochen oder Monaten vorstellen konnte."

„Modell Steiermark" – das war auch der Schlüsselbegriff der politischen Programmatik der Steirischen Volkspartei und Friedrich Niederls.

Die Arbeitsteilung – Friedrich Niederl nur formeller Parteiobmann mit dem geschäftsführenden Obmann Josef Krainer – brachte auch für das Rollenbild des Landeshauptmannes einen wesentlich erweiterten Spielraum. Niederl konnte das Amtsverständnis eines Landeshauptmannes für alle Steirerinnen und Steirer verstärkt betonen, eines Landeshauptmannes, der über den parteipolitischen Scharmützeln steht und die Interessen des ganzen Landes wahrnimmt. Niederl konnte sich auch aus innerparteilichen Auseinandersetzungen, etwa bei Nominierungen, heraushalten und diese Aufgaben dem geschäftsführenden Obmann und dem Landesparteiobmann überlassen. Gleichzeitig konnte der Landeshauptmann, wann immer es sinnvoll erschien, insbesondere bei öffentlichkeitswirksamen Konfrontationen mit der Bundespartei, als Landesparteiobmann das Wort ergreifen. Dieses Rollenspiel kam einerseits dem Wesen Friedrich Niederls sehr entgegen, hatte andererseits aber vor allem überaus positive Auswirkungen auf das öffentliche Image des Landeshauptmannes.

Ende der 60er-Jahre – in einer Zeit, in der im bürgerlich-konservativen Lager die Worte „Plan" oder „Programm" sozialistisch-planwirtschaftlichen Beigeschmack hatten – hatte Josef Krainer sen. kritische junge Leute – insbesondere Architekten – um sich gesammelt, um sie einzuladen, die Zukunftsvision der Steiermark programmatisch zu formulieren. Das war die Geburtsstunde des „Modells Steiermark".

Im Herbst 1972 war es dann so weit. Friedrich Niederl präsentiert das „Modell Steiermark" für die 70er-Jahre, dessen lang-, mittel- und kurzfristige Konzeptionen und Vorschläge von der Arbeitsplatzpolitik bis zum Sozialen, von der Umwelt- bis zur Kulturpolitik reichten, die bis zum Jahr 1980 realisiert werden sollten. Vor der Präsentation wurde das „Modell Steiermark" im engsten Kreis im September 1972 in Niederls Feldbacher Wohnung eine Woche lang zusammenfassend diskutiert.

Dass dieses „Modell Steiermark" ein derartiger programmatischer Wurf werden konnte, ist einerseits der liberalen kulturpolitischen Linie der Steiermark von Hanns Koren und andererseits dem Faktum zu danken, dass so mancher „68er", der anderswo sicher bei den Sozialdemokraten gelandet wäre, sich in der Steirischen Volkspartei für gewisse Projekte wie eben das „Modell Steiermark" engagierte. Die kritischen Studentenvertreter Bernd Schilcher und Helmut Strobl gehörten dazu.

Nach der Präsentation des „Modells Steiermark", das bis heute das konsequenteste landespolitische Langzeitprogramm eines österreichischen Bundeslandes ist und für die 80er- und 90er-Jahre weiterentwickelt wurde und nun sogar über das Jahr 2000 fortgeschrieben wird, wurde ebenfalls im Herbst 1972 das Bildungszentrum der Steirischen Volkspartei, das „Josef

Krainer Haus", am Pfeifferhofweg in Graz-Andritz eröffnet, dessen Wurzeln ebenfalls auf den Namensgeber zurückgehen und dessen Wissen, dass Politik neben Intuition und Gespür zunehmend auch handwerkliches Können, Rhetorik, öffentlichkeitsgerechtes Auftreten und Fachkompetenz verlangt, vermittelt wird. Das „Josef Krainer Haus" wurde zu einer gern besuchten Heimstatt für politische Bildung und Diskussion und fand so großen Zulauf, dass 1979 ein großzügiger Erweiterungsbau eröffnet wurde.

Parallel zu dem „Modell Steiermark" wurde als „Tochterkonzept" das Grazer Stadterneuerungskonzept entwickelt, mit dem der bisherige Landesparteisekretär Franz Hasiba als Spitzenkandidat der Grazer Volkspartei in die Grazer Gemeinderatswahl im Jänner 1973 zog.

Das Wahlergebnis war sehr erfreulich: Die absolute Mehrheit der SPÖ wurde gebrochen. VP und FP bilden die neue Rathauskoalition. Graz erhält mit DDr. Alexander Götz erstmals seit 1945 einen nicht sozialistischen Bürgermeister. Der neue Grazer Weg der Bürgermitbestimmung wird auf programmatischer Basis durch das Stadterneuerungskonzept von Franz Hasiba geprägt.

Die Wahl von DDr. Götz durch die bei weitem stärkere Volkspartei zum Bürgermeister ist auch ein Signal für viele bürgerlich-liberale Wähler, Dr. Niederl bei den nächsten Landtagswahlen zu unterstützen, zumal Götz nach seiner Wahl zum Bürgermeister auch sein Landtagsmandat zurücklegt. Zugleich wird in Klagenfurt mit FP-Hilfe mit Leopold Guggenberger ein VP-Repräsentant zum Bürgermeister gewählt. Eine Position, die die Volkspartei seither in ununterbrochener Reihenfolge dort innehat. Die Grazer Weichenstellung 1973 war auch Hinweis darauf, dass Friedrich Niederl die Linie der Steirischen Volkspartei fortsetzte, das „dritte Lager", namentlich die FPÖ, nicht auszugrenzen, sondern als Partner einzubeziehen im Sinne eines Bekenntnisses zu bestmöglicher Zusammenarbeit und der Erhöhung des politischen Spielraumes. Auf Bundesebene war ja im März 1970 von der VP die Tür zur FPÖ zugeschlagen und damit der Bundeskanzler endgültig verspielt worden. Die FP-Wahlaussage damals lautete bekanntlich: „Kein schwarzes Österreich, kein roter Bundeskanzler" und war wesentlich von Alexander Götz durchgesetzt worden.

Im Jahr 1973 erleidet Friedrich Niederl auf einer Zugsfahrt von Graz in seine Liezener Heimat auf Grund einer Kreislaufschwäche einen Kollaps.

Dies führt dazu, dass er am Starnberger See in Bayern eine Kur absolvieren und von über 100 auf 73 Kilo abspecken muss, was anschließend von der sozialistischen Mundpropaganda als Zeichen für eine „schwere Erkrankung" dargestellt wird.

Politisch gibt es vor allem im Zusammenhang mit der verstaatlichten Industrie und den Stahlfusionen von VOEST und Alpine und der Böhler- und Schoeller-Bleckmann-Gruppe zur VEW große Sorgen, wobei Friedrich Niederl den klaren steirischen Standpunkt vertritt, dass die steirischen Standorte zu sichern seien, insbesondere durch verstärkte Investitionstätigkeiten in den Finalbereichen. Vehement fordert der Landeshauptmann auch die regionalpolitische Mitsprache in den Entscheidungsgremien, damit die Steiermark nicht von Wien oder Linz benachteiligt und bevormundet wird.

Im Jahr 1974 macht Friedrich Niederl der traditionellen Rolle der Führungspersönlichkeiten der Steirischen Volkspartei, nämlich politischer Reformer innerhalb der eigenen Bundespartei zu sein, alle Ehre.

Das Unbehagen über den wenig Erfolg versprechenden Oppositionskurs des Duos Bundesparteiobmann Dr. Karl Schleinzer und Generalsekretär Dr. Herbert Kohlmaier ist groß. Die Steirische Volkspartei gibt 1974 beim Linzer Bundesparteitag die Parole aus, Herbert Kohlmaier nicht mehr als Generalsekretär zu wählen. Teilweise wird dies natürlich als Methode „Man schlägt den Sack, meint aber den Esel" interpretiert. Obwohl es viele „heimliche Steirer" aus allen Bundesländern gibt, was sich in zahlreichen Streichungen manifestiert, bleibt Kohlmaier, nicht zuletzt weil es keinen Gegenkandidaten gibt, im Amt.

Einen zweiten entscheidenden Part, den jeweils steirische Spitzenrepräsentanten im bundespolitischen Konzert spielen, lässt Friedrich Niederl auch in zahlreichen Reden und Erklärungen erkennen: seine feste Überzeugung, dass der Föderalismus gestärkt gehört, dass der Bundesrat im Speziellen, die Länder im Allgemeinen zu Lasten der Zentralverwaltung aufzuwerten sind.

Unter diesen Auspizien wird der Beschluss gefasst, die Landtagswahlen, die regulär im März 1975 fällig gewesen wären, auf Oktober 1974 vorzuverlegen. Offiziell, um einer möglichen Kollision mit den Bundeswahlterminen auszuweichen. Denn „steirisch wählen heißt eigenständig wählen" ist eine seit rund zwei Jahrzehnten – seit 1957 – gepflegte steirische Tradition. Seitdem schneidet die VP bei Landtagswahlen in der Steiermark ungleich besser als bei Nationalratswahlen ab.

Vor den Landtagswahlen führt die Steirische Volkspartei als Zeichen ihrer Offenheit und Reformfreudigkeit „offene Vorwahlen" durch. 95.615 Steirerinnen und Steirer folgten der Einladung, an diesen Vorwahlen teilzunehmen, davon 60 Prozent Mitglieder und 40 Prozent Nichtmitglieder. Vier Kandidaten wurden durch dieses Vorwahlergebnis zusätzlich in die Kandidatenliste aufgenommen, 88,2 Prozent der an der Vorwahl Teilnehmenden gaben Friedrich Niederl eine Vorzugsstimme.

Obwohl Niederl von der Bevölkerung als überaus populär, als „einer von uns" empfunden wird, und er auch in allen Meinungsumfragen einen deutlichen Sympathiebonus hat, zeichnet sich ein dramatisches Wahlkampffinale ab. Friedrich Niederl erinnert sich noch an den Freitag vor der Landtagswahl, als eine höhere Schule in Köflach eingeweiht wurde, wo sowohl Bundespräsident Dr. Rudolf Kirchschläger als auch der Erste Landeshauptmann-Stellvertreter Adalbert Sebastian anwesend waren. Adalbert Sebastian, das SPÖ-Gegenüber Niederls, sagte damals zu ihm: „Na also, am Sonntag glaube ich, werde ich der Landeshauptmann. Unsere Meinungsbefragung sagt, ihr verliert drei Mandate."

Tatsächlich aber erzielte die Steirische Volkspartei mit Landeshauptmann Friedrich Niederl am 20. Oktober 1974 das beste Wahlergebnis aller Zeiten: 53,3 Prozent aller Stimmen und 31 Mandate, das ist ein Plus von 4,7 Prozent und von drei Mandaten, während die SPÖ 3,5 Prozent der Stimmen und drei Mandate verlor und die Freiheitlichen überhaupt nur knapp den Wiedereinzug in den Landtag schafften. Die Parole „Es geht um den Landeshauptmann" hatte gezogen. Niederl lag in der Direktkonfrontation mit Adalbert Sebastian weit voran und konnte auch das bürgerliche FP-Potenzial, das einen sozialistischen Landeshauptmann verhindern wollte, voll ausschöpfen.

Auch wenn die ungewohnte Oppositionsrolle der von 1945 bis 1970 den Bundeskanzler stellenden VP auf Bundesebene dazu führt, dass die VP bei Landtagswahlen in nahezu allen Bundesländern, in der Steiermark aber besonders gut abschneidet (u. a. weil die Landeshauptleute bei ihren Forderungen gegenüber der Bundesregierung nicht auf VP-Minister Rücksicht nehmen müssen und ein Gleichgewichtsdenken in der Bevölkerung herrscht), wächst die Sorge, dass die einst staatstragende VP allzu lange in Opposition verharren muss. Daher unternahm Niederl 1975 einen weiteren spektakulären bundespolitischen Vorstoß mit dem Vorschlag zur Bildung einer Konzentrationsregierung auf Bundesebene. Er legte dafür einen Verfassungsentwurf vor und lud zu mehreren Symposien ein, an denen führende österreichische, deutsche und Schweizer Verfassungsexperten teilnahmen. Einer der Referenten war unter anderem der spätere Schweizer Bundespräsident Arnold Koller. Dieses Schweizer Modell war es ja, das die Steirische Volkspartei zu diesen Vorschlägen inspiriert hatte.

Für die Nationalratswahlen im Oktober 1975 nominiert die Steirische Volkspartei den angesehenen früheren Staatssekretär, ÖIAG-Präsidenten, Wirtschaftsexperten und Generaldirektor der Girozentrale, Dr. Josef Taus, einen Wiener, der die Wirtschaftsprobleme der Steiermark, vor allem der Verstaatlichten als „Wahlsteirer" gut kennt, als steirischen Spitzenkandidaten. Nicht zuletzt auch ein Hinweis darauf, dass die Steirer einen eigenen Weg in der Bundespolitik gehen wollen. Als Bundesparteiobmann Dr. Karl Schleinzer Mitte Juli 1975 bei einem Verkehrsunfall in der Nähe von Bruck an der Mur ums Leben kam, konnte die Steirische Volkspartei Josef Taus als neuen ÖVP-Spitzenkandidaten für Österreich und als neuen Bundesparteiobmann präsentieren. Tatsächlich gelang es Taus, der Dr. Erhard Busek anstelle des von den Steirern ungeliebten Dr. Kohlmaier zu seinem Generalsekretär berief, die Volkspartei in der kurzen ihm zur Verfügung stehenden Zeit bis zu den Nationalratswahlen im Oktober zu stabilisieren, so dass es gegenüber 1971 zu keinen weiteren Verlusten kam.

Die 70er-Jahre waren in der steirischen Politik eine außerordentlich fruchtbare, wahrscheinlich die fruchtbarste gesetzgeberische Zeit seit 1945. Damals gab es noch den Glauben daran, dass durch staatliche Initiativen und Gesetze fast alles „machbar" sei, was zum damaligen Zeitpunkt in vielen Bereichen auch richtig war, wobei alle Maßnahmen Realisierungsschritte des „Modells Steiermark" bedeuteten. (Darüber wurde auch im „Steiermark Bericht" im Herbst 1976 Bilanz gelegt.) So wurde in der Ära Niederl das moderne Sozialhilfegesetz in der Gesinnung der Hilfe zur Selbsthilfe beschlossen. Flächendeckende ärztliche Versorgung sollte durch ein Landes- und Gemeindesanitätsdienstgesetz sowie durch ein Landes-, Bezirkstierärzte- und Distriktsärztegesetz sichergestellt werden. Erste Vorschläge zur Führung der Spitäler als selbstständige Wirtschaftskörper tauchten auf. Den Gesundheitsvorsorge-Aktivitäten wurden durch die neu gegründete Steirische Gesellschaft für Gesundheitsschutz besondere Impulse gegeben. Am 1. November 1974 trat das Raumordnungsgesetz in Kraft, wonach bis 1980 alle steirischen Gemeinden Flächenwidmungspläne zu erstellen hatten, 1976 das moderne Naturschutzgesetz, genau so wie es ein ganzes Paket von Umweltschutzgesetzen wie Luftreinhaltung, Abfallbeseitigung, Baulärm etc. gab. Die ganz persönliche Handschrift des Landeshauptmannes trugen weitere Initiativen zur Wohnbauförderung. So wurde 1974 mit dem Landes-Wohnbauförderungsgesetz der Niederl-Plan für Jungfamilien beschlossen, womit die Subjektförderung für junge, kinderreiche und sozial schwächere Familien wesentlich verbessert wurde. Österreichweit einmalig waren damals die Hausstandsgründungsdarlehen für Jungfamilien. Es wurde aber auch in die Qualität des Bauens Wesentliches investiert – ein Hochhausbauverbot und die Förderung des landschaftsschonenden verdichteten Flachbaus gehörten dazu. Auch für die Wirtschaft und Landwirtschaft gab es Marksteine – das Mittelstandsförderungsgesetz, das Industrieförderungsgesetz, die Jungunternehmerförderung, aber auch das moderne Landwirtschaftsförderungsgesetz mit einem jährlichen steirischen Grünen Bericht und ganz speziellen Initiativen zur Grenzlandförderung, wobei es hier immer wieder heftigste Auseinandersetzungen mit dem Bund gab. Ebenfalls 1974 wurde das Kindergartenförderungsgesetz beschlossen, was dazu führte, dass sich die Zahl der Kindergartengruppen und der betreuten Kinder innerhalb weniger Jahre verdoppelte.

1977 fand eine Besprechung mit Bundeskanzler Bruno Kreisky über die Aufschließung des Kohlebergbaues Oberdorf in der Weststeiermark statt. Es ging darum, diesen Bergbau zu retten. Das Ergebnis der Bemühungen war, dass die verstaatlichte Industrie unter maßgeblicher Mitwirkung des Landes den Braunkohleabsatz nach Kärnten verstärkte. Außerdem wurde das große Dampfkraftwerk Voitsberg errichtet.

Neben der Förderung der Hoch- und Avantgardekultur mit dem Festival „steirischer herbst" als besonderem Highlight war Landeshauptmann Niederl die „Kulturarbeit in den Gemeinden" ein besonderes Anliegen. Dafür wurden gemeinsam mit dem Kulturlandesrat Kurt Jungwirth zahlreiche Impulse gegeben, die dazu führten, dass sich im ganzen Land vielfältige Initiativen, angefangen von Amateurtheatern über Musikveranstaltungen bis hin zu Ausstellungen, entwickelten.

Dass Friedrich Niederl das Wissenschafts- und Bildungsland Steiermark als Land der vier Hochschulen und der größten außeruniversitären Forschungseinrichtung Österreichs außerhalb des Wiener Raums ein besonderes Anliegen war, braucht nicht näher ausgeführt zu werden. Mit einem eigenen Landes-Forschungsförderungsfonds konnten spezielle wissenschaftliche Projekte gefördert werden. Die steirischen Universitäten dankten es Niederl u. a. mit der Ernennung zum Ehrensenator.

Ganz besondere Kraftanstrengungen setzten Landeshauptmann Niederl und sein initiativer Bautenlandesrat Dr. Josef Krainer in der Straßenverkehrs-Infrastruktur. Hier galt es, die jahrzehntelange Benachteiligung des Landes abzubauen und verkehrsgeographische Nachteile zu egalisieren. Niederl und Krainer forcierten Planungsarbeiten und entwickelten auch Finanzmodelle, wobei das Land sich mit 1,5 Milliarden Schilling an der reinen Bundesaufgabe Autobahnbau beteiligte, was zu einer wesentlichen Beschleunigung des Ausbaues der Pyhrn- und der Südautobahn durch unser Land führte. Besonders sichtbares Zeichen des Erfolges war im Sommer 1978 die Verkehrsfreigabe des Gleinalmtunnels. Überdies wurde ein Zehn-Jahres-Landesstraßenbauprogramm entwickelt.

Im Jänner 1978 standen wieder Grazer Gemeinderatswahlen auf der Tagesordnung. Die Sozialdemokratie verlor abermals. Allerdings konnte FPÖ-Bürgermeister Alexander Götz auch auf Kosten der Volkspartei nochmals deutlich zulegen. Er blieb nach heftigen VP-internen Diskussionen mit VP-Unterstützung Grazer Bürgermeister, worauf die Landes-VP besonders drängte, um Landes- und Bundesoptionen offen zu halten. Götz wurde auch FPÖ-Bundesparteiobmann und vertrat im Gegensatz zu seinem Vorgänger Friedrich Peter, der immer mit einer SPÖ-Kooperation sympathisiert hatte, eher eine VP-FP-Kooperationslinie. Der Höhenflug von Alexander Götz hatte auch Auswirkungen auf die Meinungsforschung.

Nicht zuletzt diese demoskopischen Befunde bewogen Niederl, im engsten politischen Freundeskreis eine Vorverlegung der Landtagswahl um ein Jahr von Herbst 1979 auf den Herbst 1978 vorzuschlagen und durchzusetzen. Die SPÖ wurde von dieser Wahlvorverlegung ziemlich überrumpelt und argumentierte mit vermeintlich besonders guten Meinungsumfragen für Friedrich Niederl und der Gefahr einer drohenden Zweidrittelmehrheit der ÖVP in der Landesregierung, wovon beim seit 1957 unveränderten Regierungssitzverhältnis von fünf ÖVP zu vier SPÖ tatsächlich keine Rede sein konnte. Denn dazu hätte es eines weiteren VP-Erdrutschsieges bedurft. Da aber die SPÖ im Gegensatz zu 1974 nicht mehr den Landeshauptmann-Anspruch stellte, fehlte dem Wahlkampf jegliche Dramatik. Das Wahlergebnis vom 8. Oktober 1978 war dann so, dass Landeshauptmann Niederl und die Steirische Volkspartei wohl ein Mandat verloren, aber mit 52 Prozent der Stimmen und 30 Mandaten weiterhin deutlich über der absoluten Mehrheit lagen und den Riesenerfolg von 1974 konsolidierten, während die SPÖ, die schon 1974 ein Wahldebakel erlebt hatte, nochmals prozentmäßig verlor. Auch der FPÖ-Erfolg mit einem Zuwachs von einem Mandat hielt sich in Grenzen.

Bald nach seiner Wiederwahl zum Landeshauptmann konnte Friedrich Niederl im Herbst 1978 nach jahrelangen Vorarbeiten die ARGE Alpen-Adria gründen. Die Arbeitsgemeinschaft, die die Bundesländer Steiermark, Kärnten und Oberösterreich sowie Slowenien, Kroatien und die oberitalienischen Regionen Venetien und Friaul-Julisch-Venetien umfasst, repräsentiert damit jenen historischen Raum, der einst von der Grazer Habsburgerresidenz Innerösterreichs regiert wurde, und gleichzeitig jenes Gebiet, in dem es vielerlei Nachbarschaftsverbindungen gibt, die allerdings durch die politischen Ereignisse von 1918 und 1945 unterbrochen worden waren.

Und in dieser Arbeitsgemeinschaft konnten in Pionierarbeit viele Schritte vorbereitet werden, die erst bei der großen demokratischen Wende 1989 voll zum Tragen kamen. Schon Anfang der 70er-Jahre war Niederl mit Bundeskanzler Bruno Kreisky und den burgenländischen und niederösterreichischen Landeshauptmännern in Ungarn, um Probleme des Zusammenlebens in den Grenzregionen diesseits und jenseits des Eisernen Vorhangs zu besprechen. Durch aktive regionale Außenpolitik – auch durch Kanada- und USA-Besuche (er erhielt dort auch zwei Ehrendoktorate) – versuchte Landeshauptmann Niederl die Steiermark in vielfacher Hinsicht politisch und wirtschaftlich zu positionieren. Niederl besuchte auch mehrfach Brüssel – u. a. den belgischen Premier und Vorsitzenden der Europäischen Volkspartei, Leo Tindemans – und Deutschland. Über seine Einladung kamen der damalige CDU-Bundesvorsitzende und rheinland-pfälzische Ministerpräsident Helmut Kohl und der niedersächsische Ministerpräsident Ernst Albrecht und so manche andere in die Steiermark. Ein besonderer Höhepunkt war der Steiermark-Abstecher des deutschen Bundespräsidenten Walter Scheel während seines Österreich-Staatsbesuches. Scheel besuchte auch das Grazer Steyr-Puch-Werk, das in den 70er-Jahren die Kooperation mit Mercedes-Daimler-Benz aufgenommen hatte, für die Niederl und die steirische Landespolitik sich besonders engagiert hatten und die letztlich eine Keimzelle des späteren „Auto-Clusters" war. Die Europaorientierung – sowohl in Richtung EU als auch in Richtung südöstliche Nachbarn – war eine Konstante der steirischen Politik gerade auch unter Landeshauptmann Niederl in dem Wissen, dass dies gemeinsam mit der entsprechenden Infrastruktur für die Zukunft des Standortes Steiermark geradezu überlebensnotwendig war. So standen bei einem Kanada-Besuch Exportfragen, aber auch Gespräche über Betriebsgründungen, z. B. in Judenburg mit Frank Stronach, am Programm.

Friedrich Niederl gab dem Landesparteitag der Steirischen Volkspartei 1978, bei dem er sich wie schon 1975 gemeinsam mit Josef Krainer der Wiederwahl als Obmann bzw. geschäftsführender Obmann stellte, das Motto „Arbeit und Arbeitsplatz". Er wollte damit klarstellen, dass die Steirische Volkspartei mehr als eine Wirtschafts- und Unternehmerpartei ist, dass für die Steirische Volkspartei jeder Arbeitsplatz gleich viel wert ist, sei er nun in der privaten oder in der verstaatlichten Industrie oder in einem Klein- und Mittelbetrieb, sei er im Handel, in der Landwirtschaft, im Gewerbe, Fremdenverkehr, in privaten oder öffentlichen Dienstleistungsbetrieben. Mit diesem bewussten Bekenntnis zur Einheit der steirischen Wirtschaft und dem massiven Eintreten für die Verstaatlichte, die ja tragende Bedeutung für die gesamten wirtschaftlichen Strukturen der Obersteiermark hatte, konnte ein wesentlicher Kompetenz- und Sympathiebonus für die Steirische Volkspartei aufgebaut werden. Das zeigte sich auch darin, dass die Steirische Volkspartei bei den Landtagswahlen in der Ära Niederl mit 52 Prozent bzw. 53,3 Prozent 1978 und 1974 gegenüber 41 Prozent bzw. 43,9 Prozent bei den Nationalratswahlen 1979 und 1975 deutlich das Ergebnis der Bundespartei übertraf und den größten Abstand eines österreichischen Bundeslandes zwischen Nationalrats- und Landtagswahlergebnissen erzielte.

Parteisekretär Friedrich Niederls war seit 1973 Karl Maitz, der mit großer Präzision die organisatorische Drehscheibe für die Landtagswahlen und die Parteiarbeit darstellte. Insgesamt gelang es Friedrich Niederl, die komplizierten innerparteilichen Machtverhältnisse der Steirischen Volkspartei mit dem starken Flügel um den geschäftsführenden Landesparteiobmann Josef Krainer und den Bauernbund, aber auch den beiden anderen Bünden unter der Führung von Anton Peltzmann (Wirtschaft) und Franz Wegart (ÖAAB) nicht nur in Balance zu halten, sondern diese zu einem positiven Wettstreit zu motivieren, wer mehr für den Erfolg des Landeshauptmannes beitragen könne.

Das Nationalratswahlergebnis vom Mai 1979 brachte für die Österreichische Volkspartei eine schwere Niederlage. Kreisky konnte seine absolute Mehrheit ausbauen, auch die FPÖ unter Alexander Götz gewann auf Kosten der Volkspartei. Die SPÖ-Parole „Taus-Götz – nein danke" wirkte zu Lasten der Volkspartei.

Für Landeshauptmann Niederl und die Steirische Volkspartei war dies Anlass genug, neuerdings zu unterstreichen, dass man eine eigenständige Politik als Steiermark-Partei betreibe, die Landesinteressen stets vor Parteiinteressen stelle, dass die Steirische Volkspartei quasi die österreichische CSU sei. In diesem Sinne des eigenständigen steirischen Reformgeistes wurde 1979 eine neue große Vorbereitungsrunde mit 21 Arbeitskreisen für das „Modell Steiermark" der 80er-Jahre eingeleitet. Als Geschäftsführer für diese Aufgabe wurde der damalige parteiungebundene junge kritische Journalist und Leiter des Afro-Asiatischen Institutes Dr. Gerhard Hirschmann gewonnen.

1979 wurde auch der Antrag auf Abhaltung der Schi-Weltmeisterschaften 1982 in Schladming im Bezirk Liezen beschlossen. Schon zuvor war die Winterfremdenverkehrs-Infrastruktur in der Dachstein-Tauern-Region unter wesentlicher Mitwirkung Niederls – z. B. Planai-Bahnen – aufgerüstet worden.

1980 war das Gedenkjahr „800 Jahre Herzogtum Steiermark" und damit für Landeshauptmann Niederl eine besonders gute Gelegenheit, Föderalismus und steirische Eigenständigkeit zu forcieren.

Insgeheim bereitete Friedrich Niederl, der immer gesagt hatte, mit 60 in Pension gehen zu wollen, seinen Rückzug aus der Politik vor. Sein Rücktritt mit dem 60. Lebensjahr und ungefähr zur „schwachen Hälfte" der Legislaturperiode, damit der Nachfolger noch genügend Zeit zur Profilierung haben sollte, waren Niederls Hauptgedanken. Als öffentliches Signal für Niederls

Rückzug wurde gewertet, dass er sich Ende Mai 1980 zum Obmann der Raiffeisen Zentralkasse wählen ließ. In einem ORF-Interview, wiederum mit Dr. Günther Ziesel, teilte er mit, dass dies der Beginn seines Ausscheidens aus der Politik sei. Wenige Tage später gab Niederl in einer Presseerklärung die Beweggründe seiner Entscheidung bekannt: „Nach reiflicher Überlegung habe ich mit entschlossen, meine Funktion als Landeshauptmann zurückzulegen. Es ist dies meine persönliche Entscheidung, zu der mich niemand aufgefordert hat. Vielmehr haben mich alle meine politischen Freunde – vor allem Dr. Josef Krainer und Simon Koiner – immer wieder eindringlich gebeten, dieses Amt weiter auszuüben. Mein Entschluß aber ist unabänderlich …

Ich bin nunmehr über 15 Jahre Mitglied der Steiermärkischen Landesregierung und seit nahezu neun Jahren Landeshauptmann, in all diesen Jahren habe ich nach bestem Wissen und Gewissen versucht, unserem Land und der steirischen Bevölkerung zu dienen. Dieses stete Bemühen hat mich sehr viel Kraft gekostet.

Dies jetzt in aller Offenheit auszusprechen, empfinde ich als eine moralische Verpflichtung gegenüber allen Landsleuten.

Denn das Amt des Landeshauptmannes ist kein Beruf auf Lebenszeit, sondern eine Berufung, die durch den Wähler erfolgt. Aus diesem Grunde habe ich auch den gegenwärtigen Zeitpunkt zur Bekanntgabe meines Rücktrittstermins gewählt. Ich hätte es als unehrlich gegenüber dem Wähler empfunden, mich nochmals als Spitzenkandidat einer Landtagswahl zu stellen, wenn ich innerlich bereits jetzt zum Ausscheiden aus der Politik entschlossen bin.

Aus meinen zahlreichen Kontakten der letzten Tage weiß ich, daß diese meine Entscheidung in allen Teilen der Bevölkerung respektiert wird. Insbesondere wird es auch sehr positiv aufgenommen, daß die Nachfolgefrage klar geregelt ist und daß es einen nahtlosen und wohlgeordneten Übergang geben wird.

Die Wahl von Dr. Josef Krainer zum Landeshauptmann wird einhellig begrüßt und unterstützt. Er ist jene Persönlichkeit, die im ganzen Land große Anerkennung findet. Er ist der beste Mann für unser Land.

Seine Persönlichkeit und seine bisherige erfolgreiche Arbeit gewährleisten die Weiterführung des guten und bewährten Weges der steirischen Politik mit neuen starken Impulsen."

So wurde der langjährige politische Weggefährte Friedrich Niederls, Dr. Josef Krainer, der in den letzten Jahren im Hintergrund geschickt als strategischer Kopf der Steirischen Volkspartei die Fäden gezogen hatte, nahezu in einer „Bilderbuchablöse" am 4. Juli 1980 über Vorschlag Friedrich Niederls vom Landtag zum Landeshauptmann der Steiermark gewählt.

Bei einem Landesparteitag im November 1980 wurde Dr. Krainer auch Niederls formeller Nachfolger als Landesparteiobmann. Politisch wurde es ruhiger um Friedrich Niederl, der in Würdigung seiner Verdienste viele hohe in- und ausländische Auszeichnungen erhielt. Die Überlegung von Bundeskanzler Bruno Kreisky, Niederl als Vizepräsidenten des Bundesrechnungshofes zu nominieren, realisierte sich nicht und blieb – ein kleines Wunder angesichts der „Tratschsucht" in Österreich – bis heute einer breiteren Öffentlichkeit verborgen.

Die Obmannschaft der Raiffeisen Zentralkasse war aber in der Steiermark stets eine Funktion mit Gewicht, wie auch die Namen der Vorgänger und Nachfolger Friedrich Niederls wie Ferdinand Prirsch, Karl Schwer (langjähriger Bauernbunddirektor und Nationalrat), Simon Koiner (Landesrat, Bauernbund- und Landwirtschaftskammerpräsident) oder Josef Riegler (Vizekanzler, Minister, Landesrat) beweisen. Niederl, bestens und höchst professionell von dem dynamischen jungen Generaldirektor der Raiffeisen Zentralkasse Dr. Georg Doppelhofer unterstützt, war ein aktiver Raiffeisen-Zentralkassen-Obmann und gern gesehener Referent vieler Raiffeisen-Versammlungen.

Immer wieder gab es Gerüchte über private Sorgen des Alt-Landeshauptmannes zu hören, vor allem was die Finanzierung des Hotels seiner beiden Söhne in Rohrmoos bei Schladming betraf. Als 1986 der Skandal um den damaligen Generaldirektor der Bundesländer-Versicherung Kurt Ruso losbrach, kam auch der Name Niederl ins Gerede, weil sich Ruso und die von ihm geführte Versicherung mit dubiosen Mitteln an der Finanzierung des Hotelbetriebes beteiligt hatten. Friedrich Niederl musste sich gemeinsam mit seinen beiden Söhnen und zwei seiner Sekretäre aus dem Landeshauptmann-Büro vor Gericht verantworten.

Der bis dahin hauptsächlich in Graz lebende Alt-Landeshauptmann zog eindrucksvoll persönliche Konsequenzen. Unmittelbar nach den ersten Medienberichten legte er das Amt des Raiffeisen-Zentralkassen-Obmannes nieder, wechselte den Wohnort und tauchte in die Anonymität der Großstadt Wien ein. Denn es kränkte ihn zutiefst, dass manche Mitbürger, die ihn früher als Inbegriff der Redlichkeit gesehen und als Politiker hofiert hatten, nunmehr herablassend über ihn sprachen und mit dem Finger auf ihn zeigten. In den Herzen der Bevölkerung aber hat die „Bundesländer-Affäre" dem Bild Friedrich Niederls nicht geschadet. Es bleibt das Bild eines fleißigen, redlichen Mannes, der für seine Söhne vieles auf sich genommen hat.

Niederl zog sich aus dem öffentlichen Leben zurück. Nach dem Tod seiner ersten Frau ehelichte Friedrich Niederl Dr. Hermine Pusarnig, die ihm bereits als Terminkoordinatorin im Landeshauptmann-Büro als Stütze zur Seite gestanden ist. Heute lebt der Alt-Landeshauptmann, den man seit 1995 wieder öfters in der Öffentlichkeit – vor allem bei Veranstaltungen des Landes, der Steirischen Volkspartei oder von Raiffeisen – sieht, gemeinsam mit seiner Frau in Wien und in der Ramsau am Dachstein, also in seinem geliebten Heimatbezirk Liezen.

Ein besonders treffendes Resümee des politischen Lebens des Landeshauptmannes Friedrich Niederl zog der damalige Chefredakteur der VP-eigenen „Südost-Tagespost" Detlef Harbich im Juli 1980, in dem er Niederl als die „größte politische Überraschung der 70er-Jahre" bezeichnete.

Harbich schrieb: „Wenn man zurückdenkt an jene Tage im Dezember 1971, als mit Josef Krainer eine politische Ära zu Grabe getragen wurde, einer der letzten großen Männer der Wiederaufbauzeit, und ein außerhalb der Steiermark kaum bekannter Landesrat sein Nachfolger wurde, ein Mann, der erst sechs Jahre vorher als etwas überraschender und fast skurriler Einfall des ‚alten Krainer' aus seiner Bezirkshauptmannschaft in die große Politik geholt worden war ...

Und wenn man dann Bilanz dieser nicht gar so zahlreichen und doch wieder so ereignisreichen und daher langen Jahre seither zieht: Zwei Wahlen nicht nur gewonnen und die Mehrheit für die ÖVP in einem so schwierigen Land gehalten, sondern alle Rekorde seines legendären Vorgängers noch deutlich übertroffen, das Land sicher durch eine politisch und wirtschaftlich schwierige Phase gelotst. Wenn man die Frage stellen würde, wer die größte politische Überraschung dieses abgelaufenen Jahrzehnts war, Friedrich Niederl könnte mit einem überlegenen Sieg rechnen."

Bibliographie (Auswahl):

„Bilder und Texte zum Leben und Wirken des steirischen Landeshauptmannes Friedrich Niederl" Redaktion: Karl Heinz Ritschel und Fritz Miho Salus, herausgegeben von Hanns Koren, erschienen im Druck- und Verlagshaus Kiesel, Salzburg, 1980.

40 Jahre Steirische Volkspartei. Sonderausgabe des „politicum" 198.

Alfred Ableitinger/Peter Bermann: Gespräch mit Friedrich Niederl, gekürzt veröffentlicht in „40 Jahre Steirische Volkspartei".

„Modell Steiermark" 1972.

Steiermarkbericht – „Modell Steiermark" 1976.

Zahlreiche Zeitungsartikel und Broschüren.

Friedrich NIEDERL mit Enkelkindern.

Wolfgang Mantl

Josef Krainer jun.

Politik im Wandel der Zweiten Republik

„Denn die gegebenen Verhältnisse
kann man zu ändern versuchen."[1]

I. Steiermark heute

Im Fernsehen wird jeden Abend die Sendung „Steiermark heute" ausgestrahlt, in der in alltäglicher Vielfalt ein Pasticcio dieses Landes abgebildet wird, das in der Dauer der Geschichte und in den Beschleunigungen der Gegenwart seine Tiefendimension hat. Ja, die Steiermark ist heute mehr denn je ein Land der Vielfalt. Dies trifft zu auf seine räumlichen Gegebenheiten in der Vielfalt der Landschaft, von den wintergrauen Bergen der Obersteiermark bis zu den sommergrünen Hügeln, die sich in weiten Linien um Graz bis in die Südsteiermark lagern. Die vielfältige Schönheit des Landes, sei es in seiner Natur oder in seiner Kultur, ist immer wieder besungen worden.[2] Besonders rein enthüllt sich das Land, und zwar zu jeder Jahreszeit, wenn sich die Morgennebel heben und sich der Reichtum der „Landschaften" und der „Stadtschaften" dem Beschauer darbietet.

Dennoch ist die Steiermark[3] nicht in eine problemlose soziopolitische Situation eingebettet. Seit dem Ende des Ersten Weltkriegs ist das Land in eine Randlage gedrängt, die immer wieder die Vitalisierung der Peripherie durch menschliche Leistung, nicht zuletzt auch durch politische Aktivität notwendig macht. Es ist geradezu eine Drei-Zonen-Teilung zu befürchten: eine schon seit den fünfziger Jahren nach Westen orientierte und wirtschaftlich prosperierende Alpenzone, dann ein um Wien gelagertes, seit dem Zeitenbruch der Erosion des Kommunismus aufholendes Donau-Österreich und schließlich südlich des Alpenhauptkammes jener Bereich, in dem sich die Erwartungen der Geschichte in der zweiten Hälfte des 20. Jahrhunderts nicht erfüllt haben: Kärnten, Steiermark und Südburgenland. Die drei großen „W" Wien, Westbahn und Westautobahn waren allemal wichtiger als die drei kleinen „S" Südbahn, Semmeringbasistunnel und Südautobahn. So lange der südslawische Raum nicht befriedet ist, kann es nur mühsam zur Entfaltung aller wirtschaftlichen, kulturellen und politischen Potentiale der Steiermark kommen.

Österreich[4] selbst befindet sich in einer sehr starken Transformation: Die politische Struktur hat sich deutlich geändert, es ist geradezu von einer steigenden Fieberkurve der Politik zu sprechen, die durch einen Wertewandel[5] in Richtung auf Säkularisierung, Individualisierung, Pluralisierung und Medialisierung gesteigert wird und zu einem Schwund gemeinsamer Lebensorientierungen und Alltagsselbstverständlichkeiten führt. Weltweit nehmen Populismus, Nationalismus und Fundamentalismus zu.

Ohnmachtsgefühle, Privatismus und Opportunismus bleiben nicht aus. Zynismus wächst auf den Feldern des abgebrannten Vertrauens in die Errungenschaften der Zweiten Republik. Es kommt zu einer deutlichen, sich auch in Wahlergebnissen niederschlagenden Abwendung vom Status quo und seinen Hauptträgern, vor allem den Staatsgründungsparteien ÖVP und SPÖ. Parteien- und Politikerverdrossenheit reicht schon fast an Politik- und Demokratieverdrossenheit heran. Nicht nur die Funktionäre und Apparate der Parteien, sondern auch die Bürokratien des Staates und der Verbände werden von Misstrauen belegt.[6]

Leistungsschwächen, Demokratiedefizite und Glaubwürdigkeitsverluste durch unsanktionierte Korruptionsfälle, Privilegien der Berufspolitiker und Verschwendung sowie zunehmende Verständigungsschwierigkeiten zwischen den Bürgern und der technokratischen Fachsprache einer ritualisierten Politik infolge des Umbruchs der Kommunikationsformen, zuerst durch das Fernsehen, dann durch die neuen elektronischen Medien, vor allem das Internet, treffen die älteren politischen Kräfte wie die sozialen Integrationsparteien vom Volksparteitypus, aber auch die Kirchen und Verbände sehr stark, nicht zuletzt deswegen, weil in diesen Gruppierungen wegen ihrer Größe und ihres Alters auch wirklich Negatives passieren kann und weil über all dem unbarmherzig das Vergrößerungsglas der früheren Idealisierungen, Verheißungen und Überzeichnungen hängt.

In der Sache empirisch wahrnehmbar schlägt sich all dies nieder in Wahlenthaltungen, ungültigen Stimmen, langer Unentschiedenheit vor der Wahl, Rückgang der Partei- und Verbandsmitgliedschaften, Untergang der Parteizeitungen, Personaldebatten und Zulauf zu populistischen Assoziationen und neuen Parteien, sodass wir derzeit asymmetrische Vier- oder Fünfparteienparlamente in Österreich und ein noch viel größeres Parteienspektrum in den Landeshauptstädten haben. Gerade die seit 20 Jahren aufgestiegene Parteifamilie der grün-alternativen Ausrichtung übt auf junge kritische, intellektuelle Wähler eine starke Attraktivität aus und besitzt einen Legitimitätsbonus im Gegensatz zur abbröckelnden Reputation der älteren Parteien und zur Existenzkrise des erst 1993 gegründeten Liberalen Forums.

Es muss auch bedacht werden, dass in Österreich früher als in der Steiermark eine Erschöpfung des Reformismus auszunehmen ist, gegen die sich die Politik gerade dieses Landes immer wieder gestemmt hat. Der Treibstoff für Reformen stammt aus zwei großen Quellen, der jüdisch-christlichen Tradition und der Aufklärung. Diese Quellen sprudeln sehr viel spärlicher als noch vor 20, 30 Jahren. Die Beharrung gewann an Attraktivität, Reformen wurden exogen durch den EU-Beitritt auferlegt und verloren gerade durch die jüngsten Auseinandersetzungen um die EU-Sanktionen gegenüber Österreich an Plausibilität. Die Reformdynamik wich einem Konkretismus, der sich an erfolgreiche Routine hält und die notwendigen Neuerungen im Budget- und Sozialbereich vor sich herschiebt. Wahrnehmungsverweigerungen vergrößern die Erschöpfungszustände und zerfasern die Reformbereitschaft.

Josef Krainer fasste dies am Beginn der neunziger Jahre in eine straffe Substantivkette zusammen: „Innerösterreichisch haben wir anzukämpfen gegen kleinkarierte Enge, Selbstgenügsamkeit, Nabelschau, Selbstzerfleischung, Kleinmut, Opportunismus und Xenophobie."[7]

Die europäische Situation, der Wandel der außenpolitischen Rahmenbedingungen für Österreich und Steiermark sind durch das gekennzeichnet, was ich den „Zeitenbruch" von 1989/90 nenne: die Erosion des Kommunismus, der Weg der europäischen Integration von der Wirtschaftsunion in Richtung auf eine politische Union mit all den damit gerade jetzt für Österreich so spürbaren Wertkonflikten und die Vereinigung Deutschlands.

In der Wirtschaft[8] entwickelte sich die Steiermark im 19. und 20. Jahrhundert aus einer jahrhundertelangen Agrargesellschaft zuerst zu einer Industriegesellschaft und dann zu einer postindustriellen Dienstleistungs- und Kommunikationsgesellschaft. Aber noch immer – wenn auch mit schwindender Zahl – haben die Berufe des Bauern und des Arbeiters geradezu archetypische Dignität, was sich im nach wie vor bestehenden politischen Gewicht der Interessenvertretung von Bauern und Arbeitern niederschlägt.

Die 30 Jahre, in denen Josef Krainer jun., von dem in diesem Aufsatz zu handeln ist, politisch wirksam war, sind dadurch gekennzeichnet, dass nach den jugendlichen Protestwellen und der Bildungsexplosion Österreich zuerst in eine eigentümlich ruhige Phase eintrat, die jedoch durch den Ölschock von 1973 das Umweltbewusstsein stark ansteigen ließ und sich auch politisch niederschlug (1978 Zwentendorf, 1984 Hainburg).

Absolute Mehrheiten, zuerst der ÖVP 1970 und dann der SPÖ 1983, fanden ihr Ende. Nach einer Kleinen Koalition von SPÖ – FPÖ 1983 bis 1986 gab es 1987 bis 2000 wieder eine Große Koalition, diesmal unter der Führung der SPÖ, seit dem Feber 2000 eine, wenn man so will, „mittlere" Koalition von ÖVP – FPÖ unter Bundeskanzler Wolfgang Schüssel. Nicht erst heute, sondern schon seit der Mitte der achtziger Jahre tauchten Legitimitätszweifel durch ein geändertes Selbst- und Fremdbild der Österreicher auf. 1987 begann die EG-Beitrittsdiskussion, die 1989 zum Beitrittsantrag und schließlich zum durch eine Volksabstimmung mit einer großen Mehrheit gestützten Beitritt zur Europäischen Union 1994 führte. Damit schienen viele Probleme gelöst. Aber die Lösung erwies sich wieder, wie die jüngsten Ereignisse zeigen, in sich problematisch und konfliktgenerierend. Politik wurde jedenfalls schwieriger!

Im größeren Kontext lässt sich der Wandel von der Ersten zur Zweiten Republik und bis in die Gegenwart hinein als eine Zunahme des Demokratischen, vielleicht auch des Liberalen, und als ein Rückgang des Christlichen und Konservativen in der Politik deuten, also im Ganzen als eine „Verwestlichung". Pluralität und Toleranz, Vertrauen in die produktive Kraft der Vernunft, Kennzeichen der Aufklärungswelt Englands, Schottlands und der Niederlande seit der frühen Neuzeit, erreichten auch Österreich, diesen so lange in sich und seinen mitteleuropäischen Traditionen ruhenden Staat und seine Gesellschaft. Der Europagedanke ergriff die Österreicher und erfährt jetzt eine harte Bewährungsprobe.

Die Steiermark ist eingebettet in die großen Transformationen der Zeit. Das Land ist – es sei noch einmal betont – ein „Biotop" der Vielfalt, landschaftlich, wirtschaftlich, kulturell und politisch. Ein Land mit der zweitgrößten Stadt Österreichs als Landeshauptstadt, mit zahlreichen höheren Schulen, vier Universitäten, mit einer immer noch differenzierten Medienlandschaft und einer reichen Kunstszene, weist es den Typus eines kritischen, dem Pluralismus offenen Landesbürgers auf. Es lässt sich ruhig sagen, dass die Steiermark mit ihrem jahrhundertealten Selbstbewusstsein wohl neben Wien und Tirol die größte Unverwechselbarkeit aufweist. Diese Akzentuierung erfolgte schon in der Ersten Republik und wurde in den fünfziger Jahren nicht zuletzt durch die Kulturpolitik Hanns Korens, politisch abgestützt durch die beiden Landeshauptleute Josef Krainer sen. und jun., fortgesetzt und – politisch gesehen – in einem geradezu trotzigen Selbstverständnis mittels eines kräftigen Druck- und Verweigerungspotentials gegenüber dem Bund mit einem fast missionarischen Eifer vertreten, und zwar auf den Gebieten der Europa-, Verfassungs-, Wirtschafts- und Kulturpolitik.

Der Draken-Konflikt ist nur ein besonders markantes Zeichen gewesen. Der eigene politische Weg begann in neuester Zeit mit der Entkoppelung von Nationalratswahl und Landtagswahl 1956 und 1957 unter starker Betonung der amerikanischen Elemente des Persönlichkeitswahlkampfes schon für Josef Krainer sen. und fand nach fast 40 Jahren mit der für die steirische ÖVP

nicht erfolgreichen Zusammenlegung der Nationalrats- und der Landtagswahl im Dezember 1995 ihren vorläufigen Abschluss. Freilich ist gerade die
Auseinandersetzung um den Semmeringbasistunnel wieder Ausdruck einer
starken, aus der geopolitischen und wirtschaftlichen Situation stammenden
Eigenständigkeit der Steiermark auch im neuen Jahrtausend. Es gibt durchaus Unterschiede der politischen Wahrnehmung und des politischen Verhaltens zwischen den österreichischen Bundesländern.

Als eines der ersten Länder versuchte die Steiermark Kunst und Wissenschaft, universitäre und außeruniversitäre Forschung zu fördern. Wer Wohlstand will, muss alle schöpferischen Kräfte nicht nur gewähren lassen, sondern ein ermunterndes Gespür für Offenheit und Kreativität entfalten und
diese Kraft auch bei eigenwilligen und schwierigen Grenzgängern nicht nur
akzeptieren, sondern sie in ihrer Produktivität als Herausforderung annehm-
men und sich mit diesen Personen und Problemen zu neuen Lösungen durch-
arbeiten.

Zusammenfassend noch ein paar Daten[9] zur Charakterisierung der Steiermark: Sie hat eine Gesamtfläche von 16.388 km^2. Das Land umfasst 76 %
Gebirge, 54 % Wald – dies wird ja geradezu klischeehaft immer wieder her-
vorgehoben –, der Dauersiedlungsraum beträgt 32 %, die landwirtschaftlich
genutzte Fläche 26 %. Wie Oberösterreich und Niederösterreich ist die Steiermark ein großes Industrieland. Gemäß der Volkszählung 1991 leben hier
1,184.720 Einwohner (nach der Fortschreibung 1994, also gegen Ende der
Amtsperiode Josef Krainers als Landeshauptmann: 1,203.993 Einwohner).
Das sind 15 % der österreichischen Gesamtbevölkerung. Der Anteil der unter 15-jährigen umfasst 17,4 % (in Algerien sind es etwa 50 % der Gesamtbevölkerung!). Die Steiermark ist also kein „junges" Land, die Senioren über
60 Jahre machten 1994 bereits 20,9 % der Bevölkerung aus. Der Anteil der
Ausländer im Jahr 1994 betrug 4,3 % der Bevölkerung und lag damit durchaus unter dem österreichischen Anteil desselben Jahres (6,6 %).

Die Religionsstatistik[10] (gemäß der Volkszählung 1991) spiegelt die Vielfalt der Bekenntnisse wider, wenn auch hier mit einem stärker traditionellen
Zuschnitt als im gesamten Österreich.

	Steiermark	Österreich
röm. kath.	84,0 %	78,0 %
ev. AB, HB	4,6 %	4,9 %
israel.	0,0 %	0,1 %
islam.	0,3 %	2,0 %
sonstige (ohne Bekenntnis und ohne Deklarationsbereitschaft)	10,9 %	14,9 %

II. Ein Leben in Zeitenbrüchen

1. Curriculum vitae

„Josef Krainer ist ein Mann des Glücks. Würde man Eigenschaften, Erziehung, Ausbildung, Berufschancen aufzählen, die ein Politiker braucht, um ein Politiker zu werden: in diesen sechzig Jahren des Josef Krainer sind sie alle enthalten. Sohn einer gewaltigen politischen Erbmasse, Schüler und Student erstklassiger Bildungsstätten im In- und Ausland, Generalsekretär einer Organisation zur Beförderung geistiger Inhalte, der steirischen Katholischen Aktion, wissenschaftlicher Assistent an der Grazer Universität. Und dann wird's schon konkreter: Bauernbunddirektor, Abgeordneter zum Nationalrat, Mitglied der steirischen Landesregierung, Landesparteiobmann und schließlich Landeshauptmann von Steiermark."[11] Mit diesen stolzen Worten charakterisierte Gerd Bacher die Quintessenz der Krainerschen Biographie zu dessen 60. Geburtstag im Jahr 1990. Heute lässt sich auch wieder von einem „Mann des Glücks" sprechen. In den letzten Jahren der Amtszeit Krainers als Landeshauptmann und anlässlich seines dezidierten und unerwarteten Rücktritts im Dezember 1995 wäre dieses Wort vielleicht zynisch erschienen. Die Summe des Lebens von Josef Krainer ist jedoch hic et nunc in einem sehr tiefen und umfassenden Sinn als „glückhaft" zu bezeichnen.

Josef Krainer wurde am 26. August 1930 in Graz als Sohn des damaligen Gewerkschaftssekretärs der Land- und Forstarbeiter und späteren Landeshauptmannes von 1948 bis 1971, Josef Krainer,[12] und dessen Ehefrau Josefa, geb. Sonnleitner, geboren, die beide aus der Obersteiermark stammten. In Krainers nunmehr siebzigjähriges Leben fallen die „Zeitenbrüche" 1933/34, 1938, 1945, die tiefgreifenden Wandlungsprozesse der sechziger und siebziger Jahre sowie die große Wende von 1989/90. Josef Krainer hat noch vier

Geschwister (zwei Brüder und zwei Schwestern) und nach seiner Eheschließung mit Rosemarie Krainer, geb. Dusek, am 6. Juli 1957 (fast genau 23 Jahre
vor seiner Wahl zum Landeshauptmann) in Maria Straßengel fünf Kinder
(vier Söhne und eine Tochter) sowie eine erfreuliche Zahl von Enkelkindern.
Josef Krainer erlebte als Kind die politischen Karriereschritte seines Vaters,
dessen Sturz und Bedrängnis in der Zeit der nationalsozialistischen Okkupation Österreichs und schließlich als junger Bursch den Aufstieg seines
Vaters, seiner Heimat Steiermark und seines Vaterlandes Österreich. Der bekannte österreichische Journalist mit großem historischen Interesse, Ernst
Trost, widmete Josef Krainer eine umfangreiche Biographie,[13] ein material-
und bilderreiches Buch, das gut lesbar und anregend auch dort ist, wo man
vielleicht manchen Akzent anders setzen oder vertiefen würde.

Nach dem Besuch des Oeverseegymnasiums und der dort 1949 abgelegten
Matura studierte Krainer 1949 bis 1954 Rechtswissenschaften an der Universität Graz, wo er auch Gründungsmitglied der Akademischen Vereinigung für Außenpolitik wurde. Freude am Leben und am Sport (Handball,
Leichtathletik, Fußball, Bergwandern, Schifahren und Schwimmen) ließen
ihn jedoch nicht in einer zu kleinen Welt verharren.

Josef Krainer war einer der ersten unter den jungen Leuten der frühen
Zweiten Republik, der, ohne die heimatlichen Wurzeln zu kappen, in die Welt
hinausging, um aus ihr bereichert zurückzukehren. Dies geschah 1951/52 als
Fulbright-Stipendiat für Politische Wissenschaften an der 1785 – genau 200
Jahre nach der Grazer Universität – gegründeten University of Georgia in
Athens in den USA. Und zwar in jener Region, die man als die Heimat Martin
Luther Kings und Jimmy Carters kennt. Er war dort Mitglied in vier Klubs,
nämlich der Demosthenian Literary Society, des Cosmopolitan Club, des
Cardinal Newman Club und einer interkonfessionellen Gemeinschaft. Krainer
arbeitete auch zwei Monate in einem Sägewerk in Eugene/Oregon. Der
Wahlspruch dieser amerikanischen Universität umreißt jene intellektuelle
Wachheit, die für Krainers gesamtes Leben gilt: „Et docere et rerum exquire-
re causas."

Nach der Promotion zum Doktor der Rechtswissenschaften 1954 und dem
Gerichtsjahr konnte Josef Krainer 1954/55 ein weiteres Studienjahr, diesmal
am elitenorientierten Bologna Center of the School of Advanced International Studies der 1867 in Baltimore gegründeten Johns Hopkins University,

verbringen. Der Wahlspruch der Johns Hopkins University verkündet die Aufklärungstradition der westlichen Welt: „Veritas vos liberabit". Der bekannte Pariser Politikwissenschafter Alfred Grosser zählte zu seinen Lehrern in Bologna. Damals war es noch ganz selten, dass ein junger österreichischer Jurist so hervorragende Englisch- und Italienischkenntnisse besaß, wie sie dem jungen Krainer nach seinem Bologna-Aufenthalt zu eigen waren. Mit seinen wissenschaftlichen Arbeiten über die österreichische Wirtschaft zwischen 1918 und 1945, über die Landwirtschaft Süditaliens und über das Verhältnis zwischen SPÖ und Gewerkschaft erwarb er die ausgezeichnete Abschlussqualifikation „with distinction". Für die katholische Lebenshaltung, über die noch zu berichten ist, entfaltete ein Studien- und Meditationsaufenthalt während eines Monats im Anschluss an die Zeit in Bologna am Istituto Pro Civitate Christiana in Assisi eine starke formende Wirkung.

2. Intellektuelle Liberalität

So lässt sich alles in allem sagen, dass bereits in der Mitte der fünfziger Jahre Josef Krainer eine Sprach- und Weltgewandtheit, eine intellektuelle Liberalität mit ausdauernder Kraft zuwuchs, die ein besonderes Charakteristikum seines Lebens war und ist. Er war bei aller Heimatverwurzelung „jeglicher österreichischen Provinzialität"[14] abhold. Josef Krainer erreichte damit eine völlig neue Dimension, die auch über die große Instinktsicherheit und natürliche Bildung seines Vaters hinausführte. „Die intellektuelle Neugier, Bildung als persönliches Bedürfnis, die Freude am Disput an sich, das Den-Dingen-auf-den-Grund-Gehen, auch wenn keine unmittelbare Nutzanwendung damit verbunden ist. Das ist aufsehenerregend in Österreich, wo die Kluft zwischen Geist und Macht besonders groß ist, ja, wo das eine sehr oft als das schiere Gegenteil des anderen erachtet wird, wo sich kulturelles Interesse gern auf Eröffnungen und Premieren beschränkt."[15]

Diese „capacitas mundana" einer differenzierten Intellektualität ließ Josef Krainer immer wieder die Kontakte zu Wissenschaftern und Künstlern als besondere Verpflichtung erscheinen. Er nahm sich Zeit, um mit Wissenschaftern wie Karl Dietrich Bracher einen ganzen Tag zu verbringen, ebenso mit Künstlern, mit denen er inspirierend-inspirierte Reisen zur Biennale nach Venedig und zur Frankfurter Buchmesse unternahm. Auch Diplomaten und Politiker aus dem Ausland fanden in Josef Krainer stets einen sachkundigen Gesprächspartner. Mit seiner Frau Rosemarie, einer hochbegabten Pianistin, die alle Beethoven-Sonaten erarbeitet hat und überdies eine gute Anglistin ist, die auch Studien des Russischen betrieben hat, verwirklichte er seine Liebe zur Kunst in Reisen, in Ausstellungs-, Konzert- und Theaterbesuchen und bis zum heutigen Tag in der Teilnahme an den Salzburger und Bayreuther Festspielen.

3. Steirische Konservativität

Diese in den prägenden Gymnasial- und Universitätsjahren grundgelegte liberale Intellektualität, die weit über das „Akademikertum" eines Absolventen des rechtswissenschaftlichen Studiums hinausging und hinausgeht, war stets eingebettet in Krainers letztlich geradezu archetypische Verwurzelung in den bäuerlichen Traditionen seiner Familie, seiner steirischen Heimat und seines österreichischen Vaterlandes in ihrer Geschichtlichkeit, deren Spezifika ein tiefes emotionelles, aber auch reflektiertes Grundmuster der Existenz Josef Krainers sind. Das erfordert geistiges Ringen, um plausible Gründe für das Erkennen des Bewahrenswerten im Hergebrachten zu finden. Die „Beweislastregel", dass der Status quo zumindest die „Bewährung" des Funktionierens für sich habe, ist hilfreich, aber dem kritischen Blick angesichts der Entgleisungen und Verwerfungen gerade totalitärer Eruptionen der neueren Geschichte unter Gerechtigkeitsaspekten moralisch nicht ausreichend. Josef Krainers „gestandener" Konservativismus ist mit seiner intellektuellen Liberalität in einem „Aufklärungsbogen" tragfähig verbunden.

4. Postkonziliare Katholizität

Zu all dem trat die bewusste Beheimatung in einer offenen und zugleich tiefen postkonziliaren Katholizität Josef Krainers. Gerade sie befähigte ihn, auch widrige Umstände ohne Kapitulation durchzustehen und zu bewältigen. Es geht hier um eine von religiöser Gesinnung gestützte hoffnungsvolle Verantwortungsethik, die für seine Generation kennzeichnend ist – auch für einen Alois Mock, Erhard Busek, Josef Riegler oder Hans Tuppy –, also für jene Generation, die während des Krieges oder unmittelbar danach die Schulen besucht und das Studium absolviert hatte und die wusste, dass man zuerst lernen und sich selbst als Persönlichkeit mit Grundorientierung aufbauen müsse, um dann mit gefestigter Lebenshaltung auch das Land aufbauen und weiterführen zu können. Da gibt es kein Lavieren je nach Tagesstimmung. Diese katholische, schöpfungstheologische Haltung hat Josef Krainer einmal in die knappen und gerade dadurch einprägsamen Worte gekleidet: „Die grellsten Modefarben wirken oft schon nach kurzer Zeit als von gestern."[16]

Josef Krainer wuchs in die Katholische Hochschuljugend in Graz hinein und war dann von 1956 bis 1962 Generalsekretär der Katholischen Aktion in der Steiermark, wie nach ihm Hermann Schaller (1962–1964), Hans Hafner (1964–1967) und Josef Riegler (1967–1969), die dann auch in führenden Positionen der ÖVP-Politik des Landes und des Bundes tätig waren. In seiner damaligen Funktion war Krainer unter anderem am Aufbau der Afro-Asiatischen Institute in Wien und Graz beteiligt. Ich sah Josef Krainer das erste Mal am Sonntag, dem 3. Juni 1962, auf dem Österreichischen Katholikentag, der unter dem Titel „Löscht den Geist nicht aus!" stand, im neuen Salzburger Festspielhaus. Mit Josef Taus war ich Wiener CV-Delegierter. Krainer war ausersehen, die Schlusserklärung „Gebote der Stunde" vorzustellen, Verpflichtung und Mahnung am Vorabend des Konzils. Mir fiel seine kräftige Haltung besonders auf. Zeitzeugen berichten, dass dies auch etwa kurz vorher am Tag der Katholischen Jugend auf dem Grazer Freiheitsplatz unter dem Motto „Die Welt braucht euch!" offenbar wurde, eine vorkonziliare Prägung, die eine offene Kirche, eine Kirche der Begegnung in die Konzilsdiskussionen 1962 bis 1965 und 1960 bereits in die steirische Diözesansynode hineintrug.

Es ist unbestreitbar, dass der aus Guntramsdorf stammende und über Wien und das Burgenland in die Steiermark gekommene Bischof Josef Schoiswohl eine Schlüsselfigur des steirischen Katholizismus und auch für Josef Krainer war. Im Allgemeinen wird dann etwas klischeehaft auf die Katholische Hochschulgemeinde in der Leechgasse 24 hingewiesen, die über Jahrzehnte durch so eindrucksvolle Hochschulseelsorger wie Ludwig Reichenpfader, Egon Kapellari und Heinz Schnuderl geformt wurde. Aus diesem Kreis wuchsen dann die damals „jungen" Intellektuellen Fritz Csoklich, Candidus Cortolezis sen., Kurt Wimmer, Heribert Raimann u.a. hervor.

Dabei wird häufig übersehen, dass Josef Krainers Bedeutung nicht zuletzt darin lag, dass er auch noch „Schüler" und „Brennpunkt" anderer geistlicher Zentren war, die sich etwa um den Chefredakteur des „Sonntagsblattes", Anton Fastl, den Direktor der St. Martiner landwirtschaftlichen

Bildungsarbeit, Wilhelm Kahlbacher, und – vielleicht noch weniger bekannt – um den Jugendseelsorger Josef Ladenhaufen, heute Pfarrer in Haus im Ennstal (manche Teile des „Modells Steiermark" für die achtziger Jahre wurden in der Zurückgezogenheit des Hauser Pfarrhofes geschrieben), gebildet hatten. Bildungshaus und Schloss St. Martin war hiefür Begegnungsort. In diesem Beziehungsgefüge spielte Hanns Koren eine wichtige Mittlerrolle zwischen den verschiedenen katholischen Richtungen und Generationen in der Zeitspanne zwischen Josef Krainer sen. und Josef Krainer jun. Aus diesen katholischen Strahlungsquellen gingen auch sehr viele wirkungsstarke Frauen hervor, die nicht vordergründige Prominenz erreichten, aber im Lehrberuf, in der Erwachsenenbildung, in freien Berufen und als Ehefrauen und Mütter ein festes, „unsichtbares" Netz bildeten und bilden.

In den Überlieferungen der beteiligten Gruppenbinnenkulturen wird für diese Zeit vor allem eine Konfrontation zwischen dem Österreichischen Cartellverband katholisch farbentragender Studentenverbindungen (ÖCV) und der Katholischen Aktion (KA) angenommen, die sich heute gerade angesichts neuer Herausforderungen sehr viel deutlicher als ehedem ihrer Gemeinsamkeiten bewusst werden. Der steirische CV durchlief in den sechziger Jahren bereits eine Reformphase, die mit den Namen Maximilian Liebmann, Rudolf Kellermayr, Karl Kalcsics und Karl Hans Haysen verbunden ist. Der Höhepunkt dieser CV-Reformbewegung war die Gründung der ÖCV-Bildungsakademie, deren erste Leiter zwei Angehörige der Universität Graz waren: Maximilian Liebmann und Wolfgang Mantl.

Trotz manchen Fortlebens und mancher Instrumentalisierung der Unterschiede zwischen CV und KA kam es dann in den achtziger Jahren zum großen Friedensschluss, nicht zuletzt durch die Verleihung des Ehrenbandes der ältesten österreichischen CV-Verbindung (1864 gegründet), der Austria-Innsbruck, am Samstag, dem 15. Dezember 1984, an Josef Krainer. In seiner Dankrede prägte Krainer die Basisformel dieses Friedensschlusses: „Wir dürfen uns auch nicht in unsere Schneckenhäuser und Sakristeien zurückziehen, wir dürfen keine intellektuellen Verweigerer der neuen Herausforderungen, die uns die Zeit stellt, sein, sondern müssen offen christliches Zeugnis ablegen und neue Brücken schlagen. Als einen solchen Brückenschlag betrachte ich es auch, daß Ihr einem ehemaligen Primus der KHJÖ das Ehrenband der ‚AUSTRIA' verliehen habt."[17]

Das postkonziliare Glaubensverständnis lässt sich durch eine institutionelle Abschwächung kirchlicher Strukturen und eine gerade deswegen notwendige Zunahme der „inspiration chrétienne" kennzeichnen. Diese Haltung erfordert religiöse Kraft, gerade weil sie nicht mehr auf normierte, organisierte Stützen vertrauen kann, die etwa den parteipolitischen Katholizismus zwischen 1830 und 1945 in vielen Ländern Europas getragen haben.

5. Jahre des Übergangs

Nach einer Tätigkeit als Universitätsassistent bei dem Nationalökonomen und Finanzwissenschafter der Universität Graz, Anton Tautscher, von 1962 bis 1966, einer Tätigkeit, die eine Habilitation und akademische Karriere durchaus in greifbare Nähe gerückt hatte, wandte sich Josef Krainer doch in der Mitte der sechziger Jahre der Politik zu, sodass man sagen kann, dass er fast 30 Jahre lang die Politik seiner Heimat Steiermark und zunehmend auch der Republik Österreich gestaltet hat. Wiewohl Krainer, abgesehen von einer kurzen Zeit als Abgeordneter zum Nationalrat 1970/71, sich offiziellen Bundesfunktionen stets verweigerte und sich wie sein Vater eine „politische Selbstbeschränkung auf die Steiermark"[18] auferlegte, wirkte er wie sein Vater gewichtig in die Bundespolitik hinein. Die Stationen seiner politischen Aktivität ab der zweiten Hälfte der sechziger Jahre fließen in der folgenden Darstellung in die Analyse der wichtigsten Politikfelder des Krainerschen Wirkens ein.

In einer attraktiven Wahlbroschüre[19] für die Landtagswahl 1981 findet sich ein Fragebogen, in dem Josef Krainer als Lieblingsmusik Mozart, Bach, Bruckner, Franz Schmidt, echte Volksmusik; als Lieblingsdichter Peter Rosegger, Peter Handke, Alois Hergouth, Ingeborg Bachmann, Christine Lavant, Christine Busta sowie als Lieblingsmaler Herbert Böckl, Alfred Wickenburg und Franz Weiss angibt. Als von ihm geschätzte Tugenden nennt Krainer Treue, Überzeugungskraft, Einfallsreichtum, bei Frauen Mütterlichkeit, Tapferkeit, Liebenswürdigkeit. Mutter Teresa und Lech Walesa sind von ihm besonders geachtete Persönlichkeiten der Gegenwart. Die Frage nach jenen historischen Gestalten, mit denen er gerne zu Abend essen würde, führt zu Erzherzog Johann, Andreas Hofer, Prinz Eugen und Mahatma Gandhi. Als denkwürdigste Filme und Theaterstücke blieben Krainer in Erinnerung: „Romeo und Julia" von Franco Zeffirelli, „Des Teufels General" mit Oskar Werner und schließlich „Die Frau ohne Schatten" unter der Stabführung Karl Böhms. Als Lieblingsgetränk führt Krainer den wohl bekanntesten steirischen Wein, den Welschriesling, und als Lieblingsspeise Rindfleisch mit Semmelkren, Apfelstrudel an.

Krainers Motto, das dann in den neunziger Jahren der stärksten Herausforderung ausgesetzt war, ist 1981 wie schon bei seinem Amtsantritt 1980: „Ein Landeshauptmann für alle Steirer sein!"

Gestützt auf die oben skizzierte intellektuelle Liberalität, die steirische Konservativität und die postkonziliare Katholizität, tritt Josef Krainer seit der Mitte der sechziger Jahre ziemlich rasch in die vordere Linie der Politik. Dieses mit unerhörtem Einsatz geführte Leben für die Politik endet nach der Wahlniederlage vom 17. Dezember 1995 mit der am selben Abend erfolgten Rücktrittserklärung. Kurt Wimmer schreibt, deutlich unter dem Eindruck dieses Ereignisses stehend, zwei Tage später in der „Kleinen Zeitung": „Es war ein Abgang mit Niveau, der noble Abschied einer unverwechselbaren politischen Persönlichkeit und eines imponierenden Menschen, der das politische Leben der Steiermark schon geprägt hatte, ehe er 1980 Landeshauptmann geworden war."[20]

Das Leben nach der Politik brachte Josef Krainer geradezu einen Zuwachs an Zuwendung, Reputation und Anerkennung, keineswegs jenes Vergessenwerden, das Politiker nach ihrem Ausscheiden so rasch ereilt, ja, man kann von einer leise, jedoch beharrlich zunehmenden Repräsentanz im soziokulturellen Gewebe des Landes nach seinem Rücktritt sprechen.[21]

III. Die Vordringlichkeit der Nähe

1. Stationen politischer Aktivität

Wenn hier von „Vordringlichkeit der Nähe" gesprochen wird, so ist in der Demokratie damit das Tätigwerden im engeren Lebenskreis, das Eintreten für die Menschen und die Probleme in Gemeinde, Region und Land gemeint, das Ringen um jeden Arbeitsplatz, um jeden Straßen- oder Bahnkilometer.

Nach seiner Assistententätigkeit bei Anton Tautscher war Josef Krainer 1966 bis 1969 Direktor-Stellvertreter des Steirischen Bauernbundes,[22] dann 1969 bis 1972 dessen Direktor. In dieser Zeit öffnete sich zweimal für Josef

Krainer die Gelegenheit, politisch nach Wien zu gehen. Zuerst, als der aus der Steiermark stammende Unterrichtsminister Theodor Piffl-Perčević 1969 zurücktrat und Bundeskanzler Josef Klaus in erster Linie den „jungen" Krainer als dessen Nachfolger wünschte. Krainer lehnte ab.[23] Alois Mock kam zum Zug. Dann ging es darum, Abgeordneter zum Nationalrat zu werden. Krainer gehörte 1970/71, also nur kurz, dem Nationalrat an. Bezeichnenderweise nahm er sich keine Wohnung in Wien. Er wohnte bei den Benediktinerinnen im Stephanushaus im III. Bezirk.

Sein Nationalratsmandat war die einzige explizite Funktion in der Bundespolitik, im übrigen wies Josef Krainer alle diesbezüglichen Angebote ab: Er wurde – wie gesagt – nicht Bundesminister, aber auch nicht Generalsekretär, nicht Bundesparteiobmann der ÖVP, nicht Bundeskanzler oder gar Bundespräsident (alles stand in den letzten Jahrzehnten irgendwann einmal zur Diskussion).

In diesem Kapitel soll die durch Josef Krainer gestaltete Innenpolitik analysiert werden, in den folgenden Partien die Verfassungs-, Kultur- und Außenpolitik. Im Bauernbund leistete Josef Krainer die Kärrnerarbeit der beruflichen Interessenvertretung und versuchte hiebei auch die Bäuerinnen stärker heranzuziehen.

Schon seine Reden im Nationalrat zeigten, dass Krainer sich intensiv mit Zeitanalysen auseinandersetzte, wie er es dann 1985 auch in seinem Aufsatz in dem Band „Nachdenken über Politik" tat: „Das mehr als drei Jahrzehnte gültige Fortschrittskonzept eines vorwiegend materiellen Wachstums kann nicht weiter beschritten werden. Die Gleichung: ‚immer mehr = immer besser' gilt nicht mehr. Der Basiskonsens unserer Wohlstandsgesellschaft ist brüchig geworden. Über die drückenden ökonomischen Probleme hinaus sind es vor allem die mit den Stichworten Ökologie, Frieden, Sinnfrage, Sehnsucht nach Überschaubarkeit und Geborgenheit nur unzureichend zu beschreibenden Herausforderungen, die neue Antworten verlangen."[24]

Die seine katholische Sozialisation deutlich zeigende soziale Grundhaltung Josef Krainers ist auch in seinen Beiträgen im Nationalrat erkennbar, wo er einmal in einer Anfrage an Wissenschaftsminister Hertha Firnberg Stipendienfragen und dann in einer Rede in der Budgetdebatte im Dezember 1970 die Entwicklungshilfe zur Sprache brachte. Bei seiner Anfrage wurde er bezeichnenderweise durch Zwischenrufe von Eduard Weikhart und Franz Horr von der SPÖ polemisch auf seine steirische Herkunft hingewiesen und mit dem Vorwurf „Faschistische Methoden!" konfrontiert.[25]

In Krainers Rede zur Entwicklungshilfe, zu der ihm Bruno Kreisky gratulierte, findet sich nicht nur eine Verteidigung des Parlaments gegen den unrühmlich bekannten Vorwurf, „Quatschbude" zu sein, sondern auch die Aufforderung, der Parlaments- und Demokratieverdrossenheit gerade junger Menschen entgegenzutreten.[26]

Nach dem plötzlichen Tod seines Vaters, des Landeshauptmannes Josef Krainer, am ersten Adventsonntag des Jahres 1971 – es war der 28. November –, wurden am 10. Dezember 1971 Friedrich Niederl zum Landeshauptmann und Josef Krainer zum Landesrat gewählt. Er blieb bis 1980 Landesrat für Agrar- und Baufragen (wichtige Straßenbauten: Teilstücke der Süd- und der Pyhrnautobahn, zahlreiche Ortsumfahrungen) in der Steiermärkischen Landesregierung und wirkte – als er 1972 zum geschäftsführenden Landesparteiobmann der Steirischen Volkspartei gewählt worden war – auch als „Dynamo" hinter und neben Friedrich Niederl angesichts der Krise der verstaatlichten Industrie und des Aufbaus der regionalen Außenpolitik.

Nur wenige Wochen vor seinem 50. Geburtstag wurde Josef Krainer am 4. Juli 1980 nach dem Rücktritt Friedrich Niederls vom Steiermärkischen Landtag erstmals einstimmig zum Landeshauptmann gewählt, wie dies dann auch nach den Landtagswahlen 1981, 1986 und 1991 der Fall war. Der Abgeordnete Franz Feldgrill brachte in seinem Nominierungsvorschlag bereits viel von dem zum Ausdruck, was als Erwartung in Josef Krainer investiert war: „Namens der Österreichischen Volkspartei schlage ich Herrn Landesrat Dr. Josef Krainer zum Landeshauptmann vor. Dr. Krainer hat sich in seiner bisherigen Regierungstätigkeit hervorragend bewährt. Wir sind überzeugt, daß Dr. Krainer die Persönlichkeit ist, die dieses schwere und verantwortungsvolle Amt im Interesse des Landes ausüben wird. Ich bitte das Hohe Haus, diesem Wahlvorschlag zuzustimmen."[27]

Jenseits jeder Dämonisierung und Mythologisierung ist der Landeshauptmann nach dem Konzept der Bundesverfassung mit reichen Kompetenzen und Aufgaben ausgestattet. Der jetzige Vizepräsident des Verwaltungsgerichtshofes, Wolfgang Pesendorfer, hat in seiner Linzer Habilitationsschrift umfassend Auskunft darüber gegeben[28]: Der Landeshauptmann ist Staatsoberhaupt der Gebietskörperschaft Bundesland in ihrer Staatlichkeit. Im Art. 105 (1) erster Satz B-VG heißt es: „Der Landeshauptmann vertritt das Land." Pesendorfer führt hiezu in einer bewusst staatsrechtlichen, systematisch-historischen Auslegung, nicht in einer bloß auf zivilrechtliche Vertretung ausgerichteten Interpretation aus: „Art. 105 Abs 1 erster Satz B-VG räumt dem Landeshauptmann nichts anderes ein, als vergleichsweise dem Bundespräsidenten durch die Worte ‚Der Bundespräsident vertritt die Republik nach außen' (Art. 65 Abs 1 erster Satz, erster Halbsatz B-VG) eingeräumt worden ist, nämlich er wird als Repräsentant der (Glied-)Staaten im Bundesstaat Österreich eingerichtet, sohin als Staatsoberhaupt durch Art 105 Abs 1 erster Satz B-VG eingesetzt."[29] Die Repräsentation der Staatlichkeit des Landes macht die „Burg" zum Anziehungspunkt für vielerlei verantwortungsbewusste, aber manchmal auch ehrgeizige und eitle Köpfe, die sich in die Nähe der Macht drängen. Neben dieser Funktion als Staatsoberhaupt hebt Pesendorfer die Rolle des Landeshauptmannes als Regierungschef des Landes, seine Aufgabe in der Landesgesetzgebung, die Trägerschaft von Organisations- und Personalgewalt im Bundesland, die Trägerschaft in der mittelbaren Bundesverwaltung, die Kompetenz in der Vermögensverwaltung des Bundes in den Ländern, aber auch seine Rolle in den Gemeinden und als Präsident des Landesschulrates hervor. Unerlässlich ist jedoch die Führungsposition des Landeshauptmannes in „seiner" Partei.

Es nimmt nicht wunder, dass Landeshauptmann Josef Krainer im Bewusstsein dieser Kompetenzfülle in seiner Antrittsrede ein breites Dessin der Substanz und der Chancen des Landes und seines neuen Amtes entwirft. Das Zögern angesichts der Lasten der Verantwortung eines Landeshauptmannes bei Anton Pirchegger und Friedrich Niederl war den beiden Krainers fremd. Die Wahlannahmereden von neu gewählten Amtsträgern, zunehmend nicht nur des Landeshauptmanns, sondern auch der Spitzenpolitiker der anderen Parteien unterscheiden sich aufgrund der Tatsache, dass die Landesregierung in der Steiermark landesverfassungsgemäß als Allparteienregierung zusammengesetzt ist, von den kollegial erarbeiteten Regierungserklärungen[30] auf Bundesebene, zumal bei Koalitionsregierungen. Im Land Steiermark handelt es sich dagegen um ein aus der Einzelperson herausgewachsenes Konzept unmittelbar nach dem Wahlakt.

Es ist unbestreitbar, dass die erste Antrittsrede Josef Krainers den umfassendsten Prospekt seiner Politik entwirft, wobei es für ihn kennzeichnend ist, dass er die Themen immer wieder auch anschaulich an Personen knüpft, an Wissenschafter, Sportler, an große Persönlichkeiten des Landes wie Erzherzog Johann und Hanns Koren, an in- und ausländische Politiker und gerade auch an Künstler. So nennt Krainer 1980 Johann Joseph Fux, Peter Rosegger, Karl Böhm, Heinrich Böll, Peter Handke, Gerhard Roth und Alfred Kolleritsch.

Die tiefe Verankerung der konsensualen Züge österreichischer Konkordanzdemokratie auch in so konfliktstarken Persönlichkeiten wie Josef Krainer zeigt sich in mehreren Passagen dieser Antrittsrede: „Nur die Geschichtslosen, nur die, die nicht wissen oder glauben, es ignorieren zu können, daß sie in einem großen Strom der Tradition stehen, daß sie aber den Mut haben müssen, auch mit eigener Kraft, mit eigenen Ideen ihre Zukunft aus ihrer Gegenwart heraus zu bewältigen, nur die, die das nicht wissen, meinen, nicht dankbar sein zu müssen. Wir wollen es sein, und wir wollen es auch sagen. Ich werde mit aller Kraft und sicherlich mit meinem ganzen Wesen versuchen, mein Bestes zu geben und allen als Landeshauptmann zu dienen. Das heißt, auch ein altes steirisches Wort: ein Landeshauptmann aller Steirer zu sein."[31] – Dieses Wort wurde immer wieder von steirischen Landeshauptleuten, zumal auch von Josef Krainer sen., gebraucht. Der neu gewählte Landeshauptmann schloss: „Ich baue, und ich sage das auch im Ton der Einladung, auf die Mitarbeit aller Steirerinnen und Steirer, vor allem der Stillen im Land, der Nachdenklichen, meiner Freunde, und auch der künstlerischen Menschen mit all ihrer Sensibilität. So bitte ich Sie, meine steirischen Landsleute, um Ihre Zusammenarbeit, vor allem um Ihren guten Rat und Ihre gute Gesinnung. Glück auf! (Allgemeiner Beifall.)".[32]

Die Geschichtsträchtigkeit der Stunde gerade auch im Konnex der Linie von Josef Krainer sen. zu Josef Krainer jun. betonte der Präsident des Hauses, der große steirische Kulturpolitiker und Intellektuelle Hanns Koren: „Es wird nicht zu vermeiden sein, daß alles, was du tust und planst und vorträgst, mit dem verglichen wird, was dein Vater getan, geplant und vorgetragen hat oder hätte. Das aber heißt nicht, daß du ihn nachzuahmen hast, daß du nicht das Recht und die Pflicht hättest, deinen Weg zu gehen, wie dein Gewissen es dir befiehlt und deine Einsicht in die Dinge es dir für richtig erscheinen lassen."[33]

Josef Krainers Antrittsreden nach seiner jeweiligen Wiederwahl im Landtag wurden immer knapper. Ein geradezu antikischer Lakonismus kennzeichnet die Reden nach dem Rücktritt, zuerst die letzte Radiorede am Sonntag, dem 21. Jänner 1996, in der Krainer noch einmal auf seinen Entschluss, für die Steiermark zu wirken, hinweist: „Bewußt habe ich mich ja seinerzeit für die politische Arbeit in unserer Steiermark und nicht für Wien entschieden, weil ich mit unserem Land und seinen Menschen zutiefst verbunden bin und meinen Einsatz für unser Heimatland als meine politische Lebensaufgabe verstanden habe."[34]

Zwei Tage später, am 23. Jänner 1996, nimmt seine Abschiedsrede im Landtag gerade ein paar Zeilen mehr als eine Spalte des Stenographischen Berichts ein. Darin sagt Josef Krainer: „Auch ich habe gemeinsam mit vielen anderen den großen Strukturwandel und auch den Zeitenbruch der letzten 25 Jahre mitgestalten können. Mein politisches Grundanliegen – und das möchte ich heute auch hier noch einmal aussprechen – war in erster Linie die Zusammenarbeit aller politischen Kräfte im Interesse unseres Landes und seiner Menschen, ohne jede Ausgrenzung .... Als Steirer bin ich sehr stolz darauf, daß unsere Heimat mit Waltraud Klasnic von heute an das erste Bundesland sein wird, das eine Frau an die Spitze seiner Regierung wählt. Eine starke Frau, die sich bewährt hat, die couragiert und mit ihrem ganzen Wesen ein hilfsbereiter, tüchtiger, moderner, aber vor allem mütterlicher Mensch ist und, wie wir Steirer sagen, das Herz am rechten Fleck trägt. Mit ihr – und das haben auch die Medien in den letzten Tagen und auch heute mehrmals gesagt – wird jener Neubeginn gesetzt in unserem Land, der dieses Land mit Gottes Hilfe ins dritte Jahrtausend führen wird. Ein herzhaftes Glückauf für diese gemeinsame steirische Zukunft!"[35]

Der von Josef Krainer 1980 intendierte Neuanfang war ein Neuanfang des Stils und der Inhalte und erstreckte sich auf viele Gebiete, Personen und Gruppen, war „umfassend" – auch die Gesprächsbasis mit der FPÖ gehörte dazu. Auf die so schwierige Wirtschaftspolitik, aber auch auf die Verfassungspolitik wurde ebenso Wert gelegt wie auf die Fortführung der großen steirischen Kulturpolitik und die Forcierung der regionalen Außenpolitik.

Manches verlief nicht friktionsfrei, wie etwa die Auseinandersetzung mit dem Landesamtsdirektor Alfons Tropper[36]. Der Konflikt dürfte über alle persönlichen Brüche hinweg – Tropper war ja Sekretär von Josef Krainer sen.

Josef KRAINER jun. mit dem deutschen Bundespräsidenten Richard von WEIZSÄCKER.

Josef KRAINER jun. mit Friedensnobelpreisträger Willy BRANDT und dem Grazer Bürgermeister Alfred STINGL.

Josef KRAINER jun. begrüßt 1983 Papst Johannes Paul II. in Mariazell.

Josef KRAINER jun. als volksverbundener Landesvater.

gewesen und arbeitete noch mit Bernd Schilcher an den ersten Formulierungen des „Modells Steiermark" mit – wohl auch darin seine Ursache gehabt haben, dass Tropper Politik sehr stark als Herrschaft durch das Recht sah, während Josef Krainer als gelernter Nationalökonom bei allem Respekt vor der Steuerungsfunktion des Rechts die durchaus über andere Kanäle laufende Struktur der Landespolitik, besonders auch ihren personalisierten Charakter erkannte.

Personen wie Bernd Schilcher und Gerhard Hirschmann, Hermann Schützenhöfer und Reinhard Lopatka, aber auch in unersetzlicher Sacharbeit Herwig Hösele, standen Josef Krainer zur Seite. Nicht zuletzt emotionellen Rückhalt erhielt er durch die besonders treuen und nicht in der vordersten Linie der Medien agierenden Politiker Franz Feldgrill und Simon Koiner. Eine Brücke zwischen den Landeshauptleuten Josef Krainer sen., Friedrich Niederl und Josef Krainer jun. war in vielerlei Hinsicht die überragende Persönlichkeit Hanns Korens, der zu Weihnachten 1985 verstarb und am letzten Tag dieses Jahres in seiner Wahlheimat St. Bartholomä zu Grabe getragen wurde. Gerhard Hirschmann stieg vom Geschäftsführer des „Modells Steiermark" 1981 zum Landesparteisekretär und schließlich 1989 zum geschäftsführenden Landesparteiobmann auf.

Die vielfältigen Fassetten der steirischen Politik in ihrer Kampfbereitschaft, in ihrer Beharrlichkeit, auch wenn man sich die Zähne ausbeißt, zeigten sich in der Auseinandersetzung um die Stationierung der in den fünfziger Jahren entwickelten und in den sechziger Jahren von der schwedischen Luftwaffe in Dienst gestellten Abfangjäger „Draken" der Firma Saab. Nach dem Beschluss der Bundesregierung, Draken für das österreichische Bundesheer anzukaufen und in der Steiermark zu stationieren, kam es zu einer mehrjährigen, harten Auseinandersetzung, in der auch ein ziemlich erfolgreiches Antidrakenvolksbegehren (1986), ja sogar ein Misstrauensvotum im Nationalrat gegen den der eigenen Partei angehörenden Verteidigungsminister Robert Lichal durch die steiermärkischen Abgeordneten versucht wurde.

Diese mehrjährige Auseinandersetzung lässt sich als ein sehr harter regionalistischer Basisprotest charakterisieren, der vieles, was eine rechts von der Mitte stehende soziale Integrationspartei mit hundertjähriger Geschichte, wie es die ÖVP nun einmal ist, transzendierte. Man kann geradezu von postmodernen Konfliktlinien sprechen, die dem – wie die Politikwissenschaft sagt – alten „cleavage" zwischen Zentrum und Peripherie neue Akzente verliehen.[37]

Die ÖVP erzielte bei den Landtagswahlen 1974, 1978, 1981 und 1986 die absolute Mehrheit an Stimmen und Mandaten. Seit 1956 waren die Landtagswahlen von den Nationalratswahlen abgekoppelt. Erst am 17. Dezember 1995 erfolgte wieder eine Zusammenlegung mit unglücklichem, fatalem Ausgang. Schon bei Vater Krainer waren die Wahlen sehr stark als Krainer-Wahlen angelegt, Friedrich Niederl konnte gerade als gleichsam „unpolitischer Politiker" die größten Erfolge erzielen. Bis zur letzten Wahl im Herbst 1995 waren auch die Wahlen mit und für Josef Krainer jun. Krainer-Wahlen. Dies führte lange Zeit zu einer Stimmenmaximierung. Die Steirische Volkspartei wurde zur Landeshauptmann-Partei, zur Steiermark-Partei. Die großen Erfolge waren aber, was lange verborgen blieb, durch eine hohe Verwundbarkeit erkauft, wie dies bei jedem stark personalisierten System der Fall ist.

Die Coda der politischen Aktivitäten Josef Krainers erfolgte am 18. Ordentlichen Landesparteitag der Steirischen Volkspartei am 9. März 1996. Josef Krainer wurde per acclamationen zum Ehrenobmann der Steirischen Volkspartei, Waltraud Klasnic zum Landesparteiobmann gewählt.

2. Wirtschaft

Josef Krainer, dem gelernten und erfahrenen Volkswirtschafter, war von Anfang an klar, dass sein Neubeginn als Landeshauptmann ganz wesentlich mit dem Schicksal der Wirtschaft[38] verbunden sei. Schon in den ersten Jahren seiner Amtsführung formulierte Krainer: „Als ein Land, das seine in früheren Zeiten vorhandenen Standortvorteile durch Erz, Kohle und Wald verloren hat, also im Vergleich zu vielen anderen jungen Industrienationen heute kaum über natürliche Rohstoffreserven verfügt, das kein Niedriglohnland ist, sondern erfreulicherweise einen beachtlichen Lebensstandard aufweist – als ein solches Land müssen wir verstärkt unsere nach wie vor bestehenden Vorteile herausstreichen: das hohe Ausbildungsniveau unserer Arbeitskräfte und das große ‚geistige Kapital' vor allem an unseren Hohen Schulen. Wir sind zwar arm an natürlichen, aber reich an geistigen Ressourcen."[39] In diesem Zusammenhang betont Krainer auch die Anerkennung des Leistungsprinzips gerade als Grundlage für den Wohlfahrtsstaat: „In den siebziger

Jahren wurde allzu oft die simple Wahrheit verdrängt, daß die Leistungsgesellschaft nicht der Gegenpol der Solidaritätsgemeinschaft ist, sondern ihre Voraussetzung. Wir brauchen nämlich eine Solidarität jenseits von Neidkomplexen und Gruppenegoismen."[40]

Die Steiermark sah sich Einbrüchen der Wirtschaftsentwicklung im primären Sektor der Landwirtschaft, aber auch im sekundären Sektor der alten Industrien gegenüber. In der verstaatlichten Industrie versuchte man durch Frührenten und Subventionen den Niedergang aufzuhalten. Eine Strukturreform war jedoch unvermeidlich. Strukturwandel ist die oft einschneidende und daher schmerzlich empfundene Veränderung der Sektoren, Anpassung durch Such- und Allokationsprozesse. Am Ende der Amtszeit von Josef Krainer konnte der höchste Beschäftigtenstand der letzten 16 Jahre erzielt werden, wenn auch die steirische Arbeitslosenquote immer noch etwas über der gesamtösterreichischen lag.

Die Umstrukturierung der verstaatlichten Industrie war in der Steiermark noch härter als in Niederösterreich und Oberösterreich, besonders hart in der Mürz- und Murfurche. Es gingen zwar 30.000 Arbeitsplätze verloren, davon allein 23.000 in der Verstaatlichten und 22.000 in der Landwirtschaft, im selben Zeitraum wurden allerdings 70.000 neue Arbeitsplätze geschaffen, ein Indikator für die unternehmerische Innovationskraft der Steirer. Gestützt wurde diese Entwicklung durch die Infrastrukturmaßnahmen des Ausbaus des Autobahn- und Schnellstraßennetzes sowie die Inangriffnahme des Ringens um den Semmeringbasistunnel.

Die Drucksituation für die Steiermark auch in der Mitte der neunziger Jahre war keineswegs beseitigt, es gab Chancen und Risken durch die Ostöffnung, die europäische Integration, das gesteigerte Umweltbewusstsein, die hohen Löhne und den technischen Fortschritt. Grenznahe Gebiete spürten Option und Bedrohung gleichermaßen. Slowenien wurde zu einem wichtigen Wirtschaftspartner. Die Teilzeitbeschäftigung nahm zu, es kam zu einem Anstieg des Ausländer- und Frauenanteils bei den Beschäftigten. Die Einbrüche der Erzeugerpreise in der Landwirtschaft wurden durch Kompensationszahlungen und Beihilfen aufgefangen, um so einen Rückgang der Rohwertschöpfung zu verhindern. Eine besondere Bedeutung haben Klein- und Mittelbetriebe[41]. Sie sind wichtig für Arbeitsplatzsicherung, finden Marktnischen durch Flexibilität und ergänzen die Großbetriebe. Zwei Drittel aller Betriebe in der Steiermark haben nur ein bis vier Beschäftigte.

Nach dem Dreisektorenmodell ist zu sagen, dass nach wie vor die Land- und Forstwirtschaft, also der primäre Sektor, nicht zu unterschätzen ist, zumal verglichen mit anderen österreichischen Bundesländern. Wie in Oberösterreich und Niederösterreich spielt der sekundäre Sektor mit Grundstoffindustrie und arbeitsintensiven Konsumgütern auch in der Steiermark eine große Rolle. Gerade im sekundären Sektor, vor allem in der Metallindustrie, fand der große Abbau von Arbeitskräften statt, wiewohl hier immer noch 44 % aller Beschäftigten tätig sind. Der tertiäre Sektor der Dienstleistungen konnte seinen Anteil seit 1970 von 43,2 % bis zum Ende der Amtszeit Landeshauptmann Krainers auf 59,8 % steigern.

Wenn man nun die Stärken und Schwächen der steirischen Wirtschaftslandschaft Revue passieren lässt,[42] so stellt sich heraus, dass es im Bereich von Motorenbau (Autocluster Graz), Feinmechanik, Lasertechnik, Elektronik (Mikrochips), Medizintechnik, Radiatoren-, Kabel- und Leitungsbau sowie Umwelttechnik und Papier (Holz müsste noch stärker im Land verarbeitet werden) deutliche Zukunftschancen mit starker Exportorientierung gibt und von klaren Erfolgen zu sprechen ist, wenn auch Schwachstellen in den Branchen Stein, Nahrungsmittel und Textilien nicht verschwiegen werden dürfen. Jedenfalls ist die Steiermark auf einem wirtschaftlich chancenreichen Weg, wenn sich Schumpeterscher Unternehmergeist durchsetzt und die innen- und außenpolitischen Rahmenbedingungen stützende Kraft entfalten. Das heißt – es kann nicht oft genug betont werden –, dass auch die ökonomische Belebung und Überwindung der Randlage gelingt.

3. Modellarbeit

Gerade weil sich in jüngster Zeit die rationalistischen, fortschrittsoptimistischen Impulse der Politik zugunsten populistischer „Hüftschußssaktionen" abschwächten, ist es mir wichtig, auf das hinzuweisen, was ich die Modellarbeit einer Partei nenne. Leitmotivisch maßgebend für diese in der Steirischen Volkspartei seit 1972 vorhandenen und immer wieder fortgeschriebenen Aktivitäten, die im ersten Jahrzehnt der Amtsperiode Landeshauptmann Josef Krainers ihren Höhepunkt erreichten, ist ein Wort des deutschen Politikwissenschafters Christian Graf von Krockow: „Das Ethos der Reform ist ein Ethos der Welt- und Zukunftsoffenheit und der Freiheit."[43]

Ziel der Modellarbeit der Parteien ist die Revitalisierung und Repolitisierung der Parteien im Sinne ihrer vernunftgeleiteten Dynamisierung und des Wiedergewinns von Handlungsspielräumen.[44] In den sechziger Jahren entstanden neue intermediäre Gruppen, die sich in verschiedenen Kreisen um die alten Parteikerne lagerten. Die Reformtendenz ging nun dahin, das Parteiensystem mit einem Umfeld nicht parteienbesetzter Bürgeraktivitäten zu einem „offenen Kapillarsystem" politischer Interaktion zu verbinden. Die neuen „Modellgruppen" waren Grenzgänger zwischen Politik und Parteipolitik, zwischen Reflexion und Aktion und stellten eine Weiterentwicklung der straffen Mitgliederpartei zu neuen Formen locker gewebter Wähler- und Klubparteien dar.

Man kann sagen, dass die „Hoch-Zeit" der Arbeit am „Modell Steiermark" in den siebziger und achtziger Jahren lag. Es ging um politische Planung durch eine Partei über Legislaturperioden und Kompetenzgrenzen hinaus, und zwar unter ehrenamtlicher Beteiligung von Wissenschaftern, Parteifunktionären, Experten und Bürgern als Fachleuten des Alltags und der Lebensumwelt (auch jungen, noch nicht etablierten Kräften und Frauen), seien es nun Mitglieder oder Nichtmitglieder der Partei. Diese „Modellgruppen" verstanden sich als reformpolitische Assoziationen – den Parteien mehr angelagert als ihnen eingegliedert –, die so etwas wie ein „freies Mandat" für sich in Anspruch nahmen und ein dementsprechendes Selbstbewusstsein gerade auch gegenüber dem Parteiapparat entwickelten. Darin lebte das liberale Vertrauen in die Selbstordnungskraft der Bürger wieder auf.

Die Modellarbeit führte die kognitiven Kategorien von Rat und Beratung weiter und erwies von neuem die Kraft der vernünftigen Auseinandersetzung um politische Inhalte. Die Entfaltung der Modellarbeit ging zuerst mit dem Demokratiereformprojekt der Vorwahlen parallel, behielt aber über die Erschlaffung der Vorwahlbemühungen hinaus Aktualität.

Die Konstruktion der Modellarbeit war einfach: hauptamtliche Geschäftsführung, Kleingruppen (ideal: Höchstgrenze von 40 Personen) als Arbeitskreise mit einem Vorsitzenden und einem meist jüngeren Berichterstatter. Es kam häufig zu einer relativ autonomen Systembildung ohne bürokratischhierarchische Kontrolle von außen. Die Produktivität des Kollegialprinzips wurde ausgenützt, wobei Mündlichkeit vorherrschte und Schriftlichkeit erst in der Verarbeitung und Dokumentation, dann freilich in hochqualifizierter Form eingesetzt wurde, wie die verschiedenen Broschüren des „Modells Steiermark" zeigen. Der Vorsitzende und der Berichterstatter eines Arbeitskreises waren als „Übersetzer" der Modellarbeit für die Partei – als Kontaktpersonen kamen vor allem der Parteiobmann und Landeshauptmann Josef Krainer sowie der jeweilige Parteisekretär und der jeweilige Geschäftsführer des Modells in Frage – und für die Öffentlichkeit wichtig. Von ihrer Arbeitsleistung, Überzeugungskraft und Reformbegeisterung hing der Großteil der Um- und Durchsetzung der Modellarbeit ab.

Modellarbeit als politische Planung diente der Problemorientierung, als Frühwarnsystem und als Erfassung von Themen mit dem Ziel der Erstattung von Lösungsvorschlägen samt Ziel-Mittel-Erwägungen unter Berücksichtigung der Nebenfolgen geplanter Maßnahmen. Wo noch Kompetenz und Kraft zur Evaluierung bestand, konnte auch eine Kontrollfunktion gegenüber der Tagespolitik ausgeübt werden. Modellarbeit war also kein exotisches Minderheitenprogramm, wiewohl sie Einsprengsel davon durchaus vertrug, ja durchaus haben sollte, sondern handfester Übergang vom gesinnungsethischen Sonntag zum verantwortungsethischen Alltag der Politik.

Modellarbeit förderte auch die Integration von Lebenswelt und Politik, von wissenschaftlichem Sachverstand und künstlerischer Intuition. Die Präferenzen und Partizipationswünsche der Mitwirkenden übten einen osmotischen Reiz auf freischwebende Intellektuelle und suchende Jugendliche aus. Selbst in dem sich unweigerlich einstellenden Querulantentum lag fruchtbarer Antrieb, weil dadurch rationalisierender Widerspruch hervorgerufen und eingefahrene Positionen überdacht wurden. Dass dies auch Legitimation und Stimmenmaximierung brachte, ist unbestreitbar und in einer pluralistisch-parlamentarischen Demokratie keineswegs anstößig. Als Zusatzprodukt der Modellarbeit ergaben sich gleichsam als „Flaschenpost der Aufklärung" Effekte der politischen Bildung und der Popularisierung wissenschaftlicher Methoden und künstlerischer Erfahrungsweisen. Modellarbeit bedeutete freilich Relativierung vorhandener Parteistrukturen, was den Charakter der Steirischen Volkspartei als einer mit den Modellgruppen vorrangig kommunizierenden Landeshauptmann- und

Steiermark-Partei erhöhte und von den Betroffenen jeweils verschieden bewertet wurde.

Es wäre verfehlt, die Schattenseiten der Modellarbeit zu übersehen. Sie konnte aus der Politik kein großes Seminar machen. Sie bewegte sich auf einem schmalen Grat zwischen wirklich partizipatorischer Öffnung und bloßer Elitenrotation. Eine Problemzone war die Mitarbeiterauswahl, gerade unter Gerechtigkeitsgesichtspunkten. Konkret gab es eine Trias der Berufungsformen: a. durch das Parteimanagement, b. durch Selbstnominierung (Anmeldeprinzip) und c. durch Kooptation von seiten der Modellgruppen. Es stellte sich auch die Frage: Sollen Politiker und Beamte überhaupt mitarbeiten? Ich vertrat immer die Ansicht, dass dies sinnvoll, ja notwendig ist: Reformen haben nur dann Realisierungschancen, wenn sie auch „Fleisch vom Fleisch" des politisch-administrativen Systems sind. Immer wieder lockte die Versuchung der Show, des Alibis, der Instrumentalisierung. Der spezifische Wert der Modellarbeit geht verloren, wenn Koordination und Kontinuität zerbröckeln. Da sich die meisten Mitarbeiter nicht mit einer bloßen Gedankenspielerei zufrieden gaben, war die Um- und Durchsetzung sehr wichtig und führte wegen des kompromissarischen Charakters der Politik bisweilen zu Frustrationen.

Trotz dieser Probleme vergrößerte die Modellarbeit die Komplexität und Flexibilität der Steirischen Volkspartei, verbesserte ihre Beziehungen zur Umwelt und ermöglichte mittels gesteigerter Informationsaufnahme treffsichere Problemverarbeitung auf der Suche nach Querverbindungen und neuen Lösungen. Modellarbeit ergänzte den Sachverstandspool der Bürokratien des Staates und der Verbände. Josef Krainer wies in dem Diskussionsheft zum Modell Steiermark, das als Ergebnis der Arbeit des Jahres 1979/80 am Beginn seiner Tätigkeit als Landeshauptmann vorgelegt wurde, deutlich auf die vielen perzeptionsfähigen Verästelungen des „Modells Steiermark" und die wichtige Rolle der Wissenschaft hin: „Ein tragendes Element unserer Arbeit bildete die breite Zusammenarbeit mit der Wissenschaft. Es ist daher besonders erfreulich, dass sich so viele hervorragende Wissenschaftler unserer steirischen Universitäten an dieser Arbeit beteiligt haben."[45]

Es dürfte nicht übertrieben sein, die Behauptung aufzustellen, dass in dieser Zeit so viele hochqualifizierte Wissenschafter und interessierte Bürger in der Modellarbeit der Steirischen Volkspartei tätig waren wie nie zuvor und nie danach. Wenn man sich in dem Diskussionsheft 1979/80 die 21 Arbeitskreise der Modellphase 1979/80 anschaut und die Namen der Vorsitzenden und der Berichterstatter überfliegt, erkennt man, dass fast alle Personen, die damals in der Modellarbeit in gestaltender Person tätig waren, auch in den nächsten 20 Jahren wichtige Funktionen in Politik, Wirtschaft, Wissenschaft und Kunst ausübten:

 1. Arbeitsplatz: Paul Burgstaller, Franz Bekerle
 2. Investitionspolitik: Gunther Tichy, Michael Steiner
 3. Ländlicher Raum: Rupert Buchberger, Hermann Schützenhöfer
 4. Neue Eigenständigkeit: Friedrich Pfohl, Christian Sedlnitzky
 5. Die soziale Tat: Waltraud Klasnic, Helmut Strobl
 6. Gesundheitsvorsorge: Karl Harnoncourt, Alois Baumann
 7. Alternative Lebensformen: Dieter Schoeller, Herbert Paierl
 8. Internationale Verantwortung: Bernd Schilcher, Franz Faschinger
 9. Demokratiereform: Wolfgang Mantl, Gerd Novak
10. Bürger und Bürokratie: Herbert Kraus, Gerhard Unger
11. Der Umgang mit der Energie: Stefan Schleicher, Manfred Prisching
12. Bauen und Wohnen: Hermann Schaller, Wolfdieter Dreibholz
13. Verkehr: Helmut Heidinger, Manfred Uttenthaler
14. Umwelt: Johanna Jamnegg, Hans Eder
15. Kunst und Künstler: Günter Waldorf, Heimo Steps
16. Lehr- und Lerninhalte: Eduard Moser, Anneliese Frantsits
17. Frau in Familie und Beruf: Lindi Kalnoky, Heiner W. Herzog
18. Alter und Gesellschaft: Gerd Stepantschitz, Erna Hansemann
19. Jugend und Politik: Alfred Grinschgl, Herwig Hösele
20. Sport in der Gemeinde: Franz Hasiba, Josef Mundigler
21. Leben in Gemeinschaft: Hanns Koren, Fritz Breitfuß

Diese Phase der Modellarbeit wurde von dem inzwischen verstorbenen Graphiker Georg Schmid mit einem intensiv grünen Baum künstlerisch apostrophiert, der als Hoffnungszeichen aus einem Wurzelgeflecht wächst, das den geographischen Umriss der Steiermark darstellt.

IV. Das Recht als Kleid der Freiheit

Der Landeshauptmann, beraten vom jeweiligen Landesverfassungsdienst, ist so etwas wie ein „Verfassungsminister" seines Landes. Die Salzburger Landeshauptleute Josef Klaus und Wilfried Haslauer haben dies sehr stark in ihr persönliches Rollenverständnis aufgenommen. Bei Josef Krainer ist das nicht so deutlich ausgeprägt, jedoch war er sich gerade auch als Nationalökonom der Notwendigkeit adäquater rechtlichen Rahmenbedingungen des politischen und wirtschaftlichen Prozesses bewusst.

Durch die starke Konsensbetonung der Landespolitik wurde schon von Josef Krainer sen. der Blick immer wieder auf das Konkordanzmuster der Schweiz geworfen. Auch bei Josef Krainer jun. war dies der Fall, im Oktober 1985 führte er deshalb eine Enquete zum Schweizer Modell unter Teilnahme des Schweizer Spitzenpolitikers Arnold Koller durch. Stets waren hier Fragen der Regierungsstruktur, der direkten Demokratie und der Kontrolle Hauptthemen.

Unter Beibehaltung eines durchaus juristischen Verfassungsverständnisses der inhaltlichen Zurückhaltung und sparsamen Programmatik, kennzeichnend für die Bundesverfassung 1920, aber auch die Landesordnung der Steiermark vom 6. Dez. 1918, LGBl. 50/1919, wiederverlautbart als Landesverfassung 1960, sollte die steirische Landesverfassung weiterentwickelt werden: ganz bewusst als „bloße" Verfahrensordnung für den politischen Prozess, Machtquanten verteilend, Staatsorgane ermächtigend und ihrem Handeln Grenzen ziehend, Staatsverfassung und nicht Gesellschaftsverfassung (wie in totalitären Systemen), wenn auch die Regelung des politischen Prozesses in einer Reflexwirkung stets auf die Gesellschaft einwirkt.

Der im Amt der Steiermärkischen Landesverwaltung konzentrierte juristische Sachverstand begann in den siebziger Jahren unter Alfons Tropper und Max Bräu, die Landesverfassung 1960 umsichtig weiterzuentwickeln. Unter der kundigen Hand Gerhart Wielingers wurde dies dann in den frühen achtziger Jahren fortgesetzt. Landeshauptmann Josef Krainer hatte inzwischen eine universitäre Expertengruppe[46], Christian Brünner, Wolfgang Mantl, Dietmar Pauger und Reinhard Rack, vier Universitätsangehörige, die schon seit den sechziger Jahren mit dem Themenkreis Demokratie, Wahlen, Parlament, Planung und Kontrolle in verfassungsrechtlicher, aber auch politik- und verwaltungswissenschaftlicher Hinsicht befasst waren und überdies durch freundschaftliche Verbundenheit ein funktionsfähiges Team bildeten, gebeten, im Rahmen des „Modells Steiermark" Reformkonzepte zu entwickeln. Dies geschah im bereits erwähnten Arbeitskreis 9 „Demokratiereform" des „Modells Steiermark" 1979/80 und wurde dann 1982/83 unter zurückhaltender Einpassung in die vorhandenen Entwurfselemente des Amtes der Landesregierung zum Expertenentwurf 1983 verdichtet, der heute noch kühner erscheint als viele verfassungspolitische Ideen der gegenwärtigen Diskussion, zumal auf Bundesebene.

Zwischenstation der Reform war am Beginn der Amtstätigkeit Josef Krainers als Landeshauptmann ein von Christian Brünner geleitetes und in Buchform publiziertes Forschungsprojekt des Landes Steiermark über „Korruption und Kontrolle", das 1981 im Druck vorlag und den bewussten Neubeginn der Übernahme der Landeshauptmannfunktion durch Josef Krainer mitsignalisierte. Christian Brünner schrieb im Geleitwort: „Als ein Schritt im Prozeß der Selbstreinigung muß auch der vom Landeshauptmann für Steiermark Dr. Josef Krainer vergebene Forschungsauftrag ‚Individuelle und soziale Bedingungen der Korruption' betrachtet werden, dessen Ergebnisse nunmehr in der Form dieses Sammelbandes der Öffentlichkeit vorgelegt werden. Das Forschungsprojekt wurde vom Auftraggeber dahingehend umschrieben, daß das Phänomen der Korruption von Vertretern verschiedener Wissenschaftsdisziplinen analysiert werden sollte, um so ein umfassenderes Erkenntnismaterial zu gewinnen."[47] Von Karl Acham über Egon Matzner bis zu Theo Mayer-Maly reicht eine breite Palette von Autoren. Es kann selbstbewusst gesagt werden, dass dieser Band weltweit gesehen die zweite grundlegende Publikation zu diesem Thema war.[48]

Wichtigste Frucht dieser Reformphase und signalhafter Normschritt zur Landesverfassungsreform war die Schaffung des ersten Rechnungshofes eines österreichischen Bundeslandes (Salzburg folgte dann 1984) mit LVG vom 29. Juli 1982, LGBl. 59.

Der Expertenentwurf hatte sich vier Säulen als Verfassungsreform vorgenommen: a. Landtagsarbeit und Wahlrecht, b. direkte Demokratie in der Gesetzgebung und Partizipation in der Vollziehung des Landes, c. Regierbarkeit und d. Kontrolle. Am 7. Mai 1984 begannen langwierige Verhandlungen zwischen ÖVP und SPÖ und führten nach zwei Jahren zum Steiermärkischen Volksrechtegesetz vom 9. Juli 1986, LGBl. 87. Der letzte Reformschritt in dieser Richtung war dann das für Österreich singuläre Kontrollinitiativegesetz vom 7. Dezember 1989, LGBl. 22/1990, das – konsequent partizipatorisch – vorsieht, dass zwei Prozent der Landesbürger berechtigt sind, eine Kontrollinitiative zu beantragen, die darauf abzielt, die Durchführung einer Gebarungskontrolle durch den Landesrechnungshof zu verlangen.

Dann trat jedoch am Beginn der neunziger Jahre eine Erschöpfung der direktdemokratisch-partizipatorischen Impulse ein, nicht zuletzt deswegen, weil sich herausstellte, dass es oft schwierig ist, den Kreis der Betroffenen in adäquater Weise plausibel und sachadäquat abzugrenzen, wie gerade der Langzeitkonflikt um die ennsnahe Trassenführung zeigt.

Und dennoch darf nicht übersehen werden, dass gerade wachsende wirtschaftliche und soziale Schwierigkeiten, die dem Staat nicht viel zu verteilen lassen, die Bedeutung der Verfassung und der Rechtsordnung überhaupt als Spielregel und akzeptierte Prozessordnung mit legitimitätsstützender, konfliktkanalisierender und friedensfördernder Wirkung erhöhen. Wenn andere Ressourcen knapper werden, steigt der Wert der Ressource Recht mit der symbolhaften Stufe Verfassung an der Spitze als Freiheits-, Sicherheits- und Ordnungshilfe.

V. Kultur ist entfaltete Kreativität

Bis 1918, ja darüber hinaus lag durch die Dominanz des Hofes, des Adels und dann des Großbürgertums das kulturelle Zentrum Österreichs in Wien, und wirkten nur die Kirche und wieder zum Teil der Adel auch hinaus in die Kronländer. Es war der große steirische Kulturpolitiker Hanns Koren, der seit den fünfziger Jahren bis in die achtziger Jahre hinein zeigte, wie man trotz kompetenzrechtlicher und finanzieller Prävalenz des Bundes doch so etwas wie die Kulturhoheit eines Bundeslandes konstituieren kann, was ja von der verfassungsrechtlichen Struktur her in den deutschen Bundesländern und in den Schweizer Kantonen leichter ist. Ein umfassender Kulturbegriff versteht sich als entfaltete und geprägte Kreativität in Wissenschaft, Kunst, aber auch Sport.

Kulturpolitik wurde in der Steiermark nicht nur – wie sonst meist in Österreich – als Schulpolitik verstanden, sondern durch einen weiten Kulturbegriff die Erhaltung des Hergebrachten mit der Vermittlung, Öffnung und Förderung des Neuen verbunden. Koren war auch die kulturelle Klammer zwischen den Landeshauptleuten Josef Krainer sen., Friedrich Niederl und Josef Krainer jun. Korens Kulturbegriff verstand sich nicht als „Ableger" Wiens, wie das ja noch zum guten Teil bei den Salzburger Festspielen und bei anderen kulturellen Ereignissen in Österreich (selbst im steirischen Salzkammergut) der Fall war und ist.

Kultur wurde durch Hanns Koren zu einem großen Thema der steirischen Politik, gestützt auf ein reiches Potential an wissenschaftlichen und künstlerischen Einrichtungen und Personen in diesem Land. Der junge Politikwissenschafter Joseph Marko umreißt diese Leistung mit treffender Prägnanz: „Daß Heimat und Toleranz, Tradition und Avantgarde aber nicht nur symbolische Politik blieben, dafür bürgte nicht zuletzt die in der Person Univ.-Prof. Dr. Korens zum Symbol gewordene kulturpolitische Praxis, die von der Schaffung des Freilichtmuseums Stübing zur Rettung und Bewahrung bäuerlichen Bauens über die drei Länder und Kulturen übergreifende ,mitteleuropäische' Kunstveranstaltung Trigon schließlich zum ,Steirischen Herbst' als Avantgardefestival reichte. Die 1959 erfolgte ,Entdeckung' des ,steirischen Prinzen' Erzherzog Johann in einem ihm gewidmeten Jahr führte dabei nicht nur zu einer joanneischen Achse Steiermark-Südtirol, sondern lieferte auch die traditionale und in der Person Univ.-Prof. Dr. Korens charismatische Legitimation für diese von der Kultur sich bis in den regionalen außenpolitischen Bereich hinein erstreckende Politik, wobei sich aber durchaus auch SPÖ und FPÖ auf diesen ,joanneischen Geist' beriefen."[49]

Aus dieser Zeit reichen bis in unsere Tage kulturelle „Erfindungen" wie die Landesausstellungen, der „steirische herbst", das Musikprotokoll, das Forum Stadtpark, die von Alfred Kolleritsch herausgegebene Kulturzeitschrift „Manuskripte" und eine progressive Leitung der Vereinigten Bühnen wie in den letzten Jahren durch den gelernten Juristen Gerhard Brunner. Seit den achtziger Jahren kam zu diesen Veranstaltungen in der Periode nach Korens Tod das von Nikolaus Harnoncourt getragene Kulturfestival „Styriarte".

Die Identität des Landes wurde über die früher üblichen sehr allgemein gehaltenen und eher biederen Bücher hinaus durch größeren wissenschaftlichen und künstlerischen Ansprüchen genügende Seminare und Publikationen vertieft, in denen das Antlitz des Landes im „Spiegel der Welt" mit über 100 Referenten und Autoren, begleitet von hervorragenden Graphikern wie Karl Neubacher, dem Ehepaar Gerhard Schmid und Epi Schlüsselberger sowie Gerald Brettschuh und Günter Waldorf, festlich „aufleuchtete". Man stieß über den grauen Alltag einer verschulten und bürokratisierten Massen- und Gruppenuniversität zu „Summen" und Gesamtinterpretationen vor: Es bildete sich geradezu ein „Innovationscluster". Es seien nur das erste Liberalismusseminar Österreichs (1977), die Enquete über das Schweizer Modell (1985), das große Stainzer Symposion „Kultur, Wirtschaft und Politik im Wandel" (1990), das Ausseer Pfingsttreffen „Ortsbestimmung im Zeitenbruch" (1992) und schließlich, nur drei Monate vor der letzten Landtagswahl Josef Krainers, das internationale Symposion „Gigatrends. Erkundungen der Zukunft unserer Lebenswelt" (1995) im Stift Rein bei Graz genannt. Ein Gutteil dieser Seminare schlug sich in schon mehrfach zitierten Publikationen als literarische Identitätsprägung nieder: „Korruption und Kontrolle" (1980), „Nachdenken über Politik. Jenseits des Alltags und Diesseits der Utopie" (1985), „Standort Österreich. Über Kultur, Wirtschaft und Politik im Wandel" (1990), „Die neue Architektur Europas. Reflexionen in einer bedrohten Welt" (1991) und „Ortsbestimmung. Politik-Wirtschaft-Europa" (1993). Die erweiterte Druckfassung des Symposions „Gigatrends" unter der Herausgeberschaft von Franz Kreuzer, Wolfgang Mantl und Maria Schaumayer ist in Ausarbeitung.

Im ersten Jahr der steirischen politischen Aktivitäten Josef Krainers als Landesrat, im Jahre 1972, wurde das Josef-Krainer-Haus als Bildungseinrichtung eröffnet und die sozialwissenschaftliche Fachzeitschrift „politicum" gegründet. Damals meldete sich auch bereits die Steiermark in der allgemeinen Programmdiskussion der auf Bundesebene in Opposition befindlichen ÖVP zu Wort.[50] 20 Jahre später in der letzten Amtsperiode Josef Krainers als Landeshauptmann, für die oft eine erlahmende Leistungsbilanz behauptet wird, war es gerade die damals von Krainer geführte steirische Kulturpolitik, die 1992 eine Revitalisierung des Europäischen Forums Alpbach mit dem aus der Steiermark stammenden neuen Präsidenten Heinrich Pfusterschmid-Hardtenstein initiierte.[51]

Im selben Jahr 1992 kam es auch zu einer Belebung des „Josef-Krainer-Steirischen Gedenkwerkes", dessen Ziel es ist, in Erinnerung an Josef Krainer sen. durch soziale und karitative Aktivitäten, aber auch durch Förderung begabter junger Steirer und durch Verleihung verschiedener Preise steirische Qualität zu „entdecken" und auszuzeichnen. Die nicht in jedem Jahr verliehenen Träger des Internationalen Josef-Krainer-Preises zeigen das bewusste Hinausgreifen über die steirischen Landesgrenzen: Landeshauptmann a. D. Dr. Silvius Magnago (1995), Präsident des Internationalen Komitees vom Roten Kreuz Dr. Cornelio Sommaruga (1996), Franz Kardinal König (1997), SOS-Kinderdorf International (1999) und schließlich Schauspieler und Regisseur Klaus Maria Brandauer (2000).

Mit diesem Repertoire an wissenschaftlicher, künstlerischer und sportlicher Leistung ist die Steiermark das größte kulturelle Aktivitätszentrum außerhalb Wiens geworden.[52]

Der Steiermark gelang es unter oft schwierigen äußeren Bedingungen immer wieder von neuem, Intellektuelle, Künstler, Wissenschafter, Sportler als Referenten, Autoren, Professoren und Aktive wie Trainer in vielerlei Funktionen in den Garten der „steirischen Kultur" vorübergehend oder dauernd zu „implantieren".

VI. Ein kleines Land braucht einen großen Horizont

Nur wenige Wochen nach Marschall Titos Tod am 8. Mai 1980 wurde Josef Krainer am 4. Juli 1980 zum Landeshauptmann gewählt. Schon Josef Krainer sen. war bemüht, nach dem Krieg Kontakte zu Jugoslawien und seinen Teilrepubliken aufzubauen. Die weltgewandte Intellektualität Josef Krainers kam ihm als Landeshauptmann beim Ausbau einer weit ausgreifenden steirischen „Außenpolitik" zugute.

Schon zwei Jahre vor seinem Amtsantritt war er 1978 wesentlich bei der Gründung der ARGE Alpen-Adria in Venedig beteiligt. Josef Krainer wurde zur Zentralfigur der Außenpolitik der Steirischen Volkspartei: „Regionalismus plus europäische Integration waren daher immer schon Grundpfeiler einer den Ost-West-Gegensatz unterlaufenden, blockübergreifenden außenpolitischen Konzeption der steirischen ÖVP, die durch die Teilnahme der Steiermark an der ARGE Alpen-Adria in den siebziger und achtziger Jahren sowie durch positive Haltung zu einem Beitritt im Rahmen der EG-Diskussion seit 1988 weitergeführt wurde und wird."[53]

Die ARGE Alpen-Adria war eine Konstruktion mit Pionierfunktion bei der Auflockerung des Gegensatzes der ideologischen Blöcke, die dann 1989/90 im „Zeitenbruch" der Erosion des Kommunismus eine neue Bedeutung gewann. Diese veränderte Bedeutung besteht nunmehr darin, dass es sich hier um Aktivitäten und Leistungen für Länder mit verschiedenen Geschwindigkeiten ihrer jeweiligen institutionellen, ökonomischen, politischen und wirtschaftlichen Entwicklung handelt. Die ARGE Alpen-Adria wurde als „gentlemen's agreement" gegründet und ist Ausdruck der Lebendigkeit der kleinen Kontakte, nicht der großen Institutionen, ist Ausdruck eines transnationalen Regionalismus, der Nachbarräume verschiedener Staaten umfasst.

Wesen und Wert dieser Konstruktion liegen in der sektoralen Konzertierung des Vorgehens der beteiligten Grenzregionen in ihren Zuständigkeitsbereichen auf der Grundlage einer Interessenhomogenität, und zwar durch direkte Kooperation und Koordination mit den Nachbarregionen unter Abkürzung des Weges über das nationale Zentrum, also über den traditionellen Nationalstaat mit seiner Hauptstadt. Diese Zusammenarbeit lief von Landeshauptstadt zu Landeshauptstadt: also für die Steirer nicht über Wien und für die Norditaliener nicht über Rom.

Bei diesem Konsultationsprozess mit dem Ziel der Information und Abstimmung der Politik kommt den beteiligten Personen eine besonders wichtige Rolle zu, ganz besonders den Spitzenpolitikern im Range eines Landeshauptmannes. Dies trifft auch für Repräsentation des Landes in der europäischen Integration zu.

Die historischen Erfolge der ARGE Alpen-Adria lagen und liegen vor allem auf mittlerer, relativ politikferner Konkretisierungsebene, etwa in den Arbeitsschwerpunkten Wirtschaft, Umwelt, Kultur, Gesundheit, Sport und Wissenschaft: symbolträchtig in der grenzüberschreitenden Bekämpfung der Tollwut. Dazu kamen auch die Kontakte im Feuerwehrwesen, im Fremdenverkehr, in der Raumordnung und in der Kultur, wobei die verschiedenen Gesellschaftssysteme, später die verschiedenen Entwicklungsstufen eine durchaus fruchtbare Zusammenarbeit entfalteten.[54]

Die Aufbruchsstimmung im „Zeitenbruch" von 1989/90 mit vielen steirischen Erwartungen nach der Erosion des Kommunismus wurden durch die Konflikte im südslawischen Raum auf Jahre hinaus in die „Zukunft" verschoben. Noch im Stainzer Symposion zum 60. Geburtstag von Josef Krainer klang in der „Erklärung von Stainz" (siehe Anhang), zu der sich Josef Krainer auch vollinhaltlich bekannte, sehr viel Aktivismus und Optimismus durch. Diese Haltung musste 1991 ihre Bewährungsprobe ablegen, wobei die Steiermark noch stärker als andere Bundesländer eine gesamtösterreichisch und gesamteuropäisch wichtige Rolle unter Führung Josef Krainers ergriff, indem er durch zahlreiche Kontakte und Initiativen das Ringen Sloweniens und Kroatiens um die Unabhängigkeit erfolgreich unterstützte. Man könnte in einer übergreifenden Interpretation sagen, dass damit gewiss auch die durch die Draken-Auseinandersetzung eingetretene teilweise Isolierung der Steiermark eindeutig überwunden wurde.

Die ereignisreichen Frühsommertage 1991 sind inzwischen Weltgeschichte geworden: Krainer nahm mit anderen Landeshauptleuten am 25. Juni 1991 an den Unabhängigkeitsfeiern in Laibach teil, er drängte auf die Präsenz des Bundesheeres im südsteirischen Grenzraum. Am 1. Juli fand eine Sondersitzung des Steiermärkischen Landtages statt, am 3. Juli eine außerordentliche Vollversammlung der ARGE Alpen-Adria als Krisensitzung in Klagenfurt.

Nach längeren Auseinandersetzungen, die durchaus auch militärische Belastungen des Grenzraumes darstellten, erfolgte dann durch Österreich am 15. Jänner 1992 die Anerkennung der beiden ehemaligen jugoslawischen Teilrepubliken Kroatien und Slowenien als unabhängige Staaten. Der kritische junge Autor Joseph Marko stimmt dem Verhalten Josef Krainers in klaren Worten zu: „Mit Ausnahme Dr. Mocks, jedoch gebremst durch dessen Contenance, fand Dr. Krainer wie kein anderer österreichischer Politiker eine offene und klare Sprache zu den Vorgängen im südlichen Nachbarland Jugoslawien und trat – aus christlicher und daher a-nationaler Motivation gespeist – immer für Freiheit, Demokratie und Wahrung der Menschenrechte gegen den ‚Panzerkommunismus‘ ein, ohne auf die unterschwellige – und gegenüber ‚Tschuschn‘ auch latent rassistische – Ausländerfeindlichkeit und das gerade in der Steiermark auch von der ÖVP repräsentierte deutsch-nationale Lager auch nur wahlkampftaktisch einzugehen. Unverdrossen verteidigte er auch die Linie der ÖVP in der Haltung zur EG, obwohl gerade die ‚Ängste' von ÖVP-Kernwählerschichten, der Klein- und Mittelbauern sowie Gewerbetreibenden, im Falle eines EG-Beitritts Österreichs bei allen als ‚Talkshows' organisierten ‚Wahlwerbe'veranstaltungen thematisiert worden waren."[55]

Die Außenpolitik der Steiermark bedeutet einerseits konkrete Nachbarschaftspolitik, übrigens auch zu den ungarischen Komitaten, andererseits sehr bewusste Teilnahme an der europäischen Integration sowie aufnahmebereite Kontakte zur Schweiz und zu den Vereinigten Staaten. Es sei noch einmal an das persönliche Engagement Josef Krainers seit seinen Anfängen als Akademiker und Politiker für die Dritte Welt erinnert.

VII. Die realistische Dimension republikanischer Leistung

Die Erfahrung mit den totalitären Systemen dieses Jahrhunderts – seien sie linker oder rechter Herkunft gewesen – ließ in uns eine berechtigte Skepsis gegen „starke Männer" wachsen. Dennoch ist nicht zu übersehen, dass auch ein demokratisch-rechtsstaatliches System überwiegend rationaler Legitimation nicht egalitäre Herrschaftslosigkeit, sondern einen Typus politischer Herrschaft darstellt, der Institutionen und Ämter aufweist, die nach Mehrheitsentscheidung an Personen auf Zeit verliehen werden und mit dem Grundrechtsschutz der Bürger kombiniert sind.

Es handelt sich um Institutionen und Ämter, in denen glaubwürdige und leistungsstarke „intensive" Persönlichkeiten als funktionale Eliten wirken, wobei der Plural zu betonen ist. Nur so kann Republik als Solidargemeinschaft der Freien und Gleichen gelingen. Oft kann man sich heute nicht des Eindrucks erwehren, dass es hier in Österreich Defizite gibt. Es ist ein Gebot der Klugheit, das Personale auch in der modernen Politik ebensowenig zu vernachlässigen wie größere über Legislaturperioden hinausreichende Zeiträume politischen Verhaltens, zumal solche, die mehrere Generationen als Verantwortungshorizont umfassen. Landeshauptleute sind in ihrer jeweils neu zu leistenden integrativen Rekonstruktion des Politischen Anwälte der Langfristigkeit der Politik.

Josef Krainer war dies schon als junger Politiker seit den sechziger Jahren. Er fiel nicht in eine kurzatmige „Materialhuberei", sondern trachtete etwa mit dem „Modell Steiermark" „Zeit zu gewinnen", auch unter Fruchtbarmachen der verschiedenen Erkenntnis- und Erfahrungsweisen von Wissenschaft und Kunst. Es war dies ein politisches Wirken, das weniger „modo austriaco" bürokratisch erfolgte, sondern in einem eigenen „modus styriacus" durch Heranziehung von Experten, manchmal mit dem verwaltungspraktischen und fiskalischen Problem sehr großer politischer Büros oder externer Landesbeauftragter, die nicht immer alle Erwartungen erfüllten.

Die heute realistische, der demokratischen Republik unter Gleichheits- und Gerechtigkeitsaspekten allein angemessene Dimension der „Leistung" ist des Monumentalen entkleidet, verwirft die gewaltenfusionierende, unkontrollierte Macht, ist weit entfernt von titanenhaften Individuen vergangener Jahrhunderte, sucht nicht mehr nach dem alle Kräfte der Zeit verkörpernden vorbildlichen, ja geradezu mythischen Heros. Es geht um eine neue Form der Integrations- und Motivationskraft verantwortlicher Persönlichkeiten, die durch die demokratisch legitimierte Herrschaft auf Zeit republikanische Leistung verkörpern, die freilich immer noch die hier gemeinten Personen deutlich über den Durchschnitt hinausragen lässt. Und in diesem Zusammenhang ist mit Fug und Recht auch von Josef Krainer zu sprechen, der jahrzehntelang wirksam war, dessen Erfolg sich vielleicht in der letzten Funktionsperiode abschwächte, aber – Hanns Korens Wirken nach dem Ausscheiden aus der Politik nicht unähnlich – in der intellektuellen Präsenz nach 1996 neue Gestalt annahm.

Dies alles hat sehr viel mit Leistungsbereitschaft, Leistung und Leistungsfreude zu tun. Eine Vielfalt von Qualitäten, die zum Teil schon in den älteren Tugendlehren der jüdisch-christlichen Tradition enthalten sind, kehrt bei Krainer wieder: Sprach- und Durchsetzungsvermögen, Überzeugungs- und Tatkraft, Entscheidungsstärke, Einfallsreichtum, Mut, Ausdauer, Belastbarkeit, Geduld, aber auch – in der Hitze der Alltagsauseinandersetzungen nicht leicht durchzuhalten – Gelassenheit und Toleranz. Heutzutage sind Fachwissen und Fremdsprachenkenntnisse selbstverständliche Zusatzqualitäten. Der Politiker soll auch die Kraft der Abwägung und des Ausgleichs über den eigenen Interessenstandpunkt hinaus aufbringen. Rechtzeitige Folgenabschät-

189

zung darf ihm ebensowenig fehlen wie die Fähigkeit, Erpressungen zu widerstehen und durch kluges Verhandeln mit Ich-Stärke dennoch Kompromisse zustande zu bringen. Eingebettet ist dies in eine durchaus legitime charismatische Aura von außeralltäglicher Ausstrahlung, die beispielhafte Vorbildwirkung zu entfalten vermag. Damit ist immer auch – nehmt alles nur in allem – ein Schuss Populismus verbunden, und zwar nicht die irrationale Emotionalisierung, sondern die unmittelbare „Zuwendung" zum Alltag des „common man", der ja als Bürger die Zentralfigur der Demokratie ist – nicht der Politiker, nicht der Experte, nicht der Beamte!

In großer Selbstdisziplin unterwirft sich Josef Krainer an jedem Morgen einem anstrengenden einstündigen Gesundheitstraining. Frappierend ist Krainers geprägte Form, die sich gerade auch in der Meisterschaft des gesprochenen Wortes in freier Rede äußert, wenn er vom Manuskript „abspringt" und Menschen und Situationen direkt gedanklich und sprachlich „ergreift". Gerd Bacher hat das fast salopp ausgedrückt: „Der Josef Krainer ist – man verzeihe das banale Wort – ein herausfordernder Mensch. Das sind die meisten Politiker nicht. Er versetzt sich und seine Umgebung permanent in den Zustand von Frage und Antwort."[56] In Zustimmung und Widerspruch ist Josef Krainer als „politicus doctus" eine Inspirationsquelle seltener Art.

Krainer hat sehr früh und immer wieder die Probleme seiner Zeit erkannt und benannt: „Was mich aber zunehmend besorgt, ist der Verlust an Integrations-, Überzeugungs- und Führungskraft von Regierenden. Wo ‚Stärke' mit Starrheit und Bestemm verwechselt wird, wo staatliche Macht am falschen Exempel statuiert wird, wo notwendige Flexibilität mit kurzsichtigem Taktieren vertauscht wird, dort geht gesellschaftlich anerkannte und kompetente Autorität verloren, die wir in der gegenwärtigen Situation, in der so viele zentrifugalen Kräfte virulent werden, dringend brauchen. Ohne eine starke und integrative Kraft der Mitte, zu der ich mich bekenne, werden die Flügelschläge oft unkontrollierbar, werden die sogenannten Randgruppen immer größer, geht das gesellschaftliche Maß und Zentrum verloren."[57]

In seiner dreißigjährigen Tätigkeit war Josef Krainer als Vollblutpolitiker stets bemüht, die Steiermark und die Steirer in den Zeitenbrüchen zu begleiten und sich die Kraft der Unterscheidung, die „discretio", zu bewahren: „Und er kennt den Unterschied zwischen dem Zeitgeist und dem Zeitgedanken."[58] Seine hervorragende Personalkenntnis hat ihm geholfen, die Rolle des „Landeshauptmannes aller Steirer" auszufüllen. Er merkte sich Gesichter, Namen, ja Verwandtschaften. In seiner letzten Amtsperiode wurde er voll von der Wucht der Konfliktzunahme getroffen, sehr stark, aber nicht nur durch den Aufstieg der Haider-FPÖ, sondern auch durch den Widerstand der anderen Parteien, die es immer schwerer machten, die Konsens- und Stimmenmaximierung des „umfassenden" Landeshauptmannes durchzusetzen. Ja, dieser Konkordanzbalance wurde ein kräftiger Stoß versetzt, der nicht zuletzt auch daran zu erkennen ist, dass die Vorbildlichkeit des Schweizer Modells auf Bundes- und Landesebene deutlich verblasste und zugunsten des konkurrenzdemokratischen Westminster-Modells zurückgestuft wurde.

In dieser Zeit merkt man seismographisch die Veränderungen der politischen Atmosphäre in den Äußerungen Josef Krainers. So schrieb er 1993: „Es erfüllt uns dabei mit Sorge, daß sich die Demagogen, Populisten und ‚Schwarzweißmaler' nicht nur in den anderen westlichen Demokratien, sondern auch hierzulande der wichtigen Themen mit gefährlicher Vereinfachung bemächtigen wollen – sei es die europäische Integration, die Ausländerproblematik und die oftmals sehr berechtigte Kritik an den Auswüchsen unseres politischen Systems. Von dieser Art Stimmungsdemokratie darf sich verantwortungsbewußte Politik nicht in die Defensive treiben lassen."[59] Politik ist immer – und demokratische Politik ganz besonders – auch ein sehr schweres Ringen, ja geradezu ein Zerschleißprozess. Josef Krainer war 30 Jahre in der Politik, fast die Hälfte davon als Landeshauptmann. Demokratie wird heute immer stärker als Herrschaft auf Zeit empfunden, massenmedial verstärkt, wird der Wandel gewünscht. Länger dienende Amtsinhaber verlieren an Leuchtkraft, verblassen in der Wahrnehmung der Öffentlichkeit. Die Schatten werden länger und legen sich über ihr Bild.[60] Das dürfte auch bei der Landtagswahl 1995 eine Rolle gespielt haben. Eine lange Amtsperiode hinterlässt historische Markierungen, die aber oft erst später wahrgenommen werden. Und sie hinterlässt auch psychische Narben und seelische Kerben.

Josef Krainer hat jedenfalls seine politische Identität bewahrt, seine liberal-konservative Haltung aus christlicher Inspiration. Darunter verstehe ich seine differenzierte Intellektualität mit aller Weltoffenheit, seine immer auch noch geradezu bäuerliche Verwurzelung in den Traditionen der Steiermark und Österreichs und schließlich seine postkonziliare Katholizität. All dies zusammen machte ihn zu einem besonders „intensiven" Politiker. Mit dieser Intensität meine ich auch das über die heute meist ausschließlich zitierte Glaubwürdigkeit hinausgehende umfassende Potential an Gestaltungskraft und Charakterstärke.

Josef Krainer formte die Jahre der Normalität in der Steiermark und in Österreich mit, aber auch die Jahre des Wandels. Er tat dies bisweilen gegen den Strich herrschender Meinungen, zumal auf Bundesebene herrschender Meinungen. Er setzte damit das Werk seines Vaters fort, das er wohl schon in den sechziger Jahren selbst mitbeeinflusste. Er fing die damalige allgemeine Protestwelle und ihre heftige Artikulation auf und verwandelte sie in Reformschübe. Mit all dem war Krainer bemüht – es kann nicht oft genug wiederholt werden –, der Vitalisierung des Landes zu dienen. Sein unermüdliches Eintreten für eine konkrete Nachbarschaftspolitik, aber auch für die europäische Integration zeigt ein ausgeprägtes außenpolitisches Bewusstsein, wie es in wenigen anderen Bundesländern zu finden ist und das gerade durch ihn symbolisiert wurde.

Die Motivation und die Integration der Menschen wurden realisiert in unzähligen Kontakten mit den Bürgern dieses Landes, denen Krainer „Mitmensch" war, allen sozialen Schichten, vom bäuerlichen Kern über die zahlreichen Berufe einer arbeitsteiligen Gesellschaft, von Gewerbe und Industrie sowie Arbeiter- und Angestelltenschaft bis hin zu den Intellektuellen, Künstlern, Wissenschaftern und Sportlern.

Die Politik braucht und verbraucht „intensive" Persönlichkeiten. Ein langes Wirken hinterlässt viele Spuren, die mit all ihren Prägungen wieder Voraussetzung für das Vertrauen in die Politik und für die Akzeptanz eines Politikers sind. Die Menschen fühlen und wissen genau, wer jemand ist und wofür er steht. Sie können die republikanische Leistung mit feinem Gespür beurteilen.

Josef Krainer ist sicher nicht alles gelungen, was er gewollt hat, aber er hat auch nichts von dem, mit dem und für das er angetreten ist, preisgegeben oder verraten. Josef Krainer hat mit seiner politischen Gesamtleistung „Statur" bewiesen.

Anhang

Erklärung von Stainz
15. September 1990

Der annus mirabilis 1989 hat Europa ungeahnte neue Chancen und Perspektiven eröffnet. Zugleich werden neue Verantwortungen, Verpflichtungen und drängende Probleme sichtbar, die uns alle zu dynamischer und offensiver Gestaltung herausfordern.

Die Teilnehmer des Stainzer Symposions „Kultur, Wirtschaft und Politik im Wandel" stellen daher fest:

1. Europa tritt in eine historische Phase der Selbstbestimmung. Der Kommunismus in den Ländern des östlichen Mitteleuropa ist gescheitert. Er hat unverantwortliche Schäden in der wirtschaftlichen und sozialen Struktur dieser Länder hinterlassen und das ökologische Gleichgewicht bis an die Grenze des Reparablen zerstört. In das entstandene Vakuum drohen nationalistische und chauvinistische Strömungen einzudringen. Dies umso mehr, wenn es nicht gelingt, die beträchtlichen ökonomischen Hoffnungen der Völker dieser Länder in angemessener Zeit zu erfüllen. Ähnliches gilt für das westliche Europa. Dort führen die neuen Wanderungsströme zu Verunsicherungen und Xenophobien, die gleichfalls in Nationalismus münden können.

   Es ist daher notwendig, dass sich die OECD-Staaten zu einem MARSHALL-PLAN für das östliche Mitteleuropa entschließen, mit dem die gewaltigen sozialen und ökologischen Altlasten bewältigt werden können. Nur dann wird Platz für unternehmerische Initiativen, hat die ökosoziale Marktwirtschaft eine reelle Chance.

2. Eine positive Folge der mitteleuropäischen Umwälzungen ist die Wiederentdeckung geschichtlicher Räume und Kulturen innerhalb der weitaus jüngeren Nationalstaaten. Mit dem Ende der Blöcke ist eine neue Vielfalt entstanden, die den patriotischen Gefühlen der Bevölkerung Geborgenheit und Heimat bietet.

Es ist die Überzeugung der in Stainz versammelten Politiker und Experten, dass diese Vielfalt in ein Europa der Subsidiarität und der Regionen eingebracht werden muss. Diese Prinzipien sind im Sinne der Resolutionen der Versammlung und der Konferenz der Regionen Europas in die Römer-Verträge einzubauen: Sie stellen nicht zuletzt die Teilnahme des Volkes an der europäischen Entwicklung sicher.

3. Gerade ein Europa der Regionen und der kulturellen Vielfalt kann den dynamischen Prozess der wirtschaftlichen, sozialen und politischen Einigung befruchten und verstärken (Einheit in Vielfalt).

Mit den USA bleibt ein solches Europa in einer transatlantischen Wertegemeinschaft verbunden, die auf Demokratie, Pluralismus, Schutz der Menschenrechte, soziale Marktwirtschaft und freie Entfaltung des civis Europaeus baut.

4. Zur Verstärkung der Wertegemeinschaft der Menschenrechte soll das System des Straßburger Menschenrechtsschutzes so rasch wie möglich auf die Staaten des östlichen Mitteleuropa ausgeweitet werden. Dieses System ist durch einklagbare kollektive Menschenrechte zu ergänzen.

5. Österreich hat in diesem neuen Europa neben seinem Bemühen um EG-Mitgliedschaft eine Reihe von weiteren Aufgaben und Verpflichtungen. So sollen

• Inhalt und Auslegung der österreichischen Neutralität den neuen Entwicklungen gerecht werden;

• die traditionelle österreichische Nachbarschaftspolitik mit den Ländern des östlichen Mitteleuropa vor allem im wirtschaftlichen, ökologischen und bildungspolitischen Bereich qualitativ und quantitativ verstärkt werden.

Wladislaw Bartoszewski

Carlo Bernini

Karl Dietrich Bracher

Erhard Busek

Jan Čarnogurský

Thomas Chorherr

Fritz Csoklich

Luis Durnwalder

Klaus Emmerich

Joschka Fischer

Thomas Kenner

Joseph Ki-Zerbo

Franz Kreuzer

Paul Lendvai

Matija Malešič

Wolfgang Mantl

Hubert Markl

Manfred Prisching

Helga Rabl-Stadler

Hans Rauscher

Gábor Rószík

Joseph Rovan

Bernd Schilcher

Gesine Schwan

Karl Schwarzenberg

Zvonimir Šeparović

Ota Šik

Helmut Sonnenfeldt

Lothar Späth

Gerfried Sperl

Michael Steiner

Andrzej Stelmachowski

Gerald Stourzh

Ernst Trost

Christian Watrin

Prominente Mitunterzeichner der Stainzer Erklärung 1990 (von links):
Erhard BUSEK, Karl SCHWARZENBERG, Luis DURNWALDER,
Thomas CHORHERR, Fritz CSOKLICH und Gerfried SPERL.

Anmerkungen:

1 Joseph Schumpeter: Theorie der wirtschaftlichen Entwicklung. Leipzig, 1912, 104.

2 Die Pluralität des Landes findet sich vor allem im Spiegel kultureller Wahrnehmung abgebildet – als Josef Krainer seine politische Karriere begann – bei Alfred Holzinger (Hg.): Das Buch von der Steiermark. Wien-Hannover 1968.

3 Das politische, wirtschaftliche und kulturelle „Steiermarkbild" bieten seit 1980 die Hefte der vom Josef-Krainer-Haus herausgegebenen sozialwissenschaftlichen Zeitschrift „politicum".

4 Zur österreichischen Gesamtsituation der Zweiten Republik sei verwiesen auf Herbert Dachs u.a. (Hg.): Handbuch des politischen Systems Österreichs. Die Zweite Republik. 3.A. Wien 1997. – Herbert Dachs/Peter Gerlich/Wolfgang C. Müller (Hg.): Die Politiker. Karrieren und Wirken bedeutender Repräsentanten der Zweiten Republik. Wien 1995. – Ernst Hanisch: Der lange Schatten des Staates. Österreichische Gesellschaftsgeschichte im 20. Jahrhundert. Wien 1994. – Wolfgang Mantl (Hg.): Politik in Österreich. Die Zweite Republik: Bestand und Wandel. Wien-Köln-Graz 1992. – Anton Pelinka/Sieglinde Rosenberger: Österreichische Politik. Grundlagen-Strukturen-Trends. Wien 2000.

5 Zum Wandel der „mental patterns": Wolfgang Mantl: Ambivalenzen des Zeitgeists – Das selbstbewußte Individuum und die zerbrechlichen Institutionen. In: Heinrich Pfusterschmid-Hardtenstein (Hg.): Das Normale und das Pathologische – Was ist gesund? Europäisches Forum Alpbach 1996. Wien 1997, 515–538.

6 Zur Lage der Parteien, zumal der ÖVP, im allgemeinen und in der Steiermark im besonderen: Herbert Dachs (Hg.): Parteien und Wahlen in Österreichs Bundesländern 1945–1991. Wien-München 1992. – Herbert Dachs/Ernst Hanisch/Robert Kriechbaumer (Hg.): Liebe auf den zweiten Blick. Landes- und Österreichbewußtsein nach 1945. Wien-Köln-Weimar 1998. – Helmut Konrad/Manfred Lechner/Peter Schachner-Blazizek (Hg.): pro demokratie. Graz 1997. – Robert Kriechbaumer/Franz Schausberger (Hg.): Volkspartei – Anspruch und Realität. Zur Geschichte der ÖVP seit 1945. Wien-Köln-Weimar 1995. – Vgl. auch: 40 Jahre Steirische Volkspartei. Politicum, 6(1985), H.23a (April). – Standort Steiermark. Entwicklungen und Perspektiven. Zukunft in Weißgrün. Ein „sonderpoliticum" anläßlich 50 Jahre Steirische Volkspartei, 15 (1995), H.66 (Mai).

7 Josef Krainer: Unser Standort im neuen Europa. In: Wolfgang Mantl (Hg.): Die neue Architektur Europas. Reflexionen in einer bedrohten Welt. Wien-Köln-Graz 1991, 14.

8 Zur wirtschaftlichen Situation der Steiermark geben die von der Landesamtsdirektion-Landesstatistik herausgegebenen Bände „Steirische Statistiken" nüchterne Auskunft, zumal jüngst „Wirtschaft und Arbeitsmarkt", 39 (1995), H.1 – „Wirtschaft und Konjunktur 1997", 42 (1998), H.7.

9 Das Datenmaterial ist den in Anm. 8 genannten „Steirischen Statistiken" entnommen.

10 Vgl. die Darstellung der historischen Entwicklungsphasen bei Karl Amon/Maximilian Liebmann (Hg.): Kirchengeschichte der Steiermark. Graz-Wien-Köln 1993.

11 Gerd BACHER: Der Mann des Denkanstoßes. Versuch einer Charakterisierung des Josef Krainer. In: Gerd Bacher/Karl Schwarzenberg/Josef Taus (Hg.): Standort Österreich. Über Kultur, Wirtschaft und Politik im Wandel. Graz-Wien-Köln 1990, 18.

12 Hiezu Kurt Wimmer in diesem Band. – Vgl. auch Wolfgang Mantl: Josef Krainer. In: Dachs/Gerlich/Müller, Politiker, 336–343 (Anm. 4).

13 Ernst Trost: Josef Krainer II. Der letzte Landesfürst. Wien 1996.

14 Ds., a.a.O., 96 (Anm. 13).

15 Bacher, Mann, 21 (Anm. 11).

16 Josef Krainer, Ausdauernde Schritte zu einem neuen Basiskonsens. Überlegungen zu einer verantwortungsbewußten Politik in einer komplexen Welt. In: Ds./Wolfgang Mantl/Manfred Prisching/Michael Steiner (Hg.): Nachdenken über Politik. Jenseits des Alltags und diesseits der Utopie. Graz-Wien-Köln 1985, 385.

17 Unveröffentlichtes Typoskript der Rede Josef Krainers bei der Ehrenbandverleihung in Innsbruck am Samstag, dem 15. Dezember 1984, 4f.

18 Bacher, Mann, 24 (Anm. 11).

19 Joschi, wie er ist, was er tut. Information, 24 (1981), Nr. 6 (September), ohne Paginierung.

20 Kurt Wimmer, Ein Abgang mit Geschichte. In: Kleine Zeitung, 19. Dezember 1995, 14. – Nicht frei von Fehlern im Detail: Erich Witzmann: Der letzte Landesfürst: Josef Krainer zieht sich aus der Politik zurück. In: Die Presse. 19. Dezember 1995, 3.

21 Etwas vordergründig formuliert: „Wenn die Steirer nun den Krainer auf einmal auf einen Sockel

stellen, dürfte dabei auch eine gute Portion schlechtes Gewissen mitspielen: weil jetzt viele empfinden, daß Josef Krainer doch nicht verdient habe, was sie ihm da angetan hatten." (Trost, Josef Krainer II., 363/Anm. 13). – Es ist kein Zeichen reifer demokratischer Bildung, wenn man bedenkt, daß es nicht wenige Steirer gegeben hat, die der Ansicht waren, daß Josef KRAINER als Landeshauptmann sozusagen von Wahlen unabhängig sei und sie ihn und seine Partei daher nicht wählen müßten und er trotzdem Landeshauptmann bleiben werde.

22 Dazu in historischer Perspektive: Günther R. Burkert-Dottolo: Das Land geprägt. Die Geschichte der steirischen Bauern und ihrer politischen Vertretung. Graz-Stuttgart 1999.

23 Josef Klaus: Macht und Ohnmacht in Österreich. Konfrontationen und Versuche. Wien – München – Zürich 1971, 14.

24 Krainer, Schritte, 385 f. (Anm. 16).

25 15. Sitzung, 28. Oktober 1970, Sten.Prot.NR XII.GP, 675.

26 21. Sitzung, 2. Dezember 1970, Sten.Prot. NR XII. GP, 1494. – Unter Hinweis auf Gunnar Myrdal und die Enzyklika „Populorum progressio" Papst Pauls VI.: „Für unsere Gesinnung, meine Damen und Herren, gilt in dieser Frage daher, daß uns nicht die Blasiertheit und der Zynismus der Satten und Etablierten, aber auch nicht die Gefühlsduselei und die Sentimentalität an sich gutwilliger Philanthropen voranbringen kann. Was wir in dieser Frage brauchen, ist ein nüchterner, zupackender Idealismus vieler Menschen, auf die wir mit größtem Respekt blicken, die aus der Sicherheit unserer Wohlstandsgesellschaft hinausgehen ... in das ungeheure persönliche Risiko der Entwicklungsländer, in die Länder der Armut, des Analphabetismus, der sozialen Unterdrückung, und die als Entwicklungshelfer das ‚know how' der österreichischen Techniker, Facharbeiter, Krankenschwestern, Ärzte, Landwirte und Lehrer mühselig und unter harten persönlichen Opfern weitervermitteln." (a.a.O., 1499). – Krainers ernste Conclusio: „Gerade diese Zeit vor Weihnachten, und das soll kein sentimentaler Schlußappell sein, in der es auch in unserem Land echte Exzesse – ich habe mir dieses Wort wohl überlegt – einer übersteigerten Kommerzialisierung dieses Festes gibt, sollten wir uns der armen und notleidenden Menschen bei uns in Österreich, aber auch in der weiten Welt erinnern und ehrlich bereit sein, ihnen nach besten Kräften zu helfen. Ich danke schön. (Beifall bei der ÖVP.)" (a.a.O., 1500).

27 19. Sitzung, 4. Juli 1980, Sten.Ber. Stmk. LT IX. GP, 790.

28 Wolfgang Pesendorfer: Der Landeshauptmann. Historische Entwicklung, Wesen und verfassungsrechtliche Gestalt einer Institution. Wien-New York 1986.

29 Ds., a.a.O., 112 (Anm. 28).

30 Zu diesem Problemfeld: Maximilian Gottschlich/Oswald Panagl/Manfried Welan: Was die Kanzler sagten. Regierungserklärungen der Zweiten Republik 1945 – 1987. Wien-Köln 1989.

31 19. Sitzung, a.a.O., 797 (Anm. 27).

32 A.a.O., 804 (Anm. 27).

33 Aus Korens Schlußwort an diesem Sitzungstag (a.a.O., 804/Anm. 27).

34 Unveröffentlichtes Typoskript, 2.

35 2. Sitzung, 23. Jänner 1996, Sten.Ber.Stmk. LT XIII. GP, 13.

36 Eine detaillierte Darstellung findet sich bei Trost, Josef Krainer II., 145-147 (Anm. 13).

37 Diese Vorgänge werden in ihrem Verlauf beschrieben von Trost, Josef Krainer II, 209-225 (Anm. 13)

38 Hier sei noch einmal auf die beiden Hefte der Landesstatistik verwiesen: „Wirtschaft und Arbeitsmarkt" (39. Jg. 1995, H.1) sowie „Wirtschaft und Konjunktur 1997" (42. Jg. 1998, H.7).- In weltweiter Perspektive ist es interessant, die wichtigsten Hochtechnologien und Industrien der Zukunft gleichsam als Folie über die steirische Situation zu legen, die der deutsche Diplomat Konrad Seitz, der 1995 am steirischen Symposion „Gigatrends" in Stift Rein/Graz teilgenommen hat, in seinem neuesten Buch beschreibt: 1. informationstechnische Industrie, 2. Bioindustrie, 3. neue Werkstoffe, 4. neue Energiesysteme, 5. Umwelttechnik, 6. Raumfahrttechnik (Konrad Seitz: Wettlauf ins 21. Jahrhundert. Die Zukunft Europas zwischen Amerika und Asien. Berlin 1998, 10–12).

39 Krainer, Schritte, 393 (Anm. 16).

40 Ds., a.a.O., 388 (Anm. 16).

41 Vgl. Gunther Tichy/Heribert Wulz: Notwendigkeit, Möglichkeiten und Kosten eines Technologietransfers an österreichischen Klein- und Mittelbetrieben nach dem Steinbeis-Modell. Wien 1996.

42 Dazu Josef Gölles/Mushtag Hussain: Eine ökonomische Analyse des Strukturwandels der steirischen Wirtschaft. In: Wirtschaft und Konjunktur 1997. Steirische Statistiken, 42 (1998), H.7, 45–128.

43 Christian Graf von Krockow: Reform als politisches Prinzip. München 1976, 119.

44 Vgl. aus der reichen Literatur der achtziger Jahre: Gerhard Hirschmann: Modell Steiermark. In: Österreichisches Jahrbuch für Politik '80. München-Wien 1981, 121-134.

45 Modell Steiermark. o. O. (Graz) o. J. (1980), 4.

46 Zum gesamten Projekt: Christian Brünner/Wolfgang Mantl/Dietmar Pauger/Reinhard Rack: Verfassungspolitik. Dokumentation Steiermark. Wien-Köln-Graz 1985.

47 Christian Brünner: Korruption und Kontrolle – eine Einleitung. In: Ds. (Hg.): Korruption und Kontrolle. Wien-Köln-Graz 1981, 20. – Es war dies übrigens der 1. Band, das „Flaggschiff", der inzwischen auf 60 Bände angewachsenen, von Christian Brünner, Wolfgang Mantl und Manfried Welan im Böhlau-Verlag herausgegebenen „Studien zu Politik und Verwaltung".

48 Die erste stammte von Arnold Heidenheimer (ed.): Political Corruption: Readings in Comparative Analysis. New York 1970, 2nd ed. New Brunswick 1978.

49 Joseph Marko: Parteien und Wahlen in der Steiermark. In: Dachs, Parteien, 396 f. (Anm. 6). – Dazu auch Wolfgang Mantl: Hanns Koren. In: Dachs/Gerlich/Müller, Politiker, 321–328 (Anm. 4).

50 Bernd Schilcher (Hg.): Zwischen Pragmatismus und Ideologie. Steirische Beiträge zur Grundlagendiskussion der ÖVP. Graz 1972.

51 Vgl. Alexander Auer (Hg.): Das Forum Alpbach 1945–1994. Die Darstellung einer europäischen Zusammenarbeit. Wien 1994. – Heinrich Pfusterschmid-Hardtenstein (Hg.): Entscheidung für Europa. Bewußtsein und Realität. Europäisches Forum Alpbach 1992. Wien 1993.

52 Die steirischen Aktivitäten sind am ehesten denen Erhard Buseks in Wien zu vergleichen. Es ist daher nicht verwunderlich, daß es mehrere Steiermark-Wien-Treffen gab, die durch die Spritzigkeit der miteinander befreundeten Politiker Erhard Busek und Josef Krainer ihren unverwechselbaren Charakter erhielten.

53 Marko, Parteien, 405 (Anm. 49).

54 Vgl. Wolfgang Mantl: Brückenbau am „Runden Tisch". In: Steirische Berichte, 2/3. Heft 1998, 14 bis 16. – Manfred Prisching (Hg.): Identität und Nachbarschaft. Die Vielfalt der Alpen-Adria-Länder. Wien-Köln-Graz 1994. – Maria Ranacher: Die Außenpolitik der Steiermark – rechtliche Bestandsaufnahme und Bewertung. Graz (Rechtswiss. Diplomarbeit bei mir) 1996, darin auch ein Interview mit Josef Krainer über die Außenpolitik der Steiermark (74–78).

55 Marko Parteien, 422 (Anm. 49). – Die Hinweise Markos beziehen sich auf die Landtagswahlen vom 22. September 1991, bei denen die ÖVP von 51,8 % auf 44,2 % der Stimmen abfiel.

56 Bacher, Mann, 26 f. (Anm. 11).

57 Krainer, Schritte, 386 (Anm. 16).

58 Bacher, Mann, 22 (Anm. 11).

59 Josef Krainer, Ortsbestimmung. In: Ds./Wolfgang Mantl (Hg.): Ortsbestimmung. Politik–Wirtschaft–Europa. Graz-Wien-Köln. 1993, 15.

60 Die tägliche Bilderflut erzeugt nach einiger Zeit eine gewisse Sättigung oder das Gefühl der Selbstverständlichkeit und Unerschütterlichkeit des Bestehenden.

Maria Schaumayer

Waltraud Klasnic

Die erste Frau an der Spitze der Steiermark

Premiere für Österreich: Am 23. Jänner 1996 wählte der Landtag Waltraud Klasnic zum Landeshauptmann der Steiermark – als erste Frau in der Geschichte unserer Republik. Damit beginnt die volle Verantwortung einer außergewöhnlichen Persönlichkeit für ein Bundesland mit wechselvoller und zuweilen blutiger Geschichte, das als einziges nach Kriegsende für einige Zeit mehr als eine Besatzungsmacht hatte, das einen überdurchschnittlich hohen Anteil an Kriegsverwüstungen und ehemaligen Rüstungsbetrieben aufwies und dennoch auch bäuerlich war.

Die Persönlichkeit

Die Wahl von Waltraud Klasnic stellte in mehr als einer Hinsicht eine Zäsur dar. Auf den welterfahrenen „Landesfürsten" Dr. Josef Krainer folgte eine in der Wirtschaft und im praktischen Alltag bewährte Frau, die von Anfang an klarstellte, dass sie nicht an fremden Schuhgrößen gemessen werden will, und die sicher keine „Quotenfrau" ist. Auf die Frage einer Journalistin erklärte Waltraud Klasnic selbstbewusst und dennoch bescheiden, dass sie nie im Schatten von Josef Krainer gestanden war. „Ich durfte mit seiner Begleitung, mit seinem Schutz und seinem Vertrauen groß werden." Die Größe der beiden so unterschiedlichen Persönlichkeiten zeigte sich in ihrem unverkrampften weiteren Kontakt und ihrer Zusammenarbeit nach der Amtsübergabe.

Unvermeidlich war nach der Wahl eine der „brennendsten" Fragen: Wie lautet die richtige Anrede? „Mein Gott, das ist nicht mein Hauptproblem … Laut Protokoll heiße ich korrekt Frau Landeshauptmann", antwortete Waltraud Klasnic. Auch das ist eine selbstbewusste Äußerung, der wohl die natürliche Auffassung zugrunde liegt, dass eine Funktion grundsätzlich geschlechtsneutral ist und durch das Voransetzen von Herr oder Frau bloß deutlich wird, wer sie gerade innehat. Auf die Frage, was eine „Landeshauptfrau" besser kann, antwortete Waltraud Klasnic mit großer Natürlichkeit: „Ich glaube nicht, dass sie was besser kann. Sie macht vielleicht manches anders. Wie, das hängt von der Persönlichkeit ab, nicht davon, ob jemand Mann oder Frau ist."

Chronisten haben es nicht ganz leicht mit Frau Landeshauptmann Klasnic. Es gibt viele spontane, aber wenig geschriebene Reden von ihr. Sie spricht zur Sache, aber sie redet vor allem zu den Menschen – mit Herz und Sachverstand; sie delegiert und ermutigt; sie initiiert und präsentiert Vorhaben, Konzepte, Perspektiven – ohne das Rampenlicht mit Manuskripten zu suchen.

Die Tragödie und das Wunder von Lassing haben das Charisma ihrer Persönlichkeit weit über das eigene Land hinaus spürbar gemacht. Als Waltraud Klasnic in bitterer Stunde sagte: „Ein Land weint. Der Herrgott hat entschieden", da blieb kein Herz unberührt. Gebetet hat Waltraud Klasnic mit der Familie von Georg Hainzl am Küchentisch – ohne Medien. Als Georg Hainzl gerettet wurde – nicht zuletzt dank ihrer Entscheidung, den Helfer, der sich anbot, nicht abzuweisen –, da kam ihr Gotteslob und Dank aus tiefster Mitmenschlichkeit.

Auf menschliche Herausforderungen derart tragischer und dramatischer Ereignisse können weder Coaches noch Spin Doctors vorbereiten. In solchen Stunden sind auch Politiker als Menschen allein und müssen ihre Persönlichkeit offenbaren. Es ist evident, dass Waltraud Klasnic damals die vielleicht größte menschliche Prüfung ihrer Amtszeit bestanden hat und dass sie mit ganzem Herzen und allen ihren Fähigkeiten den Menschen ihrer Mitwelt zugewandt ist.

Der Werdegang

Was befähigt Waltraud Klasnic, sich den Problemen der Gegenwart und der Zukunft ihrer Steiermark mit so viel Mut, Herz und Kompetenz zu stellen? Ihr Werdegang ist bemerkenswert und wohl Grundlage ihrer für alle spürbaren großen Menschlichkeit, aber auch ihrer Hartnäckigkeit beim Verfolgen von Zielen. Sie wurde in den Nachkriegswirren am 27. Oktober 1945 in Graz geboren und wuchs als Adoptivkind in sehr beengten, aber liebevollen Verhältnissen auf. Ihre Maßstäbe für Menschlichkeit und für Dankbarkeit wurden wohl in ihren frühen Kindheits- und Jugendjahren geprägt. Wer redete damals schon von Chancengleichheit? Spricht man heute mit Waltraud Klasnic über ihre Kindheit und Jugend, so hat man das sichere Gefühl, dass ein hohes Maß an Eigenverantwortung und Optimismus schon sehr früh Wegweiser in ihrem Leben wurde. Es kommt keine Bitterkeit und kein Lamentieren auf, wenn sie in ihrer Regierungserklärung auch ihre persönliche Erfahrung anspricht: „Ich habe dankbar zu sein für vieles im Leben, das manch andere als selbstverständlich betrachten. Ich habe es nicht gelernt, sondern ich musste es einfach: oft verzichten! Es hat mir nicht geschadet. Aber ich habe seit 25 Jahren, die ich in der Politik bin, die Chance erhalten, helfen zu können."

Auf den Schulbesuch in Graz folgten vier Jahre Ausbildung und Tätigkeit im Fachhandel, ebenfalls in der Landeshauptstadt. Waltraud Klasnic hat jung geheiratet und ab 1963 gemeinsam mit ihrem Mann Simon ein Transportunternehmen aufgebaut. Die glückliche Ehe, ihre drei Kinder und bisher fünf Enkelkinder sind ihr starkes Lebensfundament und Kraftquell. Und es ist auch für Besucher nicht nur ungewohnt, sondern beglückend, zu erleben, wie ein Sohn unangemeldet im Landeshauptmann-Büro vorbeischaut, um der Mutter eine familiäre Nachricht persönlich zu überbringen. Waltraud Klasnic lebt unkompliziert in ihrer Großfamilie und kann stolz darauf sein, dass ihre Kinder ihr das Zeugnis ausstellen, eine gute Mutter zu sein. Kein Wunder, aber wunderbar auch für ihre großen Aufgaben, dass sie kein Ich-Mensch, sondern ein Wir-Mensch ist, und dies auch in der Politik lebt. Durch das von Frau Landeshauptmann Klasnic so unverwechselbar geprägte Miteinander konnten manche politischen Blockaden in der Steiermark aufgebrochen und in allen Bereichen der Politik gemeinsame Erfolge für die Steiermark und deren Ansehen auch in der EU erzielt werden.

Den Weg in die Politik nahm Waltraud Klasnic über ihr Engagement in der Österreichischen Frauenbewegung ab 1970. Damals war Edda Egger Landesleiterin in der Steiermark und bald danach auch Bundesleiterin der Österreichischen Frauenbewegung. Über diese Pionierin der Frauenbewegung, die sich zeitlebens für die heute endlich selbstverständliche bildungsmäßige, soziale und politische Gleichberechtigung der Frauen in unserer Gesellschaft einsetzte, schreibt Waltraud Klasnic im „politicum" 83 vom Mai 1999: „Edda Egger war eine der großen und prägenden Frauen in der Politik Österreichs und der Steiermark nach 1945. Die Frauen Österreichs, der Steiermark und der Volkspartei haben ihr ungemein viel zu danken. Das gilt ganz besonders auch für mich.

Ich habe Edda Egger bewusst am 8. März 1970 kennengelernt, als ich nach der schweren Wahlniederlage der Volkspartei auf Bundesebene in Weinitzen die Ortsgruppe der Österreichischen Frauenbewegung gründete. Für mich war Edda Egger in vielerlei Hinsicht ein Vorbild. Sie war in allen Phasen meiner politischen Tätigkeit für mich da." Wenn heute Frauen immer wieder nach Netzwerken suchen, um die „gläserne Decke" zu sprengen, so fand Waltraud Klasnic in der Österreichischen Frauenbewegung schon damals Verankerung, Ermutigung und menschliche Unterstützung. Es zeichnet sie aus, dass sie an diese Werte nicht nur erinnert, sondern auch selbst zeitgemäß lebt und so selbst wieder Stütze und Vorbild ist.

Das politische Engagement von Waltraud Klasnic bekam bald eine soziale Komponente, aber auch ein wirtschaftspolitisches Betätigungsfeld trat hinzu. Schon 1974 wurde sie Landesleiterin und seit 1993 ist sie Bundesleiterin der Katastrophenhilfe österreichischer Frauen. Letzteres ist sie auch als Landeshauptmann geblieben, wenngleich sie ihren beiden Stellvertreterinnen Generalvollmacht mit Zustimmung der Hauptversammlung erteilte.

Die Landesgruppe Steiermark des Österreichischen Wirtschaftsbundes leitete Waltraud Klasnic von 1990 bis 1997 und in den Jahren 1993 bis 1997 war sie gesamtösterreichische Vizepräsidentin dieser wichtigen Teilorganisation der ÖVP. Seit 9. März 1996 steht sie nun auch an der Spitze der Steirischen Volkspartei.

Ihr erstes politisches Mandat erhielt Waltraud Klasnic 1970 als Gemeinderätin in Weinitzen, ihrer Heimatgemeinde. Es folgten Mandate in der Wirtschaftskammer Steiermark, im Bundesrat und im Steiermärkischen Landtag, der sie 1983 zur Dritten Landtagspräsidentin wählte. Im Jahr 1988 wechselte sie auf die Regierungsbank und übernahm als erste Wirtschaftslandesrätin Österreichs Verantwortung für die Bereiche Wirtschaft, Tourismus und Verkehr. Von Oktober 1993 bis Jänner 1996 fungierte sie auch als erste Landeshauptmann-Stellvertreterin der Steiermark.

Als Waltraud Klasnic am 23. Jänner 1996 zur ersten weiblichen Landeschefin Österreichs gewählt wurde, brachte sie in ihr neues hohes Amt demnach die praktische Erfahrung aus vielen Ebenen und Bereichen des Gemeinwesens ein. Ihre Regierungserklärung stellte sie unter das Motto „Miteinander für unsere Zukunft". Und sie wandte sich damit nicht nur an die politischen Verantwortungsträger, sondern auch an die Bürgerinnen und Bürger der Steiermark, denen sie schrieb: „… das steirische Miteinander darf sich nicht auf Politiker beschränken. Wir brauchen dafür vor allem auch Ihre Hilfe. Nur mit Ihrer Unterstützung können wir gemeinsam die Zukunft gestalten." Es ist überaus zeitgemäß, dass Waltraud Klasnic die Wähler und Wählerinnen nicht nur als Stimmengeber oder Stimmenverweigerer sieht, sondern als unverzichtbare Mitgestalter der Politik mit Eigenverantwortung.

Ein neuer politischer Stil

Wir finden in Landeshauptmann Waltraud Klasnic eine politische Persönlichkeit neuen Stils, ganz und gar unverwechselbar in ihren Prioritäten der Zuwendung zu den Menschen. In ihrer Regierungserklärung hat sie neben allen Sachprogrammen auch die Fragen angesprochen, die für die Zukunft der Gesellschaft, für ein Miteinander in einer von vielen getragenen und bejahten Gemeinschaft wesentlich sind. Vielleicht sind diese Fragen im Medienzeitalter für eine „Spaßgesellschaft" keine Quotenhits. Für die weitere positive Entwicklung unserer demokratischen Gesellschaft ist es aber eine Kernfrage, ob wir Persönlichkeiten für die Politik gewinnen, die den Menschen redlich das Gefühl geben, dass sie von der Politik nicht instrumentalisiert werden, sondern mitgestalten können. Es gab in der Geschichte zu allen Zeiten Phasen, in denen sich die Menschen vom Gemeinwesen abwenden wollten. Das konnte zu Rebellion, Krieg oder Zerfall führen. Erstmals in der europäischen Geschichte leben wir nun dank der Integration in einer Friedensperiode, die länger ist als jede vorangegangene Zwischenkriegszeit. Und diese unsere Friedensepoche steht nicht unter imperialen, sondern unter demokratischen Vorzeichen. Das bedeutet eine ungeheure Chance für unsere und die kommenden Generationen. Frieden und relativer Wohlstand bergen allerdings auch die Gefahr der Gleichgültigkeit bei den Bürgern und der Beliebigkeit oder des schieren Populismus bei den politisch Verantwortlichen in sich. Diesen Gefahren ist nicht mit Deklarationen, sondern im Wesentlichen nur mit Persönlichkeiten auf allen Ebenen – von der Familie über die Schulen bis zur Politik – glaubwürdig zu begegnen. Waltraud Klasnic verkörpert diesen für die Weiterentwicklung unseres Gemeinwesens so notwendigen neuen politischen Stil. In ihrer Regierungserklärung sagte sie wörtlich: „Ich selbst habe mich entschlossen, in der Politik mit dabei zu sein, weil man dem Nächsten helfen kann, und um Verantwortung zu übernehmen. Dazu habe ich im Laufe meines Lebens viele Möglichkeiten gehabt. Ich möchte Politik so sehen, dass wir uns davor nicht zu fürchten brauchen, denn sie schließt vor allem auch das Gefühl der Gerechtigkeit und der Liebe zum Menschen ein. Ich kenne unendlich viele Menschen, die bereit sind, in karitativen Organisationen oder wo immer mitzuhelfen, aber gleichzeitig dazu sagen: ‚Mit Politik gebe ich mich nicht ab.' Was ist aber Menschenrecht ohne Politik? Ich glaube, wir müssen es verbinden und wir sollten auch jene Gruppen zusammenführen, die sich tagtäglich bemühen. Wir sollten ihnen das Gefühl geben, dass sie von uns begleitet, anerkannt werden und dass wir ihnen dankbar für ihre Leistungen sind." Das sind die Worte des politischen Menschen Waltraud Klasnic, die nicht abgehoben hat, sondern ihre ganze Persönlichkeit dafür einsetzt, nicht nur für die Menschen, sondern ebenso mit den Menschen zu arbeiten. Ihre Erfahrungen mit Schicksalen in der Katastrophenhilfe österreichischer Frauen, in der SOS-Kinderdorfgemeinschaft Steiermark, aus der Verantwortung für ein Pflegeheim in Graz, aus unendlich vielen menschlichen Begegnungen fasst Waltraud Klasnic in ihrem Bekenntnis zusammen: „Ich werde mich deshalb ganz besonders darum bemühen, da zu sein, für die Menschen in unserem Land angreifbar zu sein, offen zu sein für Ideen und Probleme, die Anliegen der Bevölkerung wirklich wahrzunehmen, heiße Eisen nicht wegzuschieben, sondern anzugreifen. Nicht große Worte machen. Ich habe zu arbeiten gelernt und ich arbeite gerne. Es geht mir um die Aufrichtigkeit, um Verständnis, Geduld, um Herz und um einen anderen Ton in der Politik. Es ist nicht immer wichtig, wer welchen Vorschlag gemacht hat, sondern wie gut er ist. Und was das Bessere für unser Land ist, das wollen wir tun."

Bürger und Parteien müssen zur Zeit ihren Weg in die Zukunft suchen. Paul Kevenhörster, Politikwissenschaftler an der Westfälischen Wilhelms-Universität Münster, mahnte in der „Frankfurter Allgemeinen Zeitung" vom 8. September 1999, dass die Parteiendemokratie nicht zur Stimmungsdemokratie verkommen dürfe. Er mahnt die Parteien, dass die Parteienverdrossenheit nicht zuletzt auf die Selbstüberforderung der Parteien im politischen Wettbewerb zurückzuführen sei mit der Neigung, gesellschaftliche Erwartungen an staatliche Leistungen noch weiter zu steigern und umfassende Lösungskompetenz zu suggerieren, bei gleichzeitiger Verdrängung langfristiger Probleme und Lösungsansätze.

Aufgaben und Ziele

Bis zu einem gewissen Grad ist Landespolitik durch größere Bürgernähe vor der vom Politologen befürchteten extremen Entwicklung gefeit, aber es bedarf immer der verantwortungsbewussten Einstellung der Verantwortlichen. Landeshauptmann Klasnic hat in ihrer Regierungserklärung die Zukunftsperspektive durch fünf Schwerpunkte charakterisiert. An der Spitze steht das Thema Arbeit, in das Arbeitnehmer, Unternehmer und Bauern eingeschlossen sind. Ebenso wichtig ist für Waltraud Klasnic die Familie und dazu zählt sie alle Anliegen der Menschen, also auch die der

Die bestmögliche Qualifikation der Jugend ist ein besonderes Anliegen von Waltraud KLASNIC.

Zweite Europäische Ökumenische Versammlung in Graz 1997: Waltraud KLASNIC im Gespräch mit Kardinal Franz KÖNIG und dem Oberhaupt der Armenisch-Apostolischen Kirche, Katholikos-Patriarch KAREKIN I.

206

Waltraud KLASNIC am Steuer des neuen PT Cruisers (mit Eurostar-Chef Garry CASH) – ein weiterer Erfolg des Automobilclusters.

Zutiefst bewegende Wochen in Lassing 1998: Waltraud KLASNIC mit Pfarrer Paul SCHEICHENBERGER (rechts) und OMV-Bohrleiter Leopold ABRAHAM (links) in den Stunden der dramatischen Rettung von Georg Hainzl.

Kinder, der Frauen und der älteren Menschen. Ihr selbstverständliches Bekenntnis zur Durchsetzung der Chancengleichheit für Frauen und zu flächendeckender Kinderbetreuung als Ziel wird durch ihr Votum für Entscheidungsfreiheit ergänzt, wobei sie den Preis für die Freiheit nicht zu Lasten der Kinder sehen will. „Jede Mutter, die es braucht, und jede Mutter, die es will, soll die Möglichkeit haben, einen Kinderbetreuungsplatz zu finden. Da gibt es neben dem Kindergarten die Tagesmutter, die private Kindergruppe, die Kinderkrippe, den Oma-Opa-Dienst oder auch Nachbarschaftsdienste."

Als ihren dritten Steiermark-Schwerpunkt nennt Landeshauptmann Klasnic alles, was zum Umfeld des Menschen gehört: also Bildung, Gesundheit, Kultur. Bildung sieht sie als die Grundlage für das Wissen von morgen und sie wünscht ausdrücklich eine weitere Förderung der Internationalität wie auch den Ausbau der Berufsschulen, die als „regionale Bildungszentren" offen stehen sollen.

Landeshauptmann Klasnic betrachtet es als eine Selbstverständlichkeit, dass Gesundheit – das höchste Gut des Menschen – nicht von der sozialen Stellung des Einzelnen oder seinem Einkommen abhängen darf. „Wir müssen zusammenhelfen", so sagt sie, „dass das Gesundheitswesen jedem offen steht, auch in Zukunft, ob Arm oder Reich, ob Jung oder Alt, und wenn ich sage alt, dann muss uns bewusst sein, dass wir in einer Zeit leben, in der vier bis fünf Generationen zur selben Zeit leben."

Die Bedeutung der Kultur als eine Quelle des Nachdenkens und der Inspiration für uns alle veranlasste Frau Landeshauptmann Klasnic, über die geordneten Ressortzuständigkeiten hinausgehend, ein Forum Steiermark ins Leben zu rufen, in dem Persönlichkeiten aus Kultur, Wirtschaft und Politik gemeinsam neue steirische Wege suchen.

Das Regierungs- und Arbeitsprogramm von Waltraud Klasnic im Land und in der Steirischen Volkspartei hat Perspektive. Ihr zentrales Anliegen, „Arbeit schaffen", verfolgte sie auch schon als Wirtschaftslandesrätin seit 1988. Über den so erfolgreichen Strukturwandel der Steiermark stellte das Österreichische Institut für Wirtschaftsforschung in seinem Monatsbericht 3/98 fest: „Innerhalb eines Jahrzehnts hat sich die Steiermark von der Region mit den gravierendsten Problemen des österreichischen Arbeitsmarktes zu jenem Bundesland entwickelt, in dem in einem Jahr die meisten zusätzlichen Arbeitsplätze geschaffen wurden." Vom letzten Platz bei der Beschäftigungsentwicklung verbesserte sich die Steiermark innerhalb von zehn Jahren auf Rang 1.

In diesem Jahrzehnt ereignete sich der Zusammenbruch des kommunistischen Systems im benachbarten Osten und Südosten. Die steirische Wirtschaftspolitik hat dies als Chance begriffen und nicht als Bedrohung. Sie hat bewiesen, dass Krise kein Schicksal ist, sondern dass Standortbedingungen auch gestaltbar sind. Wie sehr das Bundesland Steiermark an wirtschaftlicher Standortqualität gewonnen hat, geht aus der Empirica-Studie hervor: In den fünf Jahren von 1993 auf 1998 hat sich die Steiermark unter 243 EU-Regionen vom 119. auf den 53. Rang verbessert. Im Unterbereich Qualifikation liegt sie sogar auf Rang 29; beim Verkehr allerdings weist Rang 165 den dramatischen Nachholbedarf aus.

Die steirische Politik bemüht sich jene Rahmenbedingungen zu schaffen, die dynamische und innovative Unternehmen sowie Arbeitnehmerinnen und Arbeitnehmer zu Leistung und zukunftsorientierten Investitionen ermuntern und einen positiven Prozess der Strukturerneuerung fördern. Dass es gelungen ist, ein die entscheidende private Initiative stimulierendes Klima in der Steiermark zu schaffen, beweisen die steigenden Beschäftigtenzahlen, die Investitionssummen und die Abnahme der Beschäftigungssuchenden. Dachmarke der Bemühungen ist der territoriale Beschäftigungspakt, das Motto lautet: Arbeit für die Jugend – Chancen für die älteren Arbeitnehmer. Jugendbeschäftigung als grundlegender Teil der Sinnerfahrung des Lebens hat für Landeshauptmann Klasnic immer besondere Priorität. Schon als Wirtschaftsreferentin der Landesregierung setzte sie diesbezüglich eine Vielzahl von Initiativen – vom Modernisierungsprogramm der steirischen Berufsschulen bis hin zum Bildungsscheck. 1996 wurde die Aktion „Plus ein Lehrplatz" gestartet, durch die in 1200 Betrieben rund 1700 neue Lehrplätze geschaffen werden konnten, womit die Steiermark schon 1996 das einzige österreichische Bundesland war, das ein Plus an Lehrstellen vorweisen konnte. 1997 folgte die Aktion „Startjobs", mit der etwa 250 junge Berufseinsteiger im Alter zwischen 17 und 27 Jahren gefördert werden konnten. Auch die NAP-Initiative der Bundesregierung ist in der Steiermark positiv angelaufen und brachte seit Ende 1998 im Zusammenwirken mit dem Land und den Sozialpartnern für bisher etwa 900 junge Menschen neue Chancen.

Auf Basis des 1998 vom Nationalrat beschlossenen Jugendausbildungsgesetzes starteten 1999 auch die Stiftungen und Lehrgänge. Dank der Initiative des Landes stehen den Jugendlichen in der Steiermark 820 JASG-Plätze zur Verfügung. 70 Prozent der Interessenten sind Lehrlinge; das größte Interesse gilt dem Beruf des EDV-Kaufmanns.

Die Sorge um die gestiegene Zahl der älteren Arbeitslosen – die Altersarbeitslosigkeit ist im NAP nicht explizit behandelt – veranlasste Landeshauptmann Klasnic 1998, ein umfassendes Konzept an Beschäftigungsstrategien für die älteren Arbeitnehmerinnen und Arbeitnehmer vorzustellen mit konkreten Vorschlägen für Abfertigung plus, eine Qualifikationsoffensive, für Arbeitszeitpolitik und einen Arbeitskräftepool.

Eine Bund-Land-Vereinbarung, die Frau Landeshauptmann Klasnic anstrebt und die alle Bereiche von Infrastruktur über Hochbauten des Bundes, Tourismus und Sport, Wirtschaft, Wissenschaft, Kultur, Landwirtschaft, Grenzland, Gesundheit und Soziales bis zum Finanzausgleich umfassen soll, könnte einen neuen Investitions- und Infrastrukturschub auslösen und die Steiermark als dynamisches Zentrum im Südosten weiter stärken. Auch wenn der förmliche Abschluss dieser Vereinbarung noch aussteht, konnten wesentliche Infrastruktur- und Wissenschaftsprojekte schon vorweg akkordiert und gestartet werden wie z. B. das Kompetenzzentrum Leoben.

Der deutsche Bundespräsident Roman Herzog merkte 1998 bei einer Festveranstaltung in Münster an, dass in der Vergangenheit die Einheit von Territorien, religiöser Überzeugung und Staat mit der Abschottung der vielen Staatsgebiete und ihrer jeweiligen Gesellschaften einhergehe, während wir heute erlebten, wie diese Prinzipien durch zwei Entwicklungen relativiert würden: nämlich durch die Globalisierung und durch den Prozess der europäischen Einigung. Wir stünden vor einer neuen Zeitenwende, meinte Bundespräsident Herzog. Tatsächlich verliert das Territorialprinzip durch die fortschreitende Globalisierung zunehmend an Bedeutung. Weltweit sind heute die Grenzen für Güter, Kapital und Dienstleistungen, vor allem aber auch für die Menschen offener und durchlässiger. Damit sind Chancen, aber auch Sorgen verbunden. Grenzüberschreitende Regionen werden bedeutsamer. Das haben maßgebliche Politiker der Steiermark frühzeitig erkannt. Aber auch Gemeinden bekommen einen neuen Stellenwert, gerade in Zeiten der Globalisierung. Landeshauptmann Klasnic sieht in den steirischen Gemeinden folgerichtig die

Grundlage eines lebendigen Gemeinwesens und hat in der Landesregierung daher selbst das Gemeindereferat übernommen. Ihre Gemeindeförderungspolitik trachtet danach, diesen Heimatorten der Menschen bestmögliche Unterstützung und gezielte Investitionsimpulse zu geben.

Unter den Standortfaktoren, die im nationalen und internationalen Wettbewerb eine nicht unerhebliche Rolle spielen, ist auch eine effiziente und kundenorientierte Verwaltung von Belang. Landeshauptmann Klasnic ist zu Recht stolz darauf, dass durch administrative Konzentration und Reorganisation für 90 Prozent der Anträge bereits eine Verkürzung der Gewerbeanlageverfahren auf drei Monate gelungen ist.

Wissen und Qualifikation sind zu einem für die Zukunft entscheidenden Standortfaktor geworden. Landeshauptmann Klasnic ist der Überzeugung, dass eine hochentwickelte, exponierte, an natürlichen Ressourcen arme Industrieregion ihren Wohlstand und ihre Zukunftschancen im globalen Wettbewerb nur wahren kann, wenn sie die Menschen mit ihren vielfältigen Begabungen bestmöglich fördert, ihnen also die besten Bildungs-, Ausbildungs-, Qualifikations- und Weiterbildungsmöglichkeiten bietet. Die Steiermark hat vier Hohe Schulen mit den meisten Studierenden außerhalb des Wiener Raums. Von den elf Spezialforschungsbereichen an Österreichs Universitäten sind allein fünf an den steirischen Universitäten beheimatet, was für die große Qualität der Forscherpersönlichkeiten spricht. Die Steiermark hat auch die meisten Fachhochschullehrgänge in Österreich aufzuweisen. Mit dem Joanneum Research verfügt die Steiermark über die größte außeruniversitäre Forschungseinrichtung außerhalb des Wiener Raums. Stolz kann die Steiermark auch auf den höchsten Anteil an Hightech-Produktentwicklungen in Österreich sein. Dazu kommen eines der am besten ausgebauten Berufs- und Landwirtschaftsschulnetze sowie eine beispielgebende Dichte und Vielfalt des Erwachsenenbildungsnetzwerks. Auch Letzteres sieht Frau Landeshauptmann Klasnic als einen entscheidenden Vorteil für das immer wichtiger werdende lebenslange und lebensbegleitende Lernen.

Das Bundesland Steiermark hat heuer 50 Stipendiaten die Teilnahme am Forum Alpbach ermöglicht. Bei den Alpbacher Technologiegesprächen 1999 führte Landeshauptmann Klasnic den Vorsitz im Arbeitskreis 4, bei dem es um den steirischen Automobilcluster ging. Sie konnte eine höchst positive

Bilanz ziehen und Helmut List, der Chef des Grazer Motorenentwicklungs-
zentrums, konnte betonen, dass sich die Steiermark mittlerweile selbst als
Autoregion empfindet und dass dies auch in Turin und Detroit so wahrgenommen wird. Ihre eigene Empfindung über Alpbach formulierte Waltraud
Klasnic schlicht: „Die spontane Wissensweitergabe, die hier möglich ist, das
ist das Geschenk von Alpbach."

Die Zukunft

Greifbarer Ausdruck einer Zeitenwende ist nicht zuletzt der Euro. Mit dem
Beginn der Europäischen Währungsunion am 1. Jänner 1999 wurde die Währung, die in der Vergangenheit Inbegriff der nationalen Souveränität und für
Österreich auch Symbol des wirtschaftlichen Erfolges nach zwei Weltkriegen
war, für elf Teilnehmerländer supranational und entpolitisiert. Die Europäische Währungsunion ist eine nicht mehr kündbare Solidargemeinschaft. Die
mit der gemeinsamen europäischen Währung verbundenen Herausforderungen müssen von allen teilnehmenden Staaten und deren Gliedstaaten anerkannt und angenommen werden. Im sogenannten Maastricht-Vertrag wurde
die Entscheidung getroffen, dass die Währungsunion startet, ohne dass es
gleichzeitig eine Politische Union gebe. Das heißt, es gilt ein regelgebundenes
System für die gemeinsame supranationale Geldpolitik und es gibt auch feste
Regeln für die Wirtschafts- und Finanzpolitik, die jedoch in nationaler Kompetenz und Verantwortung bleiben. Nach dem erfolgreichen Beginn der Europäischen Währungsunion stehen alle Teilnehmerländer nun vor einer neuen
Realität mit zwei wesentlichen Aspekten: nämlich mehr gemeinsame Verantwortung und mehr Standortkonkurrenz auch im Innenverhältnis. Unter den
neuen Gegebenheiten bedeutet dies, dass grundlegende Aufgaben vorrangig
von der nationalen, aber auch der regionalen Ebene anzugehen sind. Zu diesen
Aufgaben zählen in der Europäischen Union der Abbau hartnäckig hoher
struktureller Arbeitslosigkeit, ein weiteres Flexibilisieren der Güter- und Ar-
beitsmärkte, ferner investitions- und wachstumsfreundliche Steuersysteme
sowie ein nachhaltiges Reduzieren der öffentlichen Defizite. Es ist evident,
dass die neue gemeinsame Währung, der Euro, im Interesse der Bürger zu
einem dauerhaften Erfolg geführt werden muss. Ebenso evident ist, dass die
Europäische Zentralbank mit ihrer auf Preis- und Geldwertstabilität fest-

gelegten Politik dies ohne die Mitwirkung der teilnehmenden Länder nicht allein bewirken kann. Das schafft neue Paradigmen und Europa muss auch nach innen den politischen Prozess der Integration weitergehen. Dabei wird es in Hinkunft nicht zuletzt um eine Klärung und eindeutige Abgrenzung der Zuständigkeiten zwischen der Gemeinschaftsebene und den nationalen Ebenen mit ihren Gliederungen gehen. An der Schwelle zum 21. Jahrhundert ist somit die Grundlage der europäischen Nationalstaaten nun weniger das Territorial- und Souveränitätsprinzip, sondern vielmehr gemeinsame Werte und Orientierungen, produktiver Wettbewerb, aber auch eine kluge Aufgabenteilung mit und auf der europäischen Ebene.

Bei der innerösterreichischen Aufteilung der neuen EU-Förderungen konnte Landeshauptmann Klasnic die Steiermark 1999 in Poleposition bringen. Die drohende flächendeckend-lineare Kürzung der Fördermittel konnte abgewendet und die Voraussetzung für ein verbessertes steirisches Strukturförderbild geschaffen werden. Niemand kann heute prophezeien, wie sich die künftige Arbeitswelt unter dem Einfluss der Informationstechnik weiter verändern wird. Unternehmen und Politik werden sich jedenfalls auf neue Entwicklungen einstellen müssen. Vielleicht werden wir, wie es Wissenschaftler der „Informationsökonomie" voraussehen, erleben, dass informatisierte Produktion in einigen Bereichen zu einer Renaissance handwerklicher Strukturen auf hohem technischen Niveau und zu neuen regionalen Netzwerken führen wird, weil die Kosten von Vielfalt dort gegen Null tendieren, wo Produktionsprozesse weitgehend durch Software gesteuert werden können. Bei solcher informatisierter Produktion muss ein maßgefertigtes Unikat nicht mehr kosten als das in Massenproduktion hergestellte Pendant. Auch wenn heute Großfusionen Schlagzeilen machen, weisen Wissenschaftler darauf hin, dass vor 25 Jahren jeder fünfte Erwerbstätige in den USA bei einer der großen Fortune-500-Companies arbeitete, während dies heute nicht einmal mehr auf jeden zehnten amerikanischen Erwerbstätigen zutrifft. Mit großer Sicherheit lässt sich annehmen, dass dem Management des Faktors Wissen in Zukunft eine höhere Bedeutung beigemessen werden wird als der puren Firmengröße.

Wie können all diese politischen, technischen und wirtschaftlichen Entwicklungen an der Wende zum neuen Jahrtausend den Landeshauptmann eines österreichischen Bundeslandes berühren? Frau Landeshauptmann

Klasnic wird mitwirken können an der Findung eines neuen europäischen Ordnungsrahmens, der den an der Europäischen Union teilnehmenden Ländern sowie deren Gliedstaaten und Regionen unter dem Postulat der Stabilität die passende Zuordnung von Aufgaben und Kompetenzen geben wird. Sie wird aber auch kraft ihrer Persönlichkeit in ihrem ureigenen Wirkungsbereich die große Aufgabe übernehmen können, den Menschen die Angst und Sorge vor unvermeidlichen Veränderungen zu nehmen, ihnen Ermutigung und Hilfe für das Bewältigen der Zukunft zu geben. Sie wird den Menschen Heimatgemeinde, Region und Land als Haltepunkte zu wahren haben. All dies getreu ihrem Motto: das Unternehmen Steiermark so zu führen, dass sich die Familie Steiermark immer wohl fühlt.

Waltraud KLASNIC bei ihrer Angelobung mit Sohn Simon, Schwiegertochter Ulrike, Tochter Michaela, Ehemann Simon, Kanzler Franz VRANITZKY, Bundespräsident Thomas KLESTIL, Vizekanzler Wolfgang SCHÜSSEL, Schwiegertochter Marianne und Sohn Horst (v. l.).

Tabellarium steirischer Zeitgeschichte seit 1945

1945 Zu Ostern erobern Einheiten der Roten Armee die Oststeiermark, noch im Abziehen ermordet die Gestapo Widerstandskämpfer. Am 27. April wird die Republik Österreich wieder begründet. Am 8. Mai endet der Zweite Weltkrieg, die NS-Machthaber fliehen, in Graz konstituiert sich die erste provisorische Landesregierung mit Landeshauptmann Reinhard Machold (SPÖ). Die Steiermark wird von Sowjets, Briten, Amerikanern, Tito-Partisanen und Bulgaren besetzt und wird Ende Juli britische Besatzungszone. Schauspielhaus, Oper und Universität werden wieder geöffnet. Rund 65.000 Steirer sind gefallen, vermisst, wurden hingerichtet oder ermordet. Reinhard Machold wird der erste Landeshauptmann. Am 25. November finden die ersten freien Wahlen statt. Bei den **Nationalratswahlen** ergibt sich folgender Mandatsstand in Österreich: VP 85 Mandate, SP 76 Mandate, KP 4 Mandate, bei den **Landtagswahlen in der Steiermark:** VP 26 Mandate, SP 20 Mandate, KP 2 Mandate. **28. Dezember:** Der Steiermärkische Landtag wählt Ök.-Rat Anton Pirchegger (VP) zum Landeshauptmann. Leopold Figl (VP) wird Bundeskanzler.

1946 Die Steiermark liefert an das notleidende Wien Milch. Die Wiener Eisrevue gastiert auf dem Grazer Hilmteich.

1947 herrscht eklatanter Energiemangel, die 1550-Kalorien-Rationen an Lebensmitteln können kaum erreicht werden. Zahlreiche NS-Kapos werden verurteilt. Die ersten Heimkehrer aus Russland und Jugoslawien kommen in Graz an. Der Schwarzmarkt floriert.

1948 Josef Krainer sen. (ÖVP) wird Landeshauptmann und erreicht durch Verhandlungen eine Verbesserung der Lebensmittelsituation. Eine Amnestie für minderbelastete Nazis tritt in Kraft. Die Puch-Werke stellen das neue 250er Puch-Motorrad mit 12 PS vor. Der Gerichtsbezirk Aussee kommt wieder zur Steiermark. Gegen 200 Puch-Motorräder liefert Brasilien der Steiermark 100 Tonnen Kaffee. Der Kohlebergbau kommt wieder in Gang.

1949 Die Westmächte verzichten auf deutsches Eigentum in der Steiermark: Der Erzberg bleibt steirisch. Erstmals verkehren wieder Schnellzüge zwischen Graz und Wien.

9. Oktober Landtagswahl: VP 22 Mandate, SP 18 Mandate, VdU 7 Mandate, KP 1 Mandat. **Nationalratswahlen:** VP 77 Mandate, SP 67 Mandate, VdU 16 Mandate und KP 5 Mandate.

1951 fliegt in Knittelfeld ein russischer Spionagering auf, die Seilbahnen auf den Schöckel und den Dachstein werden gebaut. Der Linienflugverkehr nach Graz wird wieder aufgenommen.

1953 Julius Raab (VP) wird Bundeskanzler.

1953 kann – bedingt durch das erhöhte Warenangebot – erstmals ein „Ausverkauf" durchgeführt werden. Die Lebensmittelkarten werden offiziell abgeschafft. Der Marshallplan (ERP), der vielen Menschen das Überleben gesichert hat, läuft aus. **22. Februar Nationalratswahlen:** VP 74 Mandate, SP 73 Mandate, VdU 14 Mandate, KP 4 Mandate. **Landtagswahlen:** VP 21 Mandate, SP 20 Mandate, VdU 6 Mandate, KP 1 Mandat.

1954 wird der Sender „Alpenland" von den Briten freigegeben. Josef Schoiswohl wird Bischof von Graz-Seckau.

1955 Der Staatsvertrag wird unterzeichnet – Österreich ist frei! Die erste österreichische Fernsehsendung wird vom Schöckel ausgestrahlt. Der neuerbaute Grazer Hauptbahnhof wird eröffnet.

1956 wird in Donawitz seit 50 Jahren erstmals ein neuer Hochofen angeblasen. Josef Krainer wird in die USA eingeladen. Nach Niederschlagung der ungarischen Revolution setzt ein großer Flüchtlingsstrom ein: Die Steiermark nimmt rund 20.000 Flüchtlinge auf. **13. Mai Nationalratswahlen:** VP 82 Mandate, SP 74 Mandate, FP 6 Mandate, KP 3 Mandate).

1957 Der Schlossbergtunnel in Kapfenberg, der erste Tunnel des Landes, wird eröffnet. Das legendäre Puchauto „Steyr-Puch 500" geht in Serie. **10. März Landtagswahlen:** VP 24 Mandate, SP 21 Mandate, FP 3 Mandate.

1958 beginnt auf Initiative Krainers die gezielte Grenzlandförderung. 1959 wird das Erzherzog-Johann-Jahr im ganzen Land gefeiert. Eine Gruppe von Künstlern gründet das „Forum Stadtpark". Der Puch-Haflinger geht in Serie.

1959 wird Elly Liebner-Linortner (Bad Aussee) Weltmeisterin im Rennrodeln. **10. Mai Nationalratswahlen:** VP 79 Mandate, SP 78 Mandate, FP 8 Mandate.

1960 Der Schah von Persien besucht die Steiermark. Die erste „Steirische Akademie" wird eröffnet. Ewald Walch und Reinhold Frosch werden Weltmeister im Rennrodeln.

1961 wird der Steirer Alfons Gorbach (ÖVP) neuer Bundeskanzler. Aga Khan IV. besucht das Land. **12. März Landtagswahlen:** VP 24 Mandate, SP 20 Mandate, FP 3 Mandate, KP 1 Mandat.

1962 **18. November Nationalratswahlen:** VP 81 Mandate, SP 76 Mandate, FP 8 Mandate.

1963 kommt Willy Brandt zu Besuch.

1964 Am 24. Februar tritt Alfons Gorbach als Bundeskanzler zurück. Josef Klaus (VP) folgt ihm nach. Der Steirer Karl Böhm wird Österreichischer Generalmusikdirektor. Das wiederaufgebaute Grazer Schauspielhaus wird neu eröffnet.

1965 erfolgt der Spatenstich zum Bau des Autobahnteilstückes Graz-Gleisdorf und der Chirurgischen Klinik im Grazer LKH. Verheerende Unwetterschäden im ganzen Land müssen behoben werden. Die international berühmte Abteilung für Jazz wird an der Musikhochschule installiert. **14. März Landtagswahl:** VP 29 Mandate, SP 24 Mandate, FP 2 Mandate, KP 1 Mandat.

1966 wird die Bahn Graz–Bruck elektrifiziert, die slowenische Regierung und der sowjetische Staatspräsident besuchen die Steiermark. **6. März Nationalratswahlen:** VP 85 Mandate, SP 74 Mandate, FP 6 Mandate.

1967 findet der Staatsbesuch Marschall Titos und seiner Frau statt.

1968 beginnt die Serienproduktion des Puch-Maxi-Mopeds. Bischof Schoiswohl tritt von seinem Amt zurück. Harro Wödl (Aigen) wird Weltmeister im Segelfliegen.

1969 wird die Kinderklinik im Grazer LKH eröffnet, Königin Elisabeth von Großbritannien, Prinz Philipp und Prinzessin Anne besuchen die Steiermark. Der neue Bischof Johann Weber tritt sein Amt an. Krainer eröffnet die Dachsteinseilbahn und den Österreich-Ring bei Spielberg. Die Bruckerin Eva Rueber-Staier wird zur Miss World gewählt.

1970 Manfred Schmid (Liezen) wird Weltmeister im Rennrodeln. Heftige Unwetter verwüsten das Land. Das Freilichtmuseum Stübing öffnet seine Pforten. Der Auto-Rennfahrer Jochen Rindt verunglückt tödlich und wird posthum Formel-I-Weltmeister, das Köflacher Fahrradwerk Junior brennt zur Gänze nieder. **1. März Nationalratswahlen:** SP 81 Mandate, VP 79 Mandate, FP 5 Mandate. Das Nationalratswahl-Ergebnis führt zum Kanzlerwechsel von ÖVP zur SPÖ – Bruno Kreisky wird Bundeskanzler. **15. März Landtagswahlen:** VP 28 Mandate, SP 26 Mandate, FP 2 Mandate.

1971 Spatenstich für die Autobahn St. Michael–Deutschfeistritz, das Teilstück Graz–Mooskirchen wird eröffnet. Anita Eggmayr-Zeiler (Liezen) wird Weltmeisterin in der Schibob-Abfahrt. **10. Oktober Nationalratswahlen:** SP 93 Mandate, VP 80 Mandate, FP 10 Mandate. Am 28. 11. stirbt Landeshauptmann Krainer unerwartet – Friedrich Niederl von der ÖVP wird sein Nachfolger.

1974 wird die Trans-Austria-Gasleitung fertiggestellt. Der Erzähler und Dramatiker Franz Nabl stirbt. Walter Stiegler wird Weltmeister im Fallschirm-Zielspringen. **20. Oktober Landtagswahlen:** VP 31 Mandate, SP 23 Mandate, FP 2 Mandate.

1975 kommt es zu einer Kündigungswelle bei Puch und Junior. Am Kulm findet die Schiflug-WM, am Österreich-Ring der Grand Prix, in Schladming ein Weltcuprennen statt. Robert Stolz stirbt 95-jährig in Berlin. Gerhard Peinhaupt wird Weltmeister im Kajakfahren. **5. Oktober Nationalratswahlen:** VP 93 Mandate, VP 80 Mandate, FP 10 Mandate.

1976 wird an der Neurologischen Klinik im Grazer LKH die weltweit erste Gehirntumor-Operation mittels Laserstrahl durchgeführt. Dem Grazer Bodybuilder Arnold Schwarzenegger (5-facher Mr. Universum, 6-facher Mr. Olympia) gelingt mit „Stay hungry" der große Durchbruch in Hollywood.

1977 Die Internationalen Neuberger Kulturtage finden erstmals statt.

1978 erfolgen an den steirischen Bühnen zahlreiche Uraufführungen. Der tiefste Bergbau Mitteleuropas in Fohnsdorf wird nach 360-jährigem Bestehen geschlossen. Josef Walcher wird Weltmeister (Abfahrt), ebenso

Lea Sölkner (Slalom) und Wolfgang Denzel (Hochseesegeln). **8. Oktober Landtagswahlen:** VP 30 Mandate, SP 23 Mandate, FP 3 Mandate.

1979 Bei Steyr-Daimler-Puch beginnt die Serienfertigung des Mercedes/ Puch G. Graz erhält für vielfältige Kulturleistungen den Europapreis. **6. Mai Nationalratswahlen:** SP 95 Mandate, VP 77 Mandate, FP 11 Mandate.

1980 Josef Krainer jun. (ÖVP) übernimmt am 4. Juli das Amt des Landeshauptmanns von Friedrich Niederl. Die Sommerzeit wird eingeführt.

1981 **4. Oktober Landtagswahlen:** VP 30 Mandate, SP 24 Mandate, FP 2 Mandate.

1982 finden in der Dachstein-Tauern-Region die Alpine Ski-WM und in Murau die Nordische Jugend-WM statt.

1983 **24. April Nationalratswahlen:** SP 90 Mandate, VP 81 Mandate, FP 12 Mandate. Fred Sinowatz wird Bundeskanzler.

1984 wird im Grazer LKH die erste Herz-Transplantation in der Steiermark durchgeführt.

1986 Franz Vranitzky (SP) wird Bundeskanzler. **21. September Landtagswahlen:** VP 30 Mandate, SP 22 Mandate, FP 2 Mandate, Grüne 2 Mandate. **23. November Nationalratswahlen:** SP 80 Mandate, VP 77 Mandate, FP 18 Mandate, Grüne 8 Mandate. Auf dem Höhepunkt der wirtschaftlichen Krise vor allem im Mur- und Mürztal werden in den 80er-Jahren wesentliche Maßnahmen gesetzt, die in der Folge greifen und das Land zu einem attraktiven Wirtschaftsstandort und zu einer modernen Hochleistungstechnologieregion machen. Das Straßennetz wird ausgebaut, internationale Anbindungen an Europa per Bahn und Flugzeug werden geschaffen. Zahlreiche internationale Persönlichkeiten besuchen das Land – unter ihnen Papst Johannes Paul II., EU-Präsident Jacques Santer, Margaret Thatcher, der deutsche Bundespräsident Herzog, der jordanische König Hussein, der Dalai Lama.

1990 **7. Oktober Nationalratswahlen:** SP 80 Mandate, VP 60 Mandate, FP 33 Mandate, Grüne 10 Mandate.

1991 müssen nach dem Fall des Eisernen Vorhangs und dem Zusammenbruch des kommunistischen Systems, um während des Bürgerkriegs in Jugoslawien Übergriffe auf steirisches Territorium abzuwehren, massive Truppenverbände an der südsteirischen Grenze in Stellung gebracht werden. Ein jugoslawisches Kampfflugzeug fliegt bis über Graz. **22. September Landtagswahlen:** VP 26 Mandate, SP 21 Mandate, FP 9 Mandate.

1992 wird das Eurostar-Werk in Graz eröffnet – dies ist der Beginn des erfolgreichen steirischen Automobil-Clusters.

1993 ist die Pyhrn-Autobahn durchgehend fertiggestellt.

1994 werden in Schladming und Ramsau Special Olympics abgehalten, in Graz siegt das österreichische Daviscup-Team mit dem Steirer Thomas Muster über Deutschland. Beginn des Baus des Sondierstollens für den Semmering-Basistunnel. **5. Oktober Nationalratswahlen:** SP 65 Mandate, VP 52 Mandate, FP 42 Mandate, Grüne 13 Mandate, LIF 11 Mandate.

1995 Österreichischer EU-Beitritt. **17. Dezember Nationalratswahlen:** SP 71 Mandate, VP 52 Mandate, FP 42 Mandate, Grüne 9 Mandate, LIF 9 Mandate. **Landtagswahlen:** VP 21 Mandate, SP 21 Mandate, FP 10 Mandate, Grüne 2 Mandate, LIF 2 Mandate.

1996 Waltraud Klasnic (ÖVP) wird am 23. Jänner zum Landeshauptmann gewählt. Sie ist die erste weibliche Landeschefin in Österreich.

1997 Viktor Klima (SPÖ) wird Bundeskanzler. Schiflug-WM auf der Kulm-Schanze, Rückkehr des A 1-Ringes, 2. Ökumenische Versammlung in Graz

1998 Graz erhält den Zuschlag als Europäische Kulturhauptstadt 2003. Grubenkatastrophe von Lassing.

1999 Nordische Schi-WM in der Ramsau. Die Steiermark ist Österreichs Nr. 1 bei Wirtschafts- und Beschäftigungswachstum und verbessert sich beim Ranking unter 243 EU-Regionen von Platz 119 auf Platz 53. **3. Oktober Nationalratswahlen:** SP 65 Mandate, FP 52 Mandate, VP 52 Mandate, Grüne 14 Mandate. Die Grazer Altstadt wird zum Weltkulturerbe erhoben.

2000 Wolfgang Schüssel (VP) wird Bundeskanzler. Internationale Gartenschau in Unterpremstätten.

Die Landesregierungen der Steiermark seit 1945

15. Mai 1945 (von sowjetischer Besatzungsmacht bestätigt).

SPÖ: 1. Landeshauptmann Reinhard Machold

      2. Landesrat Norbert Horvatek

      3. Landesrat Fritz Matzner

ÖVP: 1. Landeshauptmannstellvertreter Prof. Dr. Alois Dienstleder

      2. Landesrat Anton Pirchegger

      3. Landesrat Josef Schneeberger

KPÖ: 1. Landeshauptmannstellvertreter Viktor Elser

      2. Landesrat Ditto Pölzl

      3. Landesrat Raimund Bachmann

8. August 1945 (von britischer Besatzungsmacht bestätigt):

SPÖ: 1. Landeshauptmann Reinhard Machold

      2. Landesrat Norbert Horvatek

      3. Landesrat Fritz Matzner

      4. Landesrat Dr. Ing. habil. Ferdinand Wultsch

ÖVP: 1. Landeshauptmannstellvertreter Prof. Dr. Alois Dienstleder

      2. Landesrat Anton Pirchegger

      3. Landesrat Josef Schneeberger

KPÖ: 1. Landeshauptmannstellvertreter Viktor Elser

      2. Landesrat Ditto Pölzl

28. Dezember 1945

(nach den ersten Landtagswahlen vom 25. November 1945):

ÖVP: 1. Landeshauptmann Anton Pirchegger

      2. Landeshauptmannstellvertreter Dipl.-Ing. Tobias Udier

      3. Landesrat Josef Hollersbacher

      4. Landesrat DDDr. Udo Illig

      5. Landesrat Josef Krainer

SPÖ: 1. Landeshauptmannstellvertreter Reinhard Machold

2. Landesrat Norbert Horvatek

3. Landesrat Fritz Matzner

4. Prof. Engelbert Rückl

(nach seinem Tod, ab 29. März 1946, Ludwig Oberzaucher)

6. Juli 1948 (Neuwahl des Landeshauptmannes durch den Landtag nach dem Rücktritt von Anton Pirchegger):

ÖVP: 1. Landeshauptmann Josef Krainer

2. Landeshauptmannstellvertreter Dipl.-Ing. Tobias Udier

3. Landesrat DDDr. Udo Illig

4. Landesrat Ferdinand Prirsch

5. Landesrat Josef Thoma

SPÖ: 1. Landeshauptmannstellvertreter Reinhard Machold

2. Landesrat Norbert Horvatek

3. Landesrat Fritz Matzner

4. Landesrat Ludwig Oberzaucher

12. November 1949 (nach der Landtagswahl vom 9. Oktober 1949):

ÖVP: 1. Landeshauptmann Josef Krainer

2. Zweiter Landeshauptmannstellvertreter Dipl.-Ing. Tobias Udier

3. Landesrat DDDr. Udo Illig

4. Landesrat Ferdinand Prirsch

SPÖ: 1. Erster Landeshauptmannstellvertreter Dr. h. c. Reinhard Machold

2. Landesrat Norbert Horvatek

3. Landesrat Fritz Matzner

4. Landesrat Ludwig Oberzaucher

(ab 15. Februar 1950 Maria Matzner)

Verband der Unabhängigen:

Landesrat Dr. Josef Elsnitz

15. April 1953 (nach den Landtagswahlen vom 22. Februar 1953):

ÖVP: 1. Landeshauptmann Josef Krainer

2. Zweiter Landeshauptmannstellvertreter Dipl.-Ing. Tobias Udier

3. Landesrat DDDr. Udo Illig (ab 15. Mai 1953 Karl Brunner)

4. Landesrat Ferdinand Prirsch

SPÖ: 1. Erster Landeshauptmannstellvertreter Dr. h. c. Reinhard Machold
     (ab 30. Jänner 1954 Norbert Horvatek)

    2. Landesrat Norbert Horvatek
     (ab 30. Jänner 1954 DDr. Alfred Schachner-Blazizek)

    3. Landesrat Fritz Matzner

Verband der Unabhängigen:
    Landesrat Dr. Anton Stephan

9. April 1957 (nach den Landtagswahlen vom 10. März 1957):

ÖVP: 1. Landeshauptmann Ök.-Rat Josef Krainer

    2. Zweiter Landeshauptmannstellvertreter Dipl.-Ing. Tobias Udier

    3. Landesrat Karl Brunner

    4. Landesrat Ferdinand Prirsch

    5. Landesrat Univ.-Prof. Dr. Hanns Koren

SPÖ: 1. Erster Landeshauptmannstellvertreter Norbert Horvatek
     (ab 15. Juni 1960 Fritz Matzner)

    2. Landesrat DDr. Alfred Schachner-Blazizek

    3. Landesrat Fritz Matzner (ab 15. Juni 1960 Adalbert Sebastian)

    4. Landesrat Maria Matzner

11. April 1961 (Nach den Landtagswahlen vom 12. März 1961):

ÖVP: 1. Landeshauptmann Ök.-Rat Josef Krainer

    2. Zweiter Landeshauptmannstellvertreter Dipl. Ing. Tobias Udier
     (ab 5. Juni 1963 Univ. Prof. Dr. Hanns Koren)

    3. Landesrat Ök.-Rat Ferdinand Prirsch
     (ab 22. Februar 1965 Dr. Friedrich Niederl)

    4. Landesrat Univ.-Prof. Dr. Hanns Koren
     (ab 5. Juni 1963 Anton Peltzmann)

    5. Landesrat Franz Wegart

SPÖ: 1. Erster Landeshauptmannstellvertreter Fritz Matzner
     (ab 31.12.1963 DDr. Alfred Schachner-Blazizek)

    2. Landesrat Maria Matzner (ab 12. März 1962 Josef Gruber)

    3. Landesrat DDr. Alfred Schachner-Blazizek
     (ab 31. Dezember 1963 Hannes Bammer)

    4. Landesrat Adalbert Sebastian

Die Ersten Landeshauptmannstellvertreter seit 1945:

*Norbert HORVATEK links
(LH-Stv. 1954–1960),
Bundespräsident Adolf
SCHÄRF, der Grazer
SP-Vizebürgermeister
Alois SCHÖNAUER und
Reinhard MACHOLD
(LH-Stv. 1945–1954)*

*Fritz MATZNER
(1960–1963)*

*DDr. Alfred SCHACHNER-
BLAZIZEK (1964–1970)*

*Adalbert SEBASTIAN
(1970–1980)*

*Hans GROSS
(1980–1990)*

*DDr. Peter SCHACHNER-
BLAZIZEK (seit 1990)*

17. April 1965 (nach den Landtagswahlen vom 14. März 1965):

ÖVP: 1. Landeshauptmann Ök.-Rat Josef Krainer

    2. Zweiter Landeshauptmannstellvertreter
       Univ.-Prof. Dr. Hanns Koren

    3. Landesrat Franz Wegart

    4. Landesrat Anton Peltzmann

    5. Landesrat Dr. Friedrich Niederl

SPÖ: 1. Erster Landeshauptmannstellvertreter
       DDr. Alfred Schachner-Blazizek

    2. Landesrat Adalbert Sebastian

    3. Landesrat Josef Gruber

    4. Landesrat Hannes Bammer

14. Mai 1970 (nach den Landtagswahlen vom 15. März 1970):

ÖVP: 1. Landeshauptmann Ök.-Rat Josef Krainer

    3. Zweiter Landeshauptmannstellvertreter Dr. Friedrich Niederl

    3. Landesrat Franz Wegart

    4. Landesrat Anton Peltzmann

    5. Landesrat Prof. Kurt Jungwirth

SPÖ: 1. Erster Landeshauptmannstellvertreter
       DDr. Alfred Schachner-Blazizek
       (ab 2. Oktober 1970 Adalbert Sebastian)

    2. Landesrat Adalbert Sebastian
       (ab 2. Oktober 1970 Dr. Christoph Klauser)

    3. Landesrat Josef Gruber

    4. Landesrat Hannes Bammer

10. Dezember 1971 (Neuwahl des Landeshauptmannes durch den Landtag nach dem Tod von Ök.-Rat Josef Krainer am 28. November 1971, in unveränderter Zusammensetzung auch nach den Landtagswahlen vom 20. Oktober 1974 und 8. Oktober 1978 wiedergewählt):

ÖVP: 1. Landeshauptmann Dr. Friedrich Niederl

    2. Zweiter Landeshauptmannstellvertreter Franz Wegart

    3. Landesrat Anton Peltzmann

    4. Landesrat Prof. Kurt Jungwirth

    5. Landesrat Dr. Josef Krainer

SPÖ: 1. Erster Landeshauptmannstellvertreter Adalbert Sebastian

2. Landesrat Josef Gruber

3. Landesrat Hannes Bammer

4. Landesrat Dr. Christoph Klauser

4. Juli 1980 (Neuwahl des Landeshauptmannes durch den Landtag nach dem Rücktritt von Dr. Friedrich Niederl, in unveränderter Zusammensetzung auch nach den Landtagswahlen vom 4. Oktober 1981 wiedergewählt):

ÖVP: 1. Landeshauptmann Dr. Josef Krainer

2. Zweiter Landeshauptmannstellvertreter Franz Wegart

3. Landesrat Anton Peltzmann (ab 26.8.1980 DI Hans-Georg Fuchs, ab Mai 1983 Dr. Helmut Heidinger)

4. Landesrat Prof. Kurt Jungwirth

5. Landesrat Ök.-Rat Ing. Simon Koiner (ab Dezember 1983 Dipl.-Ing. Josef Riegler)

SPÖ: 1. Erster Landeshauptmannstellvertreter Hans Gross

2. Landesrat Josef Gruber

3. Landesrat Dr. Christoph Klauser

4. Landesrat Gerhard Heidinger

11. Jänner 1985 (Regierungsumbildung nach der Wahl von Franz Wegart zum Landtagspräsidenten in unveränderter Zusammensetzung auch nach den Landtagswahlen vom 21. September 1986 wiedergewählt):

ÖVP: 1. Landeshauptmann Dr. Josef Krainer

2. Landeshauptmannstellvertreter Prof. Kurt Jungwirth

3. Landesrat Dr. Helmut Heidinger (seit Mai 1988 Waltraud Klasnic)

4. Landesrat Dipl.-Ing. Josef Riegler (seit 27. Jänner 1987 Dipl.-Ing. Hermann Schaller)

5. Landesrat Dipl.-Ing. Franz Hasiba

SPÖ: 1. Erster Landeshauptmannstellvertreter Hans Gross (seit 1990 Univ.-Prof. DDr. Peter Schachner-Blazizek)

2. Landesrat Josef Gruber (seit Oktober 1988 Erich Tschernitz)

3. Landesrat Dr. Christoph Klauser

4. Landesrat Gerhard Heidinger (seit November 1987 Dr. Dieter Strenitz)

Oktober 1991 (Regierungsbildung nach den Landtagswahlen vom 22. September 1991)

ÖVP: 1. Landeshauptmann Dr. Josef Krainer
     2. Landeshauptmannstellvertreter Dipl.-Ing. Franz Hasiba
       (seit Oktober 1993 Waltraud Klasnic)
     3. Landesrat Erich Pöltl
     4. Landesrätin Waltraud Klasnic
       (seit Oktober 1993 Dr. Gerhard Hirschmann)

SPÖ: 1. Erster Landeshauptmannstellvertreter
       Univ.-Prof. DDr. Peter Schachner-Blazizek
     2. Landesrat Ing. Hans-Joachim Ressel
     3. Landesrat Dr. Dieter Strenitz
     4. Landesrat Erich Tschernitz (seit 1994 Dr. Anna Rieder)

FPÖ: Landesrat Dipl.-Ing. Michael Schmid

23. Jänner 1996 (Regierungsbildung nach den Landtagswahlen vom 17. Dezember 1995)

ÖVP: 1. Landeshauptmann Waltraud Klasnic
     2. Landesrat Erich Pöltl
     3. Landesrat Dr. Gerhard Hirschmann
     4. Landesrat Dipl.-Ing. Herbert Paierl

SPÖ: 1. Landeshauptmannstellvertreter
       Univ.-Prof. DDr. Peter Schachner-Blazizek
     2. Landesrat Ing. Hans-Joachim Ressel
     3. Landesrätin Dr. Anna Rieder
     4. Landesrat Günter Dörflinger

FPÖ: Landesrat Dipl.-Ing. Michael Schmid
     (ab 9. Februar 2000 Mag. Magda Jost-Bleckmann)

Wichtige Führungspersönlichkeiten in Österreich und in der Steiermark seit 1945

Bundespräsidenten

1945–1950	Karl RENNER
1951–1957	Theodor KÖRNER
1957–1965	Adolf SCHÄRF
1965–1974	Franz JONAS
1974–1986	Rudolf KIRCHSCHLÄGER
1986–1992	Kurt WALDHEIM
seit 1992	Thomas KLESTIL

Bundeskanzler

1945	Karl RENNER
1945–1953	Leopold FIGL
1953–1961	Julius RAAB
1961–1964	Alfons GORBACH
1964–1970	Josef KLAUS
1970–1983	Bruno KREISKY
1983–1986	Alfred SINOWATZ
1986–1997	Franz VRANITZKY
1997-2000	Viktor KLIMA
seit 2000	Wolfgang SCHÜSSEL

Landeshauptmänner

1945	Reinhard MACHOLD
1945–1948	Anton PIRCHEGGER
1948–1971	Josef KRAINER sen.
1971–1980	Friedrich NIEDERL
1980–1996	Josef KRAINER jun.
seit 1996	Waltraud KLASNIC

Landtagspräsidenten

1945–1949	Josef WALLNER
1949–1952	Franz THOMA
1952–1961	Josef WALLNER

1961–1964	Karl BRUNNER
1964–1969	Richard KAAN
1969–1970	Franz KOLLER
1970–1983	Hanns KOREN
1983–1985	Franz FELDGRILL
1985–1993	Franz WEGART
seit 1993	Franz HASIBA

1. Landeshauptmannstellvertreter

1945–1954	Reinhard MACHOLD
1954–1960	Norbert HORVATEK
1960–1963	Fritz MATZNER
1964–1970	Alfred SCHACHNER-BLAZIZEK
1970–1980	Adalbert SEBASTIAN
1980–1990	Hans GROSS
seit 1990	Peter SCHACHNER-BLAZIZEK

Bischöfe der Diözese Graz-Seckau

1925–1953	Ferdinand PAWLIKOWSKY
1954–1968	Josef SCHOISWOHL
seit 1969	Johann WEBER

Grazer Bürgermeister

1945	Engelbert RÜCKL
1945-1960	Eduard SPECK
1960-1973	Gustav SCHERBAUM
1973-1983	Alexander GÖTZ
1983-1985	Franz HASIBA
seit 1985	Alfred STINGL

VP-Landesobmänner

1945–1946	Alois DIENSTLEDER
1946–1965	Alfons GORBACH
	(1962–1965 mit Theodor PIFFL-PERČEVIĆ
	als geschäftsführendem Landesparteiobmann)
1965–1971	Josef KRAINER sen.
1972–1980	Friedrich NIEDERL (mit Josef KRAINER jun.
	als geschäftsführendem Landesparteiobmann)

1980–1996   Josef KRAINER
                 (von 1989 bis 1996 mit Gerhard HIRSCHMANN
                 als geschäftsführendem Landesparteiobmann)
seit 1996   Waltraud KLASNIC

SP-Landesvorsitzende

1945–1960   Reinhard MACHOLD
1960–1970   Alfred SCHACHNER-BLAZIZEK
1970–1981   Adalbert SEBASTIAN
1981–1989   Hans GROSS
seit 1990   Peter SCHACHNER-BLAZIZEK

VdU-Landesobmänner

1949–1952   Josef ELSNITZ
1952–1953   Ernst MAYERHOFER
1953–1955   Herbert SCHWEIGER
1955–1956   Anton STEPHAN

FP-Landesobmänner

1956–1963   Alexander GÖTZ sen.
1963–1964   Jörg KANDUTSCH
1964–1983   Alexander GÖTZ jun.
1983-1985   Klaus TUREK
1985-1987   Ludwig RADER
1987-1989   Klaus TUREK
seit 1989   Michael SCHMID

Landesamtsdirektoren

1945–1950   Ludwig KOBAN
1950–1955   Othmar CRUSIZ
1956–1961   Karl ANGERER
1962–1963   Karl PESTEMER
1964–1971   Franz JUNGER
1972–1973   Werner MOROKUTTI
1974–1994   Alfons TROPPER
1994–1998   Gerold ORTNER
seit 1998   Gerhart WIELINGER

Autorenverzeichnis

- Alfred ABLEITINGER, Univ.-Prof. Dr., geb. 1938, Universitätsprofessor am Institut für Geschichte der Karl Franzens-Universität Graz

- Günther BURKERT-DOTTOLO, Univ.-Doz. Dr., geb. 1952, Direktor der Politischen Akademie der ÖVP, Universitätsdozent an der Universität Wien

- Rupert GMOSER, Prof. DDr., geb. 1931, langjähriger Leiter der Otto Möbes-Schule und Abgeordneter zum Nationalrat

- Herwig HÖSELE, geb. 1953, Mitarbeiter im Büro Landeshauptmann Waltraud Klasnic und Chefredakteur der „Steirischen Wochenpost"

- Wolfgang MANTL, Univ.-Prof. Dr., geb. 1939, Universitätsprofessor am Institut für Öffentliches Recht, Politikwissenschaft und Verwaltungslehre an der Karl Franzens-Universität Graz, Wirkl. Mitglied der Österr. Akademie der Wissenschaften, Stellv. Vorsitzender des Österr. Universitätenkuratoriums

- Maria SCHAUMAYER, Dkfm. Dr., geb. 1931, Managerin, Wiener Stadträtin und Präsidentin der Österreichischen Nationalbank i. R., Regierunsbeauftragte

- Kurt WIMMER, Dr., geb. 1932, Journalist, langjähriger stellvertretender Chefredakteur und Chefredakteur der „Kleinen Zeitung"

Fotonachweis: Aus den diversen Archiven der Steirischen Volkspartei, SPÖ Landesorganisation Steiermark, Büro Landeshauptmann Waltraud Klasnic, Buchverlag Styria

STEIERMARK

Landtagswahl

Wählerergebnisse seit 1945

		ÖVP		SPÖ		FPÖ		KPÖ	
		abs.	%	abs.	%	abs.	%	abs.	%
LTW	1945	261.065	53.02	204.774	41.59	—	—	26.542	5.3
LTW	1949	279.453	42.90	243.861	37.43	94.698	14.54	29.528	4.5
LTW	1953	268.546	40.69	271.162	41.10	89.837	13.61	29.039	4.4
LTW	1957	315.197	46.40	296.383	43.63	46.103	6.79	17.590	2.5
LTW	1961	330.164	47.12	292.068	41.69	50.726	7.24	26.880	3.8
LTW	1965	341.308	48.41	297.166	42.16	41.165	5.83	22.535	3.2
LTW	1970	356.325	48.59	327.906	44.71	38.641	5.27	9.904	1.3
LTW	1974	388.283	53.27	300.189	41.18	30.608	4.20	9.804	1.3
LTW	1978	384.905	51.95	298.560	40.30	47.562	6.42	9.876	1.3
LTW	1981	384.048	50.89	322.416	42.72	38.135	5.05	10.082	1.3
LTW	1986	393.650	51.75	286.327	37.64	34.884	4.59	8.945	1.1
LTW	1991	343.427	44.23	271.232	34.93	119.462	15.38	4.627	0.6
								LIF	
LTW	1995	275.817	36.25	273.403	35.93	130.492	17.15	29.238	3.8

Anmerkung:
*)   LTW 1949 und 1953: WdU
**) LTW 1949: KPÖ und Linkssozialisten
     LTW 1953: Volksopposition
     LTW 1961: KPÖ und Linkssozialisten

GAL/AL		Sonstige	
abs.	**%**	**abs.**	**%**
—	—	—	—-
—	—	3.925	0.60
—	—	1.335	0.20
—	—	4.072	0.60
—	—	867	0.12
—	—	2.796	0.40
—	—	568	0.08
—	—	—	—
—	—	—	—
—	—	—	—
.366	3.73	8.556	1.11
.327	2.88	15.345	1.98
.831	4.31	19.142	2.52

Jahr	ÖVP	SPÖ	FPÖ*	KPÖ**	LIF	GAL/AL
1945	26	20		2		
1949	22	18	7	1		
1953	21	20	6	1		
1957	24	21	3			
1961	24	20	3	1		
1965	29	24	2	1		
1970	28	26	2			
1974	31	23	2			
1978	30	23	3			
1981	30	24	2			
1986	30	22	2			2
1991	26	21	9			
1995	21	21	10		2	2

STEIERMARK Nationalratswahl

Wählerergebnisse seit 1945

		ÖVP		SPÖ		FPÖ		KPÖ		GAL/AL		Sonstige	
		abs.	%	abs.	%	abs.	%	abs.	%	abs.	%	abs.	%
NRW	1945	261.358	52.92	205.779	41.67	—	—	26.724	5.41	—	—	—	—
NRW	1949	280.719	42.94	244.482	37.40	94.991	14.53	29.617	4.53	—	—	3.923	0.60
NRW	1953	269.662	40.70	272.360	41.11	89.895	13.57	29.177	4.40	—	—	1.324	0.20
NRW	1956	313.510	45.63	302.325	44.00	47.513	6.91	23.762	3.46	—	—	—	—
NRW	1959	308.835	44.74	312.776	45.30	47.116	6.83	21.654	3.14	—	—	—	—
NRW	1962	327.852	46.51	304.810	43.24	48.034	6.82	24.404	3.43	—	—	—	—
NRW	1966	356.703	49.74	313.763	43.76	34.976	4.88	11.331	1.58	—	—	283	0.04
NRW	1970	337.463	45.63	354.023	47.87	36.877	4.98	8.988	1.22	—	—	2.195	0.30
NRW	1971	324.894	44.53	357.198	48.93	35.594	4.88	11.963	1.64	—	—	—	—
NRW	1975	325.372	43.94	372.219	50.27	33.936	4.58	8.976	1.21	—	—	—	—
NRW	1979	317.561	41.37	394.397	51.37	47.184	6.15	3.543	1.11	—	—	—	—
NRW	1983	332.591	42.27	389.110	49.45	31.258	3.97	5.988	0.76	14.361	1.83	13.603	1.73
NRW	1986	327.557	41.00	352.219	44.09	79.364	9.93	7.160	0.90	32.592	4.08	—	—
NRW	1990	263.800	33.18	344.525	43.33	133.797	16.83	5.711	0.72	31.334	3.94	15.928	2.00
								LIF					
NRW	1994	212.122	27.45	282.781	36.60	181.051	23.43	38.057	4.93	47.683	6.17	11.000	1.42
NRW	1995	225.620	29.51	303.089	39.64	162.194	21.21	32.177	4.21	30.830	4.03	10.620	1.39
NRW	1999	193.381	26.80	243.917	33.80	210.672	29.20	18.993	2.63	41.960	5.82	12.622	1.75

		ÖVP		SPÖ		FPÖ		KPÖ		GAL/AL		Sonstige	
		abs.	%	abs.	%	abs.	%	abs.	%	abs.	%	abs.	%
NRW	1945	1.602.227	49.6	1.434.898	44.6	—	—	174.257	5.4	—	—	—	—
NRW	1949	1.846.581	44.0	1.623.524	38.7	489.273	11.7	213.066	5.1	—	—	—	—
NRW	1953	1.781.777	41.3	1.818.517	42.2	472.866	11.0	—	—	—	—	—	—
NRW	1956	1.999.986	46.0	1.873.295	43.0	283.749	6.5	192.438	4.4	—	—	—	—
NRW	1959	1.928.043	44.2	1.953.935	44.8	336.110	7.7	142.578	3.3	—	—	—	—
NRW	1962	2.024.501	45.4	1.960.685	44.0	313.985	7.1	135.520	3.0	—	—	—	—
NRW	1966	2.191.109	48.4	1.928.985	42.6	242.570	5.4	—	—	—	—	—	—
NRW	1970	2.078.010	44.8	2.235.905	48.2	254.636	5.5	46.689	1.0	—	—	—	—
NRW	1971	1.964.713	43.1	2.280.168	50.0	248.473	5.5	61.762	1.4	—	—	—	—
NRW	1975	1.981.291	43.0	2.326.201	50.4	249.444	5.4	55.032	1.2	—	—	—	—
NRW	1979	1.981.739	41.9	2.413.226	51.0	286.743	6.1	45.280	0.96	—	—	—	—
NRW	1983	2.052.714	43.2	2.270.977	47.8	236.320	4.97	31.408	0.66	60.150	1.27	99.204	2.10
NRW	1986	2.003.360	41.3	2.092.122	43.1	472.180	9.7	35.144	0.7	—	—	233.935	4.8
NRW	1990	1.508.603	3.06	2.012.787	42.80	782.648	16.63	25.685	0.55	225.081	4.78	150.093	3.18
								LIF					
NRW	1994	1.281.846	27.67	1.617.804	34.92	1.042.332	22.50	276.580	5.97	338.538	7.31	76.014	1.64
NRW	1995	1.370.497	28.29	1.843.679	38.06	1.060.175	21.89	267.078	5.51	233.232	4.81	53.184	1.10
NRW	1999	1.243.672	26.91	1.532.448	33.15	1.244.087	26.91	168.612	3.65	342.260	7.40	91.275	1.97

GRAZ Gemeinderatswahl

Wählerergebnisse seit 1945

	ÖVP		SPÖ		FPÖ		KPÖ		GAL/AL		LIF		Sonstige	
	abs.	% (M)	abs.	% (M)	abs.	% (M)	abs.	% (M)	abs.	% (M)			abs.	% (M)
25.11. 1945	41.092	41.8 (15)	50.703	51.5 (19)	—	—	6.630	6.7 (2)	—	—			—	—
9. 10. 1949	45.618	31.7 (16)	59.097	41.0 (20)	28.487	19.8 (10)	8.147	5.7 (2)	—	—			2.616	1.8 (–)
22. 2. 1953	47.920	32.0 (16)	62.238	42.8 (21)	26.773	18.3 (9)	8.536	5.8 (2)	—	—			459	0.3 (–)
23. 3. 1958	56.790	37.4 (18)	71.206	46.9 (23)	18.019	11.9 (6)	5.889	3.8 (1)	—	—			—	—
31. 3. 1963	55.230	34.7 (17)	74.192	46.5 (23)	23.313	14.6 (7)	5.528	3.4 (1)	—	—			1.214	0.8 (–)
24. 3. 1968	50.770	31.7 (15)	83.457	52.2 (26)	20.909	13.1 (6)	4.502	2.8 (1)	—	—			382	0.2 (–)
25. 2. 1973	55.759	35.5 (20)	69.550	44.2 (26)	26.515	16.9 (9)	4.795	3.0 (1)	—	—			626	0.4 (–)
29. 1. 1978	49.772	31.3 (18)	65.490	41.3 (23)	39.485	24.9 (14)	3.196	2.0 (1)	—	—			816	0.5 (–)
23. 1. 1983	50.258	32.4 (18)	65.255	42.0 (24)	23.992	15.5 (9)	2.849	1.8 (1)	10.399	7.0 (4)			2.002	1.3 (–)
24. 1. 1988	45.748	31.9 (19)	60.933	42.5 (25)	16.927	11.8 (7)	4.426	3.1 (1)	7.074	4.9 (2)			8.375	5.8 (2)
24. 1. 1993	35.129	26.1 (15)	46.687	34.7 (21)	26.971	20.1 (12)	5.647	4.2 (2)	7.073	5.2 (3)			7.002	5.2 (3)
25. 1. 1998	25.274	23.2 (13)	33.645	30.9 (18)	29.166	26.8 (16)	8.555	7.9 (4)	6.110	5.6 (3)	2.868	2.6 (1)	3.280	3.0 (1)

Personenregister